战争事典

WAR STORY 032

指文烽火工作室 著

台海出版社

图书在版编目（CIP）数据

战争事典 . 032 / 指文烽火工作室著 . -- 北京 : 台海出版社 , 2017.6
ISBN 978-7-5168-1444-4

Ⅰ . ①战… Ⅱ . ①指… Ⅲ . ①战争史 – 史料 – 世界
Ⅳ . ① E19

中国版本图书馆 CIP 数据核字 (2017) 第 133650 号

战争事典 . 032

著　　者：指文烽火工作室

责任编辑：阴　鹏　　策划制作：指文文化
视觉设计：周　杰　　责任印制：蔡　旭

出版发行：台海出版社
地　　址：北京市东城区景山东街 20 号　　邮政编码：100009
电　　话：010 – 64041652（发行，邮购）
传　　真：010 – 84045799（总编室）
网　　址：www.taimeng.org.cn/thcbs/default.htm
E – mail：thcbs@126.com

经　　销：全国各地新华书店
印　　刷：重庆大美印刷有限公司
本书如有破损、缺页、装订错误，请与本社联系调换

开　　本：787mm × 1092mm　　1/16
字　　数：264 千　　印　　张：15
版　　次：2021 年 1 月第 4 版　　印　　次：2021 年 1 月第 1 次印刷
书　　号：ISBN 978-7-5168-1444-4

定　　价：99.80 元

目录

CONTENTS

前言

PREFACE

几乎所有的世界通史书都记载着这样一句话：1453 年 5 月 29 日，拜占庭帝国首都君士坦丁堡被奥斯曼帝国的大军攻破，千年帝国拜占庭就此灭亡。但实际上，拜占庭帝国并没有真正就此消亡。《最后的拜占庭帝国——1461 年奥斯曼征服特拉布宗始末》一文就将描写 1453 年君士坦丁堡陷落后，拜占庭帝国的残存势力面对奥斯曼帝国的兵锋，所进行的最后抗争和复国努力。

1904 年 2 月 8 日，日本海军突袭旅顺的沙俄舰队，拉开了日俄战争的序幕。围绕着中国辽东半岛和朝鲜半岛的控制权，沙皇俄国这个老牌帝国主义列强遭到日本这个新兴列强的全方位挑战，甚至连著名的哥萨克骑兵都受到了日本新式骑兵的强力挑战。这也就是《争夺辽东的铁蹄——秋山好古与日俄战争中的日本骑兵部队》一文将向大家讲述的。

在中国历史上，中原王朝与北方游牧政权间的交锋与较量一直持续了数千年。就连“长于夷狄”的清王朝，竟然也上演过“胡马度阴山”的“危机时刻”——清康熙二十九年，也就是公元 1690 年 6 月，漠西蒙古的准噶尔部“博硕克图汗”绰罗斯・噶尔丹挥师 3 万南下，进逼清朝直接统治下的漠南蒙古。《龙与狼的最后较量——17 到 18 世纪的清朝准噶尔战争简史》将再现那场长达 68 年的拉锯血战。

近年来，“唐刀”一直是古代军事爱好者经常讨论的一种武器。“唐刀”与“山文甲”甚至可以说是中华古典武备的代表。那么，到底什么是唐刀？或者说唐刀应该是什么样？日本正仓院所藏的金銀鈿荘唐大刀又跟唐刀有什么渊源？这一切都将在《唐刀的真容——从复刻绘制窦皦墓出土唐代环首刀说起》中进行解答。

指文烽火工作室主编：原廊

2017 年 6 月

最后的拜占庭帝国

1461 年奥斯曼征服特拉布宗始末

作者 / 李楠

从世界的角度来看，如果曾经有一个国家一直存着一个梦想——恢复过去将整个地中海作为内海的帝国，这个国家就是拜占庭。一个筑梦帝国！一个持续千年、几经沉浮的伟大帝国！

这个国家多次想完成当年罗马帝国时期的领土梦想，在查士丁尼大帝在位时竟然还差一点就成功了，可最后因国力、财源耗尽，与成功失之交臂。此后，这个国家便只能龟缩在巴尔干半岛和安纳托利亚，直到国家的灭亡。但这个国家的人们从没有放弃梦想。即使是在 1453 年帝国首都君士坦丁堡被奥斯曼土耳其人攻破后，人民颠沛流离之际，余下的 3 个拜占庭国家仍旧在寻求复国的希望。

分裂的帝国——拜占庭的三分天下

几乎所有的世界通史书都记载着这样一句话：1453 年 5 月 29 日，拜占庭帝国首都君士坦丁堡被奥斯曼帝国的大军攻破，千年帝国拜占庭就此灭亡。

一些说得比较详细的历史书会说这样三件事：第一件事是奥斯曼苏丹穆罕默德二世在攻破城门后，大摇大摆地进入君士坦丁堡，他将该城改称伊斯坦布尔，作为奥斯曼的新首都；第二件事是拜占庭原来的居民们携带可以携带的所有东西，纷纷逃到西欧，他们带去的书籍和文化遗产开启了欧洲文艺复兴的大门；第三件事是俄罗斯沙皇与一个拜占庭公主结婚，自称接过了拜占庭的衣钵，并把莫斯科封为第三罗马，莫斯科牧首也成为事实上的整个东正教领袖。

但在这三件事之外，那些通史书上是不是还遗漏了些什么东西没提？比如，拜占庭的其他剩余部分在哪里呢？他们灭亡之前的最后时光又是怎样战战兢兢地度过的呢？

也许会有读者奇怪：什么，拜占庭还有其他部分？没错，笔者要告诉您的是，有，而且不止一个其他部分。其实君士坦丁堡被攻破后，拜占庭还存留有 3 个其他部分，而且这 3 个部分全都建国有 200 年的时光了！

那这 3 个部分是如何而来的呢？要想回答这个问题，恐怕还要将时间回调到 250 年前，即第四次十字军东征之时。当时统治帝国的安格鲁斯王朝是拜占庭历史上一个极其混乱的王朝。在这个王朝统治期间，发生了第四次十字军攻陷拜占庭都城君士坦丁堡的严重事件。1204 年，十字军由威尼斯人打下了拜占庭的防御塔，法兰克人拿下了大门。拜占庭末代皇帝阿莱克修斯五世 · 杜卡斯虽然组织了积极的

▲第四次十字军东征路线及早期国家

抵抗，但却未起任何作用。最后，阿莱克修斯五世被十字军抓住并于 1205 年被他们杀害，而前任皇帝阿莱克修斯三世则携带家眷远逃他地。这是君士坦丁堡第一次被十字军攻破。这件事的具体情况在《战争事典 014》的《1204 年君士坦丁堡的第一次陷落》一文中已经有详尽介绍，笔者在此就不再多说了。

总之，当君士坦丁堡第一次陷落后，在拜占庭原来的废墟之上涌现出了诸多国家。其中比较著名的有属于十字军的拉丁帝国[1]、塞萨洛尼基王国、亚该亚侯国、雅典公国、安条克公国、阿西佩拉格公国、克法里尼亚伯爵领地等；属于拜占庭的尼西亚帝国、伊庇鲁斯君主国、特拉布宗帝国、塞萨洛尼基王国等；另外还有威尼斯王国和西西里王国占据了一些爱琴海中的海岛。

在这些国家中，领土最大的，当属东部的尼西亚帝国。当 1204 年君士坦丁堡陷落后，拜占庭流亡政府迁移到的第一个国家就是尼西亚帝国。该国是拜占庭三个流亡政府中最强大，也是最富庶的国家。就是它，颇具大国风范地与拉丁帝国进行了旷日持久的战争，并最终光复了君士坦丁堡。君士坦丁堡被重新作为拜占庭帝国的首都，尼西亚帝国也成了新的拜占庭帝国的代名词。而剩下的两个部分——伊庇鲁斯君主国与特拉布宗帝国则继续“扮演”着他们山大王似的“角色”，成为名副其实的拜占庭割据政权。

尼西亚帝国的建立者名叫塞奥多利一世·拉斯卡利斯。拉斯卡利斯家族是一个拜占庭贵族家族，后来因与阿莱克修斯三世的女儿联姻，塞奥多利成为其女婿。塞奥多利和其兄弟君士坦丁也因此都拥有继承拜占庭皇位的资格。在塞奥多利看来，国家首都已经被占领了，有皇位继承权又有什么用？所以在君士坦丁堡被攻破之日，他便东逃到安纳托利亚，建立了一个独立的尼西亚帝国。

他的兄弟君士坦丁可不这么想。1204 年 4 月 12 日，他在十字军的监督下，与名字也叫君士坦丁的阿莱克修斯五世之子，争夺皇帝宝座。虽然最后君士坦丁·拉斯卡利斯胜出，但他却未受到任何百姓的支持。因此第二天一早，他便出逃，去投奔他的兄弟塞奥多利。1205 年，拉丁皇帝鲍德温一世的弟弟——弗兰德斯的亨利连下尼西亚帝国多座城市，君士坦丁受命领军与亨利作战，可是全军覆没；他本人不知所踪，据推测很可能在战斗中阵亡。

① 拉丁帝国的领袖鲍德温一世获得了拉丁帝国那些附庸国的四分之一领土，剩余的四分之三由其他拉丁人占领。本来威尼斯应该也获得四分之一的领土，但他们因为某些原因放弃了位于今希腊西部、阿尔巴尼亚等地的领土，这个我们后面会提到。

不过，老天还是偏向尼西亚的。战争发生没多久，鲍德温一世便突然去世，弗兰德斯的亨利只好马上回到君士坦丁堡继任为新皇帝。塞奥多利当然不会错过这样的好机会，他立刻率兵反攻，将安纳托利亚的大多数领土夺回，暂时减缓了拉丁帝国“接收”拜占庭领土的速度。而尼西亚帝国也因为获得了当年拜占庭最富庶的地区，成为最可能光复君士坦丁堡的国家。

在尼西亚，塞奥多利着手重新组建了拜占庭帝国的机构。即使是对外政策的细节上，他也全面模仿拜占庭帝国。他选举了米哈伊尔·奥托利亚努斯成为大教长，并于 1208 年由大教长加冕他成为拜占庭皇帝。他和他选择的大教长与还在君士坦丁堡的拉丁皇帝和大教长，形成了针锋相对之势，只看最后谁能获得别人的认可了。

实际上，这时的尼西亚帝国不仅要与拉丁人对抗，还要与东方的突厥人对抗。而早在塞尔柱人到来之后的 100 年间，富庶的小亚细亚就已经成为突厥人的主要目标。所以，尼西亚帝国也展开了与罗姆苏丹国的对抗。

因为尼西亚帝国和罗姆苏丹国国力相当，所以从一开始两国就进入了长时间的拉锯战。直到 1209 年，尼西亚帝国的军队击败了前拜占庭皇帝阿莱克修斯三世率领的罗姆苏丹国士兵，并俘虏了阿莱克修斯三世，这一战令罗姆苏丹国开始处于下风。几年后，塞尔柱人向西侵攻，罗姆苏丹国一蹶不振。而尼西亚帝国却顽强地抵挡住了塞尔柱人，继续向前蓬勃发展。此后，塞奥多利一世·拉斯卡利斯又娶了拉丁帝国弗兰德斯女王的女儿为妻，从而成为地中海东部最为强大的力量。1222 年，

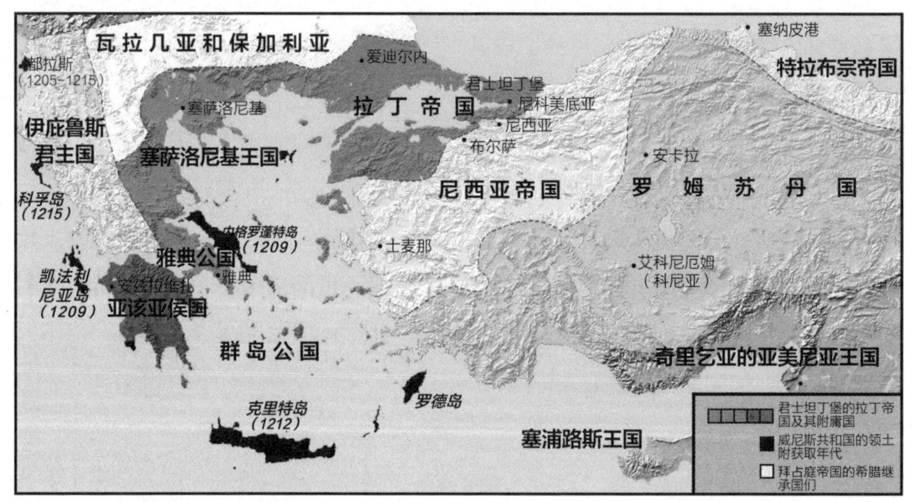

▲ 诸帝国形势图

塞奥多利一世去世，其养子约翰三世·杜卡斯继位。

约翰三世·杜卡斯在位时期，尼西亚帝国进一步发展。当时，另一个拜占庭流亡政府伊庇鲁斯君主国正在巴尔干如日中天。它蚕食拉丁诸国的领土，占据了今天希腊的所有土地，甚至差一点就光复君士坦丁堡。而不幸的是，北方强邻保加利亚第二帝国突然崛起，多次断其后路，使该国只能转进攻为防守。约翰三世·杜卡斯见状，立即与保加利亚的沙皇伊凡·阿森二世联合，将塞萨洛尼基的领土悉数收入囊中。从1235年开始，尼西亚与保加利亚开始从东西两面合力夹击拉丁帝国。在保加利亚人的协助下，1246年色雷斯和马其顿光复。

从1260年开始，被热那亚人扶上皇位的尼西亚新皇帝米歇尔八世·帕列奥列格开始进攻君士坦丁堡。1261年，君士坦丁堡被攻下，米歇尔八世建立了拜占庭历史上最后一个王朝——帕列奥列格王朝。

下面再说说第二个拜占庭的流亡政府伊庇鲁斯君主国。

这个国家建立于1205年，主体位于今希腊西部，极盛期曾占有伯罗奔尼撒以北的全部希腊领土以及整个阿尔巴尼亚。说起来，该国首任统治者米哈伊尔一世·安格鲁斯，其实是当时在拜占庭当政的安格鲁斯王朝的后裔，也是前任拜占庭皇帝依沙克二世和阿莱克修斯三世的表弟。

之前，阿莱克修斯三世在敌人面前放弃抵抗，携带自己的家眷逃到了别处。米哈伊尔一世对他的行径非常不齿，因此他在君士坦丁堡即将陷落之时，出现在君士坦丁堡的城墙边，用法语和德语大声呼喊让十字军改变意图。但这是徒劳无功的，他很快便成了十字军领袖之一蒙特弗拉特伯爵博尼法斯的俘虏。因为米哈伊尔有皇室血统、能力非凡，可以做十字军与拜占庭人的中间人，故博尼法斯对他予以了重任，希望他能到西部的伊庇鲁斯协助他规劝当地人臣服。

米哈伊尔嘴上答应，心里却不这么想。他一逃出博尼法斯的手掌，就立刻逃到了亚得里亚海岸边的山地地区。在那里，他娶了一位富商的女儿，借伊庇鲁斯这块宝地建起了属于自己的国家，并定都阿尔塔。和远在东边的尼西亚帝国一样，伊庇鲁斯君主国保存了最为正统的拜占庭文化，成为后来拜占庭复兴的另一块基地。

1205年初，作为对米哈伊尔一世反叛的惩罚，已是塞萨洛尼基王国国王的博尼法斯一世亲自带兵到了伊庇鲁斯，发动了橄榄丛战役。很显然，法国骑兵根本不适应在巴尔干西部的山地作战，很快便败下阵来。博尼法斯一世也不得不承认了米哈伊尔在当地的割据。

经过两年的稳定，米哈伊尔开始对外扩张。很快，他将原本狭小的领土扩张到原来的数倍大。到 1207 年，伊庇鲁斯君主国北邻塞尔维亚和保加利亚，东临塞萨洛尼基王国，南临拉丁王国，西临威尼斯。与此同时，他也向博尼法斯一世称臣，自称是塞萨洛尼基王国的附庸臣属国。

实际上，在第四次十字军东征完成后，伊庇鲁斯本来是要分给威尼斯做战利品的。但因为米哈伊尔，该地出现了一个拜占庭的希腊政权，这是十字军国家所不能允许的。可是，伊庇鲁斯正处于拉丁帝国与其他巴尔干国家之间，是一个缓冲国家，再加上地理优势，它并没像其他国家那样迅速被十字军消灭。当然，地理优势并不能保证国家的安全，于是米哈伊尔想到了强悍的教皇英诺森三世。在给教皇的信中，米哈伊尔暗示可以将东正教会与天主教会合并，但前提条件是保证伊庇鲁斯的安全。1209 年 8 月的信中，他已经自称是教皇的仆人，求教皇庇护他。1210 年 6 月，教皇作为中间人，确定了伊庇鲁斯对威尼斯的臣属关系，伊庇鲁斯要对威尼斯效忠。米哈伊尔一世给了威尼斯特殊贸易权，威尼斯则保证将各种商品首先供应伊庇鲁斯。

可即使米哈伊尔这般低调行事，南方的十字军国家——亚该亚公国还是在他签订协议的时候，将军队开到了伊庇鲁斯。在几次激战中，伊庇鲁斯都失败了，最后只能割让南部的肥沃土地，剩下那些山地地区保命。

不过，事情总是有转机的。就在伊庇鲁斯君主国领土日益缩小的时候，它的东方邻国——塞萨洛尼基王国出了一件大事。3 年前的 1207 年 6 月，博尼法斯一世在与保加利亚第一帝国的沙皇卡洛扬激战时落入陷阱，被卡洛扬杀掉。塞萨洛尼基王国的君主之位便落入了博尼法斯一世之子、一个还在襁褓中的婴儿手中，但王国政令却是由伦巴第男爵所出。见有利可图，拉丁帝国皇帝弗兰德斯的亨利立即派遣兵将。1209 年，他杀掉伦巴第男爵，将塞萨洛尼基王国收入囊中。不过，他保留了塞萨洛尼基王国的名称，自称摄政王。就这样，伊庇鲁斯便与强大的拉丁帝国接壤。米哈伊尔一世立刻亲自到拉丁帝国请求臣服。他自称会撮合自己的女儿与弗兰德斯的亨利的儿子结婚，同时还会将伊庇鲁斯三分之一的领土作为嫁妆送给拉丁帝国。相应地，弗兰德斯的亨利也对米哈伊尔一世表示了诚意，将他们俘虏的前拜占庭皇帝阿莱克修斯三世及其家眷交给米哈伊尔一世。

在伊庇鲁斯君主国的首都阿尔塔，阿莱克修斯三世及其妻子重新见到拜占庭的居民们，感激涕零。阿莱克修斯三世当即宣布，将未来的拜占庭皇位传给米哈伊尔一世，并承诺将会在很短的时间里复国。在伊庇鲁斯待了一年后，阿莱克修

▲ *伊庇鲁斯前期形势图*

斯三世发现这边的领土和军队不足以令他复国，便留下家眷，自己去了尼西亚帝国。在尼西亚帝国，阿莱克修斯三世几乎没得到任何好的待遇。他只得又转头去找罗姆苏丹国协助。可是，如前文所说，在与尼西亚帝国争夺霸权的安卡拉战役中，罗姆苏丹国败绩。阿莱克修斯三世再次被抓到尼西亚帝国，作为敌对分子关在监狱中直到去世。

回过头再看看西边。之前恭顺的米哈伊尔一世从 1210 年开始，一直在向拉丁帝国发难。这一年，米哈伊尔占领了拉丁帝国最南端和亚该亚公国北部的部分土地，将两国从陆地上分离开来。弗兰德斯的亨利见状，仅用了 12 天就将军队开赴伯罗奔尼撒。米哈伊尔虽与保加利亚第二帝国联盟，但仍被拉丁帝国大军大败。不久，保加利亚人再次攻打塞萨洛尼基，也以失败告终。可就是如此，米哈伊尔一世还是继续向拉丁帝国用兵。果然，拉丁帝国因为主力要与尼西亚帝国作战，无法顶住伊庇鲁斯的频繁进攻，到 1214 年，拉丁帝国已经几乎失去了吞并的塞萨洛尼基王国南部的所有领土。这一年，米哈伊尔一世已经将领土北沿推进到马其顿和阿尔巴尼亚。就在米哈伊尔即将进攻塞萨洛尼基城时，他却被自己的一个仆人所杀，一代雄主就此走到终点。

不过，伊庇鲁斯第二代君主塞奥多尔比米哈伊尔一世走得更远。他不仅占领了整个塞萨洛尼基王国的领土，而且还将领土继续北扩到与保加利亚第二帝国接壤，俨然成为巴尔干半岛上的第二大国。1227 年，在塞萨洛尼基，他被加冕为“拜占庭皇帝”。不过，尼西亚帝国并不承认他的权威。

1230 年，塞奥多尔发兵进攻君士坦丁堡，就在快要成功之时，他却被保加利

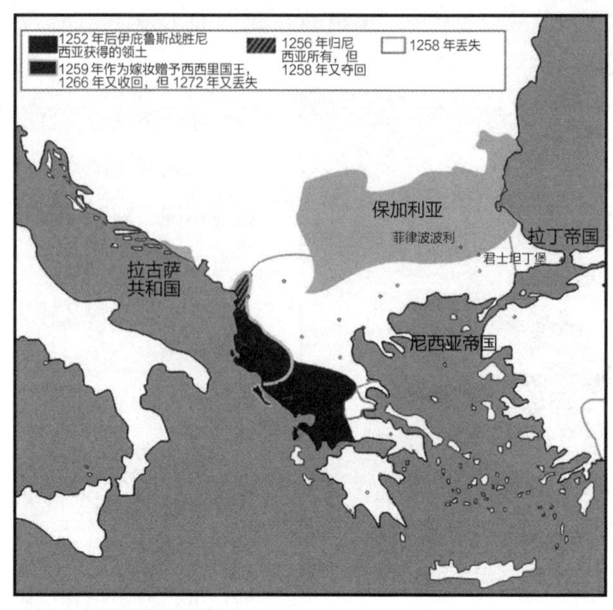

▲ *伊庇鲁斯后期形势图*

亚沙皇伊凡·阿森二世端了老窝。也许是天不助伊庇鲁斯君主国，本来应该最早恢复拜占庭帝国的他们，因为保加利亚的这次反水，再加上塞尔维亚的崛起，国家情势每况愈下。1315 年，伊庇鲁斯君主国失去了占领的塞萨洛尼基王国的领土。1358 年，君主国缩小到刚建国时候的大小。1337 年，君主国向拜占庭帝国称臣，名义上接受拜占庭帝国的统治。1348 年，伊庇鲁斯君主国被塞尔维亚王国兼并，从此作为塞尔维亚的属国存在。在这里还要补充一点，实际上伊庇鲁斯君主国从第二任开始的接连四任君主都自称拜占庭皇帝与塞萨洛尼基王国君主，但从 1237 年起，塞萨洛尼基就已不归其管理而归尼西亚帝国了。

原本接下来应该叙述特拉布宗帝国，不过因为后面连续几章都在叙述该国，这里就先略过不表了。下面，先来说说一个名叫莫利亚君主国的地方。

这个君主国也是拜占庭的一部分。该国存在于今天欧洲大陆的最南部——伯罗奔尼撒半岛，存续时间为 1349—1460 年。其实严格来说，它是拜占庭帕列奥列格王朝的一个省，并不能算作一个独立的国家；但是它在历史上的作为又极像一个国家，所以还是把它认为是国家的好。

实际上，莫利亚君主国的领土就是前文所说的亚该亚公国的领土。亚该亚公国也叫莫利亚公国，是法兰克人建立的十字军国家，也是十字军国家中力量最强大的，它向法国称臣。1259 年，亚该亚公国君主威廉二世（1246—1278 在位）在与尼西亚帝国的大战中失败，将当时的国都米斯特拉斯附近的领土交给尼西亚帝国换回自由。自此以后，尼西亚帝国以及后来复国的拜占庭帝国一步步侵夺其领土，最后将其灭亡。

莫利亚君主国就是在亚该亚公国被侵夺的土地上建立起来的。1337年，伊庇鲁斯君主国名义上向拜占庭称臣，之后整个希腊地区全部重新成为拜占庭帝国的领土。但是，亚该亚公国的女王凯萨琳却在此时密谋了一场起义。尽管起义轻易就被镇压了下去，但这里的动乱却愈演愈烈，最终于1341年酿成一场席卷整个拜占庭巴尔干部分的动乱，史称第二次帕列奥列格王朝内战。实际上这场战争的余波一直影响到1371年，故事足以写一本书了，但它不是本文的重点，就略过不提了。为镇压动乱，拜占庭帝国的军队到处救火，而拜占庭西北方新崛起的塞尔维亚人则在其君主斯蒂芬·杜珊的领导下趁火打劫，将拜占庭西部的领土吃掉了一大半，结果造成莫利亚、塞萨洛尼基等地区与拜占庭本土分离，成为只能从海上联络的飞地。

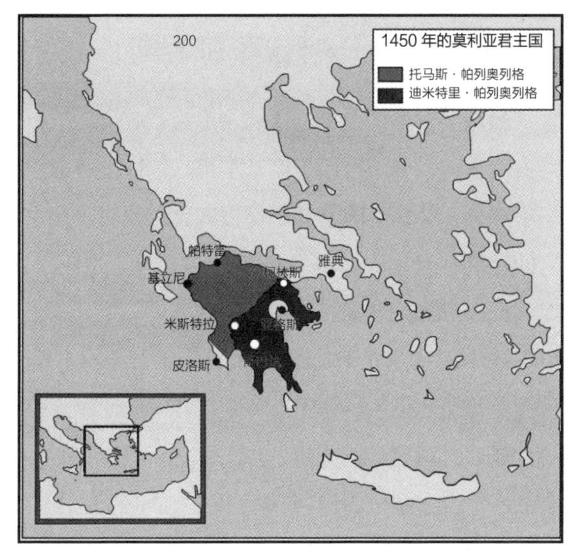

▲ *1450年的莫利亚君主国*

1346年，斯蒂芬·杜珊自称沙皇，显然是想步保加利亚人的后尘，成为与拜占庭帝国平起平坐的新势力。与之同时，拜占庭的经济濒于崩溃，严重入不敷出，这也促成了拜占庭地方势力的崛起。莫利亚地区由当时如日中天的大贵族、拜占庭军队总司令约翰·坎塔库震努斯之子曼努埃尔·坎塔库震努斯管理。1348年，该地被皇帝约翰五世正式封给曼努埃尔，从此曼努埃尔建立了一个新的独立王国。1356年，其兄马修觊觎拜占庭皇位被发现，于是撤退到莫利亚，寻求弟弟曼努埃尔的帮助。曼努埃尔帮助了他，并使其成为莫利亚君主国的君主继任者。

1383年，马修·坎塔库震努斯愧于与拜占庭皇帝约翰五世争位，自动退出莫利亚君主之位，要求由帕列奥列格王朝管理莫利亚。不久，拜占庭安德罗尼库斯四世的弟弟塞奥多利·帕列奥列格成为莫利亚的新君主，称塞奥多利一世。之后，在帕列奥列格王朝的统治下，该国一直存续到1460年。

混乱的帝国——特拉布宗帝国

最后要讲述的是第三个拜占庭流亡政府特拉布宗帝国。特拉布宗帝国也名特拉拜占庭帝国，领土自始至终基本都只包括小亚细亚半岛的东北部和克里米亚半岛的一小部分，但这个国家却是拜占庭流亡政府中存在时间最长的。包括殖民地在内，它的存续时间是从1204年一直到1475年。也正是这个国家，在君士坦丁堡陷落后，以拜占庭帝国的名义战斗到了最后。

这个国家建立于1204年1月，比君士坦丁堡陷落还早了3个月。其建立者是阿莱克修斯一世·科穆宁。阿莱克修斯一世和其弟大卫是拜占庭皇帝安德罗尼库斯一世最后的两名男性后裔，也就是说，与伊庇鲁斯君主国一样，他们也是皇族后裔，有继承拜占庭皇位的权利。

在拜占庭科穆宁王朝统治末期，拉丁人的影响深深播种于拜占庭宫廷当中。在“胡气满长安”的社会现实的推动下，连拜占庭的皇后都由拉丁人安条克的玛丽担当。随后，皇后又名正言顺地成为摄政王，而那年是1182年。对此，另一位皇室成员安德罗尼库斯一世·科穆宁非常不满。利用人民对拉丁人的不满，他发起了一次“清君侧”行动，不仅将皇后处死，还几乎将整个君士坦丁堡的外国人全部剿灭。正因为如此，民众推举他为新的拜占庭皇帝。1183年10月，在掐死前任小皇帝后，他成了拜占庭的唯一皇帝，而人们也称他为“罗马人的救世主”。安德罗尼库斯一世·科穆宁在位期间，对已经延续百年的乌烟瘴气的拜占庭官僚系统进行了改革。但不幸的是，就在他的政策令国家出现一点点中兴的光芒之时，诺曼人的舰队出

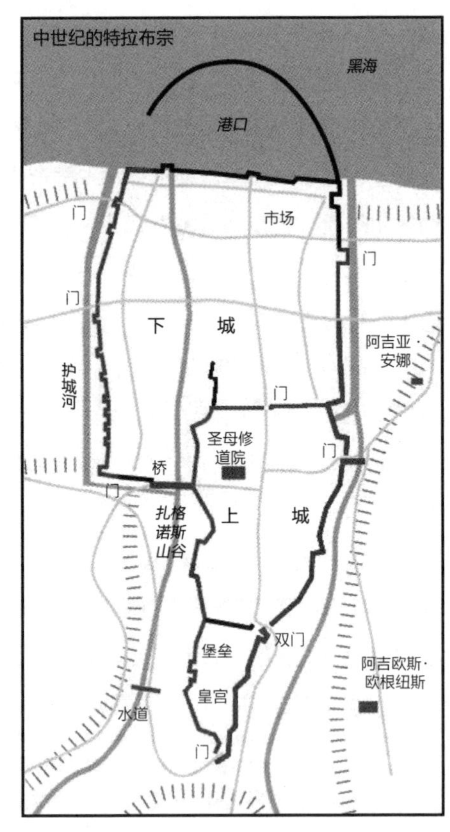

▲特拉布宗城地图

现在他的面前。尽管拜占庭人积极调动军队，特别是用海军拦截诺曼人，可是因为之前安德罗尼库斯一世实行的改革政策触犯了部分贵族及军队上层人物的利益，几乎没有任何一个人愿意帮助他渡过难关。最终在1185年，安德罗尼库斯一世被愤怒的人群在君士坦丁堡街头刺杀。

同年，他的族侄——伊萨克·安苴利稳定了当时的混乱局面，开创了一个短命的新王朝安苴利王朝。爱德华·吉本在他的《罗马帝国衰亡史》中认为，为了安抚前任皇帝的后裔们，安德罗尼库斯一世·科穆宁的两个孙子阿莱克修斯和大卫被伊萨克二世·安苴利安排到了东方的特拉布宗，去那边当行省的省长，安德罗尼库斯一世的两个孙子，就此成了这片土地的主人。

不过，一份来自格鲁吉亚的手稿却讲述了另一个不同的故事。就在1180年，拜占庭皇帝曼努埃尔一世·科穆宁去世时，安德罗尼库斯一世正在格鲁吉亚避难。他受到了格鲁吉亚国王吉奥尔基三世的礼遇，他的儿子甚至与一位格鲁吉亚女人结婚，成了格鲁吉亚宫廷中的重要宾客。1183年，安德罗尼库斯一世取得皇位，阿莱克修斯刚刚两岁便被带到了君士坦丁堡接受贵族熏陶，大卫在次年才出生。1185年，拜占庭局势混乱，阿莱克修斯被格鲁吉亚女王萨玛丽派人带回格鲁吉亚，将他与大卫一起放在宫中抚养。为了加强统治以及问鼎拜占庭皇位，安德罗尼库斯一世故意将科穆宁王朝的后裔放到格鲁吉亚避难，希望由此得到更高的国际影响力。从笔者给出的年龄上也能算出，处于冲龄的两人怎么可能受封成为行省省长？因此，来自格鲁吉亚的手稿讲述的，很可能才是历史的真实情况。

纵观历史，萨玛丽女王开创了格鲁吉亚历史上的黄金时代。女王也是个乐善好施者，她在位期间，大肆修建东正教堂，而且还到处施舍钱财和物品，特别是小亚细亚的诸多教士，经常获得她的赠予。但在1200年左右，她发现她的赠予竟被拜占庭皇帝搜刮走了。当时，正值拜占庭皇帝阿莱克修斯三世·安苴利在位。这位懦弱的皇帝被迫接受向西方十字军缴纳军费年贡的要求，但当时拜占庭内忧外患严重，根本没多余的钱财给拉丁人，所以他只好将眼睛盯到教士身上，大肆搜刮他们。这些被搜刮的人，恰好就是萨玛丽女王施舍的那些人。

拜占庭的盗窃行为令格鲁吉亚人感觉受到侮辱。气愤的萨玛丽女王表示将与拜占庭势不两立。因此，她希望用阿莱克修斯三世·安苴利的侄子，也就是阿莱克修斯一世·科穆宁与大卫·科穆宁作砝码，大举入侵拜占庭的东部领土。1204年1月，在格鲁吉亚大军的帮助下，阿莱克修斯一世·科穆宁进入特拉布宗城内，宣布成为特拉布宗的军事领袖。4 月 25 日，复活节当日，22 岁的阿莱克修斯一世宣布自己成为拜占庭皇帝。一个格鲁吉亚人制造的傀儡政权——特拉布宗帝国就此成立。而就在几天前，君士坦丁堡的城门刚刚被十字军攻破。

之前在 4 月 13 日，大卫·科穆宁已经领军向西部进发，在他的身后是格鲁吉亚的舰队。经过数个月的征战，特拉布宗城附近的十余个堡垒被征服，特拉布宗帝国初具雏形。当时，阿莱克修斯一世坐镇首都，大卫则作为大将军南征北战。在接下来的几年里，特拉布宗帝国利用地理优势，不仅发展了海上贸易，还几次躲过了塞尔柱人的侵袭，成为阿拉伯人口中的“塞尔柱之北的盖子”。但 1207 年，帝国的西部突然出现了另一个国家——前文提到的尼西亚帝国。因为是同宗兄弟，两国一开始并未进行战争，而是以河为界互相接壤。

但这个和平只是个表象，当时的尼西亚帝国还立足未稳，等它站稳脚跟，战争也就随之而来了。1208 年，尼西亚帝国塞奥多利一世·拉斯卡利斯的军队向两国边界处的桑格瑞尔河进发。大卫见状，立即向拉丁帝国的亨利求援。9 月，亨利发兵渡过达达尼尔海峡，直逼尼西亚帝国首都。见被抄了后路，塞奥多利一世当即回师援救。可是，这次回师的代价是十分昂贵的，因为在渡过桑格瑞尔河时，至少有 1000 名尼西亚士兵被急流卷走。尽管如此，塞奥多利一世并未气馁。第二年，他和塞尔柱帝国的苏丹签订协议，共同夹攻特拉布宗帝国。

1212 年，塞奥多利一世发动了对特拉布宗的第二次战争。当时，大卫因为某些事情被阿莱克修斯一世贬黜并被送入修道院，结果特拉布宗帝国无人能抵挡这支军队，只能眼睁睁看着其长驱直入。在一次重要的战斗中，尼西亚帝国的军队获得了黑海的著名良港塞纳皮港。不过塞奥多利一世并未占领它，而是在获得后，又转手送给了塞尔柱帝国，作为成为其盟友的礼物。

1214 年，阿莱克修斯一世的军队向南占领了部分原属于塞尔柱人的土地。塞尔柱苏丹卡卡乌斯获得信使带来的消息，立即率军北上，占领了特拉布宗的城市。在一次港口攻防战中，阿莱克修斯一世被苏丹俘虏。10 月，塞尔柱大军来到特拉布宗帝国的首都特拉布宗城。苏丹命令进行攻城，三次都没有攻下。万般无奈下，他将阿莱克修斯一世带了出来，宣称如果不开城就杀了他。城里的守卫说：“你尽管去杀，我们还有将军大卫可以成为新的君主。如果大卫死了，我们还会再选出一个新的皇帝。但开门，绝不可能！”（也许是一语成谶，后来继承阿莱克修斯一世皇位的真的不是科穆宁家族的人。）见开门无望，苏丹便在城下对阿莱克修斯一世百般辱骂、殴打，让他的臣民看着他被伤害。就这样过了一段时间，守城的人表示只要放了阿莱克修斯一世就可以开门。如此，苏丹赚开了城门。不过，他对特拉布宗帝国只是进行惩戒，并不想将其灭国。事后，阿莱克修斯一世被放回城内，他也表示会将占领的土地归还塞尔柱帝国。

此后，特拉布宗帝国的领土与尼西亚帝国彻底分开，帝国的事务开始向小亚细亚发展，而无力再与其他几个拜占庭的后裔国家争雄。换句话说，特拉布宗帝国已经被踢出了恢复拜占庭疆域的中心战场，只能自己去发展了。

1222 年，阿莱克修斯一世去世，继承他皇位的两个人都不是科穆宁家族的人。直到 1238 年，皇位才重新回到科穆宁家族手中。这时，他们的主要敌人已经从尼西亚帝国、拉丁帝国和塞尔柱帝国转变为蒙古人与罗姆苏丹国。新继任的皇帝曼努埃尔一世・科穆宁积极利用各方的矛盾壮大自己的力量。1253 年，他收回了丢失已久的塞纳皮港，然后又与法国的路易九世联姻，将自己的国际影响力进一步提升。而且，从他开始，特拉布宗帝国的重点从军事战争向经济和航海转移。自此以后，特拉布宗帝国成为一个对外贸易中转站式的国家，从东西方来的物资都在这里转运。虽然奥斯曼帝国的崛起令他们多少有些畏惧，但却并没对他们产生过多的影响。

1280 年，刚年满 20 岁的约翰二世・科穆宁成为特拉布宗皇帝。第二年，刚刚

▲ *特拉布宗城素描*

恢复了君士坦丁堡的拜占庭皇帝米歇尔八世·帕列奥列格就派人来找到他，希望他能放弃“罗马帝国皇帝巴西利斯”这个称号。米歇尔八世认为，他现在坐镇拜占庭的传统首都君士坦丁堡，所以只有他一个人才配拥有这个称号。当然，如果愿意的话，米歇尔八世可以送给约翰二世一个专制君主的称号——特拉布宗专制君主约翰二世。约翰二世回复说，“巴西利斯”这个称号是科穆宁先祖给的，而且一直传到今天，紫色的皇家色彩、绣着双头鹰的长袍，都是特拉布宗人的骄傲，所以绝对不能放弃。

经过一年的讨价还价，约翰二世同意与米歇尔八世的女儿联姻，并放弃“巴西利斯”这个称号。不过，就在他动身前往君士坦丁堡之时，米歇尔八世却突然去世了。但从此以后，特拉布宗帝国皇帝的长袍上再也没有绣过双头鹰，而是改为了单头鹰。也就是说，虽然后来的特拉布宗君主对内还是自称皇帝，但对外的称号已经成了专制君主。

14 世纪初，特拉布宗帝国享有过一段稳定发展的时期，但在帝国最伟大的君主阿莱克修斯二世·科穆宁去世后，特拉布宗帝国陷入了内战。

1330 年，阿莱克修斯二世·科穆宁之子安德罗尼库斯三世·科穆宁杀死了自己的两个弟弟，另有一个弟弟巴西尔逃到了君士坦丁堡才幸免于难。结果，大臣们随即分成了两派——拜占庭派与静水贵族派，其中拜占庭派拥护与君士坦丁堡联合，静水贵族派则拥护特拉布宗帝国保持独立。天命使然，安德罗尼库斯只执政了 15 个月就暴毙而亡。其子虽然顺利即位，但马上就遭到从君士坦丁堡回来的叔叔巴西尔的放逐。特拉布宗的两派纷纷站队，各自成为两个皇帝背后的支持者。不过，终究还是巴西尔比较厉害，他于 1333 年下令将安德罗尼库斯三世之子杀害，自己成了唯一的君主。这一行为马上引起了全国的暴动，尽管巴西尔强行将反抗压制了下去，但内战的火苗越烧越旺。1334 年，巴西尔为了感谢君士坦丁堡的收留，与拜占庭皇帝安德罗尼库斯三世·帕列奥列格的私生女伊琳娜结婚。可是，夫妻两人仅仅恩爱了几个月，巴西尔便去另寻新欢，并且在外面相继有了 4 个私生子。伊琳娜表面上没说什么，但心内早已燃起妒忌和憎恨的烈火。1340 年，她找了一个机会，悄悄地毒死了巴西尔，继而成为特拉布宗帝国的女皇。不过，她自己没有统治一个帝国的能力，于是要求自己的父亲赶紧派一个可以信任的拜占庭贵族来这里帮助她。这个协助者还没到来，伊琳娜就已经被卷入了一场内战。

1340 年 6 月 28 日，就在伊琳娜毒死丈夫后第 5 天，内战开始了。据说这是因为科穆宁家族不能忍受一个来自帕列奥列格家族的女人领导他们。他们害怕在几年内特拉布宗就会成为帕列奥列格家族的飞地；同时，他们也认为自己才是拜占庭的正统，世系不能就此中断。

科穆宁家族的远亲斯科拉里家族首先揭竿而起，他们联系了不少不满女皇统治的家族和将军，一起成立反对党派——爱国党（或叫希腊党），准备冲进宫中将女皇杀死。但女皇有另一个家族艾美则塔里家族在暗中协助，再加上来自拜占庭的热那亚雇佣军，她足以保证自己的安全。结果，7 月 2 日起义就被伊琳娜镇压。次年，这些起义者被砍头示众。但是，此举并没有起到杀鸡儆猴的作用。这些起义者被砍头的同月，就有一个女人自称女皇，要与伊琳娜女皇分庭抗礼。这个人名叫安娜，是前任特拉布宗皇帝阿莱克修斯二世・科穆宁之女。她一直在修道院，这时人们推举她出来，认为她才是最正宗的皇室后裔。而后，格鲁吉亚人也承认了这个事实。他们一同为安娜戴上了皇冠，称其为特拉布宗帝国的新女皇。

就在同时，奥斯曼人再次出现在南部，他们迅速而果断地向特拉布宗帝国进发。仅仅几天时间，他们就攻破了特拉布宗的二十余座城市，继而来到特拉布宗城下。7 月初，他们首次进攻失败。7 月 5 日，奥斯曼人又进行了第二次进攻。虽然这次他们爬上城墙，但仍旧被城内的守军打败。见多次进攻失败，奥斯曼人不再恋战，他们退出了特拉布宗帝国，并归还了侵占的领土。

▲ *特拉布宗的希腊士兵*

奥斯曼人没叩开城门，不代表其他人也不行。7 月 17 日，格鲁吉亚的乔治五世率领军队攻入城内。接着，他将安娜接入城内。之后，他们用武力胁迫伊琳娜退位，然后将安娜扶上皇位。伊琳娜被赶出城，趁夜乘船逃回君士坦丁堡。安娜虽然坐上了皇位，但仍有许多特拉布宗人不承认她，特别是斯科拉里家族，对其非常不满，想尽办法欲将其拉下皇位。不过帝国东部的一些拉齐亚人却支持安娜女皇，他们组成军队希望来保卫女皇。但是，帝国内部另有一群人才是真正的主宰者。他们是帝国的显贵们，他们不管谁当政，只要能让自己好过就行。因此，他们利用女皇刚刚到达特拉布宗城的关系，将其架空，继而成立了三人政府，成为真正的实权拥有者。

正当这些贵族们要将安娜作为傀儡自己行政时，又一批人于 7 月 30 日来到了特拉布宗。这次前来的是前皇帝约翰二世的儿子米歇尔·科穆宁。他受到拜占庭皇帝的协助，率领几艘大船和若干人马回到特拉布宗城，当然随行的还有逃到君士坦丁堡的伊琳娜。不过，贵族们可没兴趣让他们当自己的主子。因此这些人刚刚上岸就被士兵们逮捕了。他们自称接到安娜女皇的命令，认为米歇尔·科穆宁来路不明，不予接纳并将米歇尔和伊琳娜关入监牢。在监狱里伊琳娜故伎重演，买通了守卫，乘着一艘法兰克的商船逃回了君士坦丁堡。

此后，从 1342 年的 7 月到 9 月，特拉布宗帝国一直由三名贵族借用安娜的名号来进行统治，许多反对他们的人不是被抓起来，就是被流放。在被流放的人中间有很多都是斯科拉里家族的人。其中，斯科拉里家族的尼克塔斯并不愿意接受这样的命运，他与兄弟格里高利一起坐上了威尼斯的商船，往君士坦丁堡航行，希望去

▼ *在今土耳其的特拉布宗城堡*

那边碰碰运气。

在君士坦丁堡，他们竟然偶遇到了米歇尔·科穆宁的儿子约翰·科穆宁。一笔大买卖就这样临到头上，两人当即决定赌一把。他们向其保证，可以将特拉布宗的皇位交给他。正在君士坦丁堡过得憋屈的约翰·科穆宁马上同意了这个提议，因为他也想赌一把大的。

这次的返回很秘密，并未得到拜占庭的授意，因此尼克塔斯·斯科拉里与其兄弟雇了 5 艘热那亚商船。乘着它们，两人于 9 月 4 日偷偷潜回了特拉布宗城。在城内，他们聚集了一些女皇的反对者，于几天后突然发动政变。他们人数众多且熟悉特拉布宗城的情况，所以很快便攻入了皇宫。女皇和三名贵族见大势已去，都表示愿意将皇位交给约翰·科穆宁。由此，约翰·科穆宁成为特拉布宗帝国的新皇帝约翰三世。约翰三世登位几天后，前女皇安娜和三名贵族就都被处死了。

但这个约翰三世并不是一个好皇帝，他在位的两年间，根本就没将父亲放出修道院，而且还不理政事，几乎做尽了各种腐败之事；而且，特拉布宗帝国的疆域也在他统治期间缩小到极小的范围。有一部分对他不满的人去了黑海北岸的刻赤半岛，在那里建立了一个特拉布宗帝国殖民地——克拉苏斯。但我们可以看出，实际上这个殖民地是独立于特拉布宗帝国的。

1344 年 5 月，以尼克塔斯为首的愤怒贵族们，将这个不理政事的皇帝放逐到了修道院里，然后将原本囚禁在修道院的米歇尔·科穆宁放了出来，扶植他成为新的特拉布宗帝国皇帝。米歇尔·科穆宁为了感谢尼克塔斯将其从囚禁的地方放出，给予了他及他的亲族终身大贵族的称号，并且允许他们持有永久封地。虽然后来尼克塔斯做了一些不臣之事，如私自出使周边国家、偷偷用“巴西利斯”的称号，但皇帝米歇尔也没多加过问，因为他感觉以后还是用得上尼克塔斯的。不过他不知道的是，此时的伊琳娜已经用厚贿买通了这位权臣，许诺他可以成为特拉布宗帝国的宰相，并且掌握经济大权，而他唯一要做的就是让伊琳娜重掌权力。这一承诺令尼克塔斯站到了伊琳娜一边，他们只待有合适的一天一起将米歇尔赶下皇位去。

1349 年，米歇尔·科穆宁被尼克塔斯发动的政变成功地赶下了皇位。伊琳娜将其子、仅有 12 岁的阿莱克修斯三世·科穆宁扶上皇位，再一次将实权抓在自己手里。当然，在新的内战出现前，君士坦丁堡的帕列奥列格家族送来了不少人协助伊琳娜稳定政权。

1353 年，伊琳娜刚刚站稳脚跟，就对尼克塔斯下手了。她发布圣谕称：尼克

▲在君士坦丁堡接受洗礼

▲阿莱克修斯三世与伊琳娜

塔斯原本是先皇的宠臣，但却逾越人臣之位，将先皇赶下皇位，这是令人不齿的行为，所以所有人都应该对其唾弃。现在新皇帝阿莱克修斯三世准备把这个逆臣逮捕，然后关进监狱，处以极刑。

尼克塔斯的眼线在该圣谕还未下达之际，就将伊琳娜卸磨杀驴的事情告其知晓。尼克塔斯马上逃到海边，坐船去了北边的克拉苏斯。1355 年 3 月，尼克塔斯纠集一群伊琳娜的反对者从克拉苏斯坐着 13 艘大船，向特拉布宗城进发。当他们于 5 月初在特拉布宗城郊区下船时，才发现他们已经被一群骑兵围住。原来伊琳娜早已获得他们的消息，派兵来“迎接”他们了。见事情败露，尼克塔斯和反对党们全部束手就擒，随后他们都被投进了监狱。到 1360 年，尼克塔斯死在监狱之中。

为期 20 年的特拉布宗帝国内战就此结束，但特拉布宗帝国的国力却几乎耗尽。从此这个国家只作为一个二流小国可有可无地存在了。

1360 年左右，伊琳娜去世，阿莱克修斯三世・科穆宁成为唯一的皇帝。他为了重振特拉布宗帝国的雄风，当即先与威尼斯重新建立商业联系。[①]到 1364 年，威尼斯取代热那亚再次成为与特拉布宗帝国联系的第一大经济体。1367 年，阿莱克修斯三世又签署了政令，表示威尼斯有最惠国待遇，取消之前伊琳娜给予热那亚的最惠国待遇。虽然这一政策中间多有波折，但阿莱克修斯三世还是令特拉布宗帝国

① 在特拉布宗帝国内战期间，威尼斯停止了与特拉布宗的经济联系，热那亚成为与特拉布宗联系的最大经济体。

重振雄风，虽然他做到的只是将特拉布宗帝国变成二流小国中的佼佼者而已。被取消最惠国待遇，让热那亚人时刻怀恨在心，他们一心想扶植一个偏向他们的特拉布宗君主。

之后的50年里，经历了米歇尔三世、阿莱克修斯四世的短暂统治后，特拉布宗帝国迎来了它的最后时光。

最后的帝国——对特拉布宗的围攻

1429年10月28日，篡位者约翰四世·科穆宁在热那亚人的帮助下开始了他的统治。他的兄弟——阿莱克修斯四世的儿子、共治君主亚历山大被流放。

约翰四世刚一获得君主之位，便开始清剿他曾经的左膀右臂。当然，是以惩处杀父凶手的名义。据说约翰四世的父亲阿莱克修斯四世，被他收买的几个权臣扎瞎了一只眼睛并砍下了一条胳膊。借此名义，约翰四世将这几个人处以极刑，以儆效尤。然后，他又为他的父亲举行了一场盛大的葬礼。当然，约翰四世最重要的事情是与热那亚人重新修好，给予他们最大的商贸优惠。随后，他积极地与奥斯曼帝国修好。加上当时奥斯曼人正在欧洲战事中脱不开身，特拉布宗帝国才能一直苟延残喘。不过，1442年奥斯曼苏丹穆拉德二世还是从海上对特拉布宗城发动了一次战争，虽然这次战争奥斯曼人并未取得胜利，但克里米亚半岛上的特拉布宗殖民地却受到重创。最后，还是暴风雨救了这些人，奥斯曼人船只毁坏严重，只好退兵。可是迫于奥斯曼人的强大，克里米亚半岛上的殖民地被分成了两部分，一部分沿海地区效忠于奥斯曼帝国，另一部分内陆地区继续处于半独立状态。

1451年，拜占庭使者乔治·斯佛兰泽斯来到特拉布宗城，他的目的是为拜占庭的君士坦丁十一世寻觅一位合适的新娘。正巧此时，奥斯曼的苏丹穆拉德二世去世了，继任者穆罕默德二世这几年在欧洲战场上的表现令他们预感到奥斯曼接下来必然失败，所以约翰四世特意向乔治·斯佛兰泽斯表示祝贺，但乔治却嘲笑约翰四世幼稚。因为他看得出来，1444年的瓦尔纳战役后，奥斯曼苏丹穆拉德二世虽然没有进行新的扩张，但却

▲特拉布宗城墙素描

一直致力于维护帝国的和平与稳固。虽然新苏丹穆罕默德二世首次即位时表现不佳，但在老苏丹的手把手指导下，早已学会了如何去毁灭那些临近的国家。总有一天，他会对拜占庭帝国、莫利亚君主国与特拉布宗君主国下手，那时恐怕就为时已晚了。简单来说，就是穆罕默德二世比穆拉德二世更加阴险。

事情不幸被乔治言中。1453 年，君士坦丁堡被奥斯曼人围攻。尽管约翰四世有心对其伸出援手，但特拉布宗可怜的处境令他只能对此袖手旁观。当君士坦丁堡陷落后，特拉布宗君主国与莫利亚君主国成了存留拜占庭文化的最后两座堡垒。

穆罕默德二世当然也知道这点，所以他首先勒令特拉布宗缴纳年金，并在达达尼尔海峡对过往的特拉布宗与威尼斯船只课以重税。很显然，就是榨取金钱了。约翰四世终于忍无可忍，拒绝服从苏丹的命令，穆罕默德二世的回应是勒令驻扎在阿马西亚的帝国官员发动对特拉布宗的水陆围攻。

从表面来看，特拉布宗一定是要灭种灭族了。危急关头，约翰只好屈服，并同意缴纳高达 2000 达卡特（金币）的年贡。

约翰四世发现，此时的奥斯曼人正致力于占领莫利亚君主国和征服在海岛上僻居的伊庇鲁斯君主国的残余。于是他开始采取联姻手段，广结盟友以图自保。他将女儿塞奥多拉（据说此女被同时代的威尼斯旅行家称为天下第一美人）许配给白羊王朝的埃米尔乌宗·哈桑，另一女则嫁给塞浦路斯领主尼科洛·克里斯波。这两人都承诺，将会在特拉布宗君主国遭遇危险时伸出援手，给特拉布宗提供充足的士兵与补给。

当然，约翰四世还要办的一件事就是自我保护，即加固特拉布宗城的城墙。从 1453 年起，特拉布宗的城墙一直在夯筑和加固：北边和南边的城墙被多层加固；东面和西面的城墙前挖掘了深深的壕沟；另有部分商站被移到城外，作为资源补给使用。实际上，在 13 世纪，特拉布宗城的城墙就已经十分坚固，正是它，抵挡住了塞尔柱人的多次侵攻。仅仅在几十年前，特拉布宗人在这道城墙的护佑下，还以几个人的伤亡，打败了奥斯曼人的海军。

此前，随着形势越发绝望，约翰四世也走上了与拜占庭一样的、与天主教会共融的老路。1434 年他曾向教皇犹金四世修书一封表达和好之意，并且特拉布宗主教区也派出代表，随拜占庭帝国的代表一并参加了 1431—1439 年举行的巴塞尔—费拉拉—佛罗伦萨大公会议，会上达成了东西教会和解共融的协议。

但以上努力并未改善特拉布宗与最重要的西方国家之一——热那亚共和国的关

系。虽然约翰四世是依靠热那亚支持而上台的，他却于1431年拒绝偿还帝国所欠债务，更于1441年拒绝为扣押并洗劫一艘热那亚商船而给予赔偿。这导致了两国关系的恶化，以至于1447年卡法的热那亚人出动舰队，威胁要封锁特拉布宗港口。好在这一计划并未真正实施，也并未真正损害黑海地区的贸易。

其实，约翰对热那亚抱有敌意的深层原因是，担心该国与拜占庭结成联盟，并帮助流亡君士坦丁堡的兄长亚历山大夺回王位。于是特拉布宗在外交政策上向热那亚的死敌威尼斯倾斜，可是威尼斯在黑海影响力薄弱。这一点也为日后的灾难埋下了伏笔。

▲ *15世纪的奥斯曼帝国划桨船*

1456年，奥斯曼人终于对特拉布宗君主国动手了。那一年，赫兹尔帕夏率领奥斯曼军队攻占了特拉布宗城周围的农村地区。这和当初奥斯曼军队围攻君士坦丁堡之前所做的一模一样，唯一不同的是，当赫兹尔帕夏到达特拉布宗城近郊时，突然瘟疫大流行。虽然帕夏已经俘虏了两千多名特拉布宗士兵，但还是撤走了军队，并未去围攻特拉布宗城。

见奥斯曼军队撤退，约翰四世立即派弟弟大卫去参见穆罕默德二世，要求降低年贡，并用2000金币将2000名士兵赎回。穆罕默德二世没有同意，反而将年贡提高到3000达卡特，并声称如果不交就继续开战。

1458年初，约翰四世又亲自去找他的女婿白羊王朝的埃米尔乌宗·哈桑，希望他能帮助斡旋。哈桑的使者很快也去与穆罕默德二世会面。他带去哈桑的敬意，并说可以将部分特拉布宗应交的年贡转到白羊王朝这边。穆罕默德二世拒绝了他的提议，而且还回了一句意味深长的话："不用了。很快特拉布宗就不用交付年贡了。"

1459年4月，约翰四世去世，留下一个4岁的孩子阿莱克修斯成为特拉布宗的新君主，而约翰四世的弟弟——大卫·科穆宁，成为摄政王。1460年初，在大

▲*穆罕默德二世*

家的推举下，大卫成为特拉布宗的唯一君主，也是最后一位君主。

大卫从成为摄政王开始，就派遣了大量使者到各处求援。除几个姻亲国家外，如波斯、格鲁吉亚、热那亚、威尼斯、佛罗伦萨、教皇国……甚至是神圣罗马帝国，都有特拉布宗的使者在活动。当时大家一致认为，有如此多的后盾，特拉布宗绝对是高枕无忧了。可是穆罕默德二世可不这么想，他还要实现自己的诺言呢！

1460 年 5 月，莫利亚君主国奥斯曼人所灭。9 月，穆罕默德二世在巴尔干纠集了十余万人的军队准备一举消灭特拉布宗。这支军队包括 8 万人的步兵、6 万人的骑兵以及 200 艘划桨船和 10 艘大帆船。在出发前，他还特意告知巴尔干各臣属国以及被征服国家的人民，自己要去安纳托利亚消灭最后的拜占庭残余——特拉布宗君主国。按他自己的话说，这叫："我要让我的每根胡子都知道我的头发在做什么。"

在去安卡拉的途中，穆罕默德二世去祭拜了父亲和先祖，而后继续前行。就在此时，他突然萌发了去塞纳皮港吃早餐的想法，便命令大军暂停向安卡拉进发，转头向西北方的塞纳皮港行进。前文曾提到过，塞纳皮港位于黑海沿岸，是著名的优良港口，原属于特拉布宗，后来在尼西亚、塞尔柱、罗姆苏丹国和奥斯曼帝国之间多次易手。到 13 世纪末期，罗姆苏丹国扶植的伊斯法迪亚斯埃米尔国建立，后人也称其为塞纳皮王朝。到 1460 年底，该埃米尔国由卡马拉丁·伊斯梅尔贝伊统领。

1461 年初，就在穆罕默德二世的大军向塞纳皮港行进的途中，卡拉马丁多次致信穆罕默德二世要求向奥斯曼帝国臣服。之后，见穆罕默德二世完全没兴趣，他甚至还将自己的一个儿子——哈桑送到穆罕默德二世的军队中做人质。穆罕默德二世见到哈桑，明确地告知他："回家吧，告诉你爸爸，我只想要你们的塞纳皮。如果你们投降，我可以把大马士革边上的菲利普波利斯送给你们做采邑。”[1]卡拉马丁仅拥有2400人的军队，根本不可能是奥斯曼军队的对手，所以权衡利弊后，卡拉马丁选择投降。穆罕默德二世安置其子阿赫麦德·伊斯梅尔作为当地新统领，但归奥斯曼帝国辖制。

之后不知道为什么，在接下来的几个月，穆罕默德二世竟然走了一个很奇怪的行军路线。他并未向着特拉布宗城前进，而是绕开它转到了更东边的地方。

根据奥斯曼卡斯玛帕夏的日记记载：“……我们花费了巨大的人力和物力，一路向特拉布宗前进。我们的苏丹和我们每走一步都十分艰难。这是因为：一、距离；二、对人民的骚扰；三、饥饿；四、雄伟入云的高山。除此外，还有雨季的到来，每天没完的雨，让我们总在泥泞的土地中前行。”

后面的记载则简直一笔糊涂账，可惜的是流传至今的有关这次行军的记载也只有他的日记：“……我们越过高耸的金牛山，然后向东进入大亚美尼亚。然后我们又越过了法塞斯河，直到站在高加索山顶远眺特拉布宗城。”

也许，穆罕默德二世希望先去白羊王朝的领土上转一转，占领点土地，顺带告知一下乌宗·哈桑不要轻举妄动。后面乌宗·哈桑的行动也确实证明了这一点。

6月18日，在穆罕默德二世驻扎的大营附近发现了一名刺客，据说他是乌宗·哈桑派来的，目的就是刺杀穆罕默德二世，使奥斯曼军队群龙无首。可是他尚未有所行动便被逮住。愤怒的穆罕默德二世将这名刺客饿了一个星期，继而又用酷刑将其处死。刺客的尸体被扔在道边，任由狼、狗吞食。

又行进了17天，穆罕默德二世的军队已经离特拉布宗城相当近了。乌宗·哈桑的母亲萨拉·可敦在道边挡住了苏丹的去路，她要求穆罕默德二世不要再向前进发了，白羊王朝愿意献出被奥斯曼占领的土地，只祈求奥斯曼帝国能与白羊王朝保持和平。穆罕默德二世同意了，不过在签署的协议上并未出现有关特拉布宗的只言片语。很显然，在最后时刻，女婿抛弃了岳父，特拉布宗最强大的盟友逃走了。

与之同时，奥斯曼的海军已经先期到达特拉布宗城。他们的水手一接近北边的城墙便下船开始围困，海上的船只全部用来封锁。就这样，海上封锁了32天，特拉布宗城仍旧平安无事。

①《特拉布宗史》认为苏丹给予他们的是菲律波波利，也就是今天保加利亚的普罗夫迪夫，但这片土地远在巴尔干，而且当时还不一定是奥斯曼的领土。因此存疑。

逃到意大利的特拉布宗大臣杜卡斯的日记中提到：

见海军未建尺寸之功，穆罕默德二世亲率大军而至。他一如1453年围攻君士坦丁堡的故事，先命令挖取壕沟，将特拉布宗城团团围住。然后要求特拉布宗君主大卫投降。如果献城，可以确保大卫的家小、财产以及宠臣平安无事，而且还能获得一片食邑；如果不投降将会城破，城内所有人将会尸骨无存。

一腔热血的特拉布宗君主大卫并不相信这些，他更希望与特拉布宗城共存亡。他知道特拉布宗城的城墙已经经过数百年的加固，足以媲美君士坦丁堡的城墙。根据奥斯曼大炮的能量计算，特拉布宗撑个几十天应该不是什么问题。而且，他早已派出使者，希望格鲁吉亚国王和白羊王朝的埃米尔能尽快发兵解围，也就是说他心中有数。他唯一不知道的是白羊王朝已经和奥斯曼帝国签署了和约，是不会来的。

可惜，英勇的君士坦丁十一世并未再现在大卫的身上，因为这时候，来自佛罗伦萨的乔治·阿米罗特斯出卖了他。阿米罗特斯是大卫的宠臣，也是著名的统一派学者；不过，他还有一个身份——奥斯曼的帕夏迈哈迈德·安格鲁斯的表弟。迈哈迈德·安格鲁斯实际上也是拜占庭皇帝安格鲁斯家族的后裔。他的事情我们后面再说。

见大卫无意投降，迈哈迈德便派了一个使者——希腊裔的秘书托马斯偷偷与阿米罗特斯接触，要求阿米罗特斯想方设法劝诱大卫投降。在阿米罗特斯的多次劝诱下，大卫选择了投降。不过，他也要求他的妻子去格鲁吉亚女婿处，希望获得一些帮助。

8月10日，穆罕默德二世获得大卫同意投降的书信。一开始他表示大卫非常识时务，但听到他送妻子去格鲁吉亚的事情后转而非常愤怒，准备下令第二天进攻城市，城内所有人一个不留。在迈哈迈德的多次要求下，他才没有动手，下令约在

▲特拉布宗城墙遗址

五天后进入城内接收特拉布宗城。

8月15日，穆罕默德二世骑马来到特拉布宗城门前。在这里，大卫派遣的使臣携带着大量“他们认为的”最好的礼物等待着苏丹的到来。当穆罕默德二世接受这些礼物时，另有一群城里“最好的人”来迎接奥斯曼人的进入。大卫在这些人后面也走了出来，他与穆罕默德二世交换了誓言和约定。就这样，世界上最后一座属于拜占庭的都城被奥斯曼人占领。对这一切，穆罕默德二世很是欣慰。1461年8月15日，恰好是1261年8月15日拜占庭人光复君士坦丁堡200周年。可这200周年不能由拜占庭人来庆祝了，只能换做奥斯曼人来庆祝了。

大卫和他的子女，包括侄子阿莱克修斯在内，都得到了穆罕默德二世的优待。穆罕默德二世派专船护送他们及帝国官员、王室财产转移至君士坦丁堡，不过有部分珠宝被赠予萨拉·可敦，以感谢她居中调停。但并非所有皇室成员都获得了自由。大卫的嫂子玛利亚·加提卢西大约20年前嫁给了他流亡君士坦丁堡的兄长亚历山

▼特拉布宗教堂遗址

▲ *特拉布宗城堡遗址*

大，丈夫过世后她便携幼子居住在特拉布宗。此刻，她因风韵犹存得到了苏丹的垂青，被召入后宫。子以母贵，她的儿子也进入奥斯曼宫廷，日后成为苏丹最为宠幸但声名狼藉的侍卫之一。

剩余的特拉布宗人就没有如此幸运了。贵族阶层被剥夺财产，净身出户，并被送往君士坦丁堡，在那里苏丹提供了住宅和足够的金钱，使他们可以开始新的生活。全体男性市民与部分妇女儿童沦为了奴隶，并被苏丹及其大臣们瓜分。剩下的妇女也被送往君士坦丁堡，另有 800 名男童被强制加入了土耳其新军。

消亡的帝国——谁是拜占庭帝国的继承者?

穆罕默德二世进入特拉布宗城，登上城内的最高点，远望黑海，问臣下拜占庭还有抵抗吗？臣下说，已经没有了。穆罕默德二世说："不！在海的那面还有！"很显然，他指的是克拉苏斯殖民地，以及其最重要的首都城市——曼贾普。

前文说过，在特拉布宗陷落前，克里米亚半岛上的殖民地已经分为两部分。内陆部分还是拜占庭人占有；但沿海部分已经效忠于奥斯曼人，且已经改名为吉泽利亚。

本来吉泽利亚的主要居民就是热那亚人，他们只关心自己的生意，因此当奥斯曼人进攻时，他们会反水并不是什么奇怪的事情。实际上，原本在 14 世纪中期，这些热那亚人就已经抛弃特拉布宗的统治而变得半独立了。因此，内陆地区由于周边海路的封闭，只能自力更生。他们一方面努力挤出了一个新的港口——阿瓦利塔；另一方面与北方的金帐汗国加强联系，每年多次去汗国进贡，以保证自己的独立。

1475 年，奥斯曼帕夏季迪科率海军没用多大力气便征服了整个克拉苏斯。此时，所有的拜占庭城市全部被奥斯曼征服，千年拜占庭及其后裔就此结束了他们所有的独立国家统治。

虽然这些拜占庭人的土地悉数被奥斯曼人所有，但后裔们却还生活在世界上，他们流落到了各地。

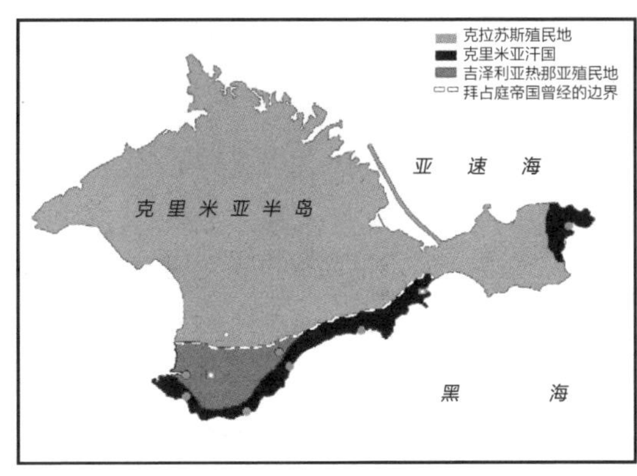

▲克拉苏斯殖民地地图

大卫虽已沦为亡国之君，但按照早前协议，至少其家族还可保留富贵的生活。他们定居在土耳其前首都亚得里亚堡，每年拥有30万银币的可观收入。然而，命运的捉弄并未停止，一场突发的变故终止了大卫的舒适生活。

一日，与皇室同处一地的乔治·阿米罗特斯偶然得知，大卫正与哈桑秘密商议将大卫的一个儿子或他的侄子阿莱克修斯送到后者宫廷抚养，以便有朝一日可以光复故国。于是，阿米罗特斯背叛了昔日主公，向穆罕默德告了密。这给了苏丹绝佳的口实。

1463年3月，大卫及其儿子被逮捕下狱。11月1日，他与3个儿子及告密者阿米罗特斯被明正典刑，只有幼子乔治得以幸免（他后来改信伊斯兰教，最终流亡格鲁吉亚）。大卫的其余家人则处境迥异：他的背叛似乎并未影响玛利亚在后宫受到苏丹宠幸；他进献给穆罕默德的女儿安娜也安然无恙，不过后来她改嫁给苏丹麾下一名将领；他的遗孀海伦娜也幸存了下来，但为了收殓丈夫及儿子们的尸体，她不得不向苏丹缴纳巨额罚金，余生都在穷困潦倒中度过。据说特拉布宗皇室的最后一代是一位奥斯曼医生，于1719年去世。

1453年，当君士坦丁堡陷落后，拜占庭皇帝的称号自动转给了莫利亚君主。虽然在7年后，莫利亚也灭亡了，但末代皇帝迪米特里·帕列奥列格却将皇帝的称号带在自己头上。在苏丹的安排下，他和他的妻子从1461—1469年一直在阿德里安堡做一个修士。1470，他去世了，拜占庭皇帝的称号又转到其弟弟托马斯·帕列奥列格身上。当时，托马斯正住在罗马。他死后，称号又转到了其长子安德鲁斯·帕列奥列格头上。尽管安德鲁斯在1490年时结了婚，但却没有留下子嗣。因为穷困潦倒，他将自己的拜占庭皇帝称号先抵押给法国的查理八世，继而又抵押给西班牙的伊莎贝拉。1502年，他在穷困中去世。

到这里，已经明确地知晓，安德鲁斯·帕列奥列格去世后并未留下子嗣，也就是说正统拜占庭帝国的皇位继承就此断绝。但真的是如此吗？

▲托马斯·帕列奥列格

在笔者手中有一个笔记，说托马斯·帕列奥列格的女儿佐伊·帕列奥列格去了俄国，成为俄国沙皇的第二任妻子。今天，如果您去莫斯科，会在夏宫内部陈设的雕像群中发现一个女性雕像，她就是佐伊·帕列奥列格。

佐伊·帕列奥列格生于1449年，她在1465年托马斯·帕列奥列格死后，被教皇赐教名为索菲娅，然后被许配给塞浦路斯王国的詹姆斯二世，但最后却并没有嫁给詹姆斯二世。1469年，教皇保罗二世又将她许配给了莫斯科大公伊凡三世，目的是加强天主教会在东欧的地位，并与东正教的俄国搞好关系。是的，拜占庭的末代公主正是做这件事的最好人选。

据《俄罗斯编年史》记载，1469年2月11日，莫斯科大公国向罗马教皇派出了使者，团长贝萨里翁向教皇要求与拜占庭末代公主结亲。教皇表示非常高兴，愿意做一个牵线人，希望将已改名为索菲娅·帕列奥列格的公主嫁给莫斯科大公伊凡三世。在多次与其兄长安德鲁斯·帕列奥列格接洽后，1472年1月16日，伊凡三世乘船去往罗马；5月23日，伊凡三世到达罗马；6月1日，在罗马圣彼得大教堂，两人在罗马教皇的主持下结了婚。作为嫁妆，安德鲁斯·帕列奥列格送了6000金币，也许这6000金币就来自于他的皇位抵押款。6月24日，索菲娅·帕列奥列格随着船只一起向莫斯科航行。据说，她是个爱书的人，在船上也携带了不少从君士坦丁堡图书馆带出的图书。11月，索菲娅·帕列奥列格正式到达莫斯科；11月12日，索菲娅·帕列奥列格与伊凡三世再次举行了隆重的婚礼。在这里，索菲娅·帕列奥列格为伊凡三世生下了儿子瓦西里三世，瓦西里三世又生下了著名的伊凡雷帝。

由此，拜占庭的血脉开始在俄国流传下去。

当然，拜占庭皇室还有其他的后裔。比如，尼西亚帝国的拉斯卡利斯家族其实在13世纪末期曾经有一些后裔流亡到意大利，他们也许就是文艺复兴的先驱者。

前面说过，主导围攻特拉布宗城的迈哈迈德·安格鲁斯帕夏其实也是拜占庭皇族后裔。14世纪，安格鲁斯家族的后裔来到塞尔维亚避难。15世纪，塞尔维亚被奥斯曼占领后，安格鲁斯家族开始成为奥斯曼的官员，并皈依了伊斯兰教。到迈哈迈德这代，已经做到了帕夏一职，他们的脑中早已没有拜占庭，唯一忠心的就是奥斯曼帝国。

实际上，除俄罗斯、土耳其、意大利外，在罗马尼亚、摩尔多瓦、保加利亚、塞尔维亚、西班牙、德国、匈牙利，乃至英国和美国，至今还有一些拜占庭的后裔生活着，可惜他们早已没有皇家气质，而变成普普通通的人了。

拜占庭彻底灭亡了，但他们的后裔却在四处开花，引导了近代欧洲的崛起。这就是拜占庭，一个曾带给我们太多惊喜和回忆的帝国。

参考文献

[1] Steven Runciman. *The Lost Capital of Byzantium: The History of Mistra and the Peloponnese*[M]. Cambridge,Mass. :Harvard University Press,2009.

[2] Alexander P.Kazhdan. *The Oxford Dictionary of Byzantium(Vol.3)*[M]. Oxford:Oxford University Press,1991.

[3] Jonathan Harris. *Greek Émigrés in the West:1400-1520*[M]. Camberley:Porphyrogenitus,1995.

[4] Сергей Павлович Карпов. *Трапезундская империя и западноевропейские государства в XIII - XV*[M]. Москва́:МГУ, 1981.

[5] Сергей Павлович Карпов. *История Трапезундской империи*[M]. Санкт-Петербу́рг: Алетейя,2007.

[6] Р.М.Шукуров. *Великие Комнины и Восток(1204-1461)*[M]. Санкт-Петербу́рг: Алетейя,2001.

[7] Ahmet M.Zehiroglu. *The Empire of Trebizond(Vol.2)*[M]. Trabzon:Lazika Yayin Kolektifi,2016.

争夺辽东的铁蹄

秋山好古与日俄战争中的日本骑兵部队

作者 /ELYSIA

▲ *对旅顺港的袭击拉开了战争的序幕，而后日军为了彻底消灭俄军舰队，又对旅顺港进行了多次包括闭塞攻击在内的作战，直到日本陆军攻克旅顺要塞，辽东半岛的战事才算告终*

“我马匹无法与之匹敌！

“我炮兵无可与之匹敌！

“然其步兵不足为惧！”

——《关于秋山少将、大庭少佐赴俄领尼古尔斯克出差事项的报告》(《秋山少将 大庭少佐 露領ニコリスクへ差遣に付報告の件》)

明治三十六年（1903年）10月，刚从尼古尔斯克（即双城子，今乌苏里斯克）观看完俄军远东兵团阅兵、演习归来的秋山好古少将，在向陆军省递交的文件中再一次强调了一个当时全世界都同意的观点——日军难是俄军的对手。然而，当时围绕着东北亚地区的各种利益纠葛，已经将这两个新老列强彻底推向了战争的漩涡。仅仅4个月后，日本偷袭旅顺港，正式揭开了20世纪一系列新式战争的血腥序幕——日俄战争。

秋山好古

尽管日俄之间早在江户时代就在北海道—库页岛方向有过一系列的争端，然而两国真正进入战争边缘，则应该追溯到甲午战争以后。当时，随着三国干涉还辽以及 1896 年《清俄密约》的签订，沙俄已获取了外东北[①]，但俄罗斯巨熊仍不满足，又将利爪伸向了黑龙江以南。东清铁路的建设和 1898 年沙俄强租旅顺、大连两港，无不刺激着新兴的日本帝国主义染指东北亚的野心。1900 年义和团运动爆发后，俄军又以义和团破坏铁路为借口大举南下，近二十万大军分南北两路侵占中国东北全境，并制造了骇人听闻的“庚子俄难”：黑龙江以北的中国人聚居地被彻底捣毁，超过 7000 名手无寸铁的平民倒在俄军屠刀之下，即便妇女儿童亦不能幸免。

消息传开后，不但震惊清廷，远在东京的日本第一高等学校的学生也为中国人的遭遇感到愤慨，提笔写下了《流血阿穆尔河》一曲，但歌词中明显流露出了日本要代清抗俄的野心。此曲后来由加藤明胜重新填词，成为战时日本著名军歌《步兵的本领》。到了 1903 年，仍迟迟不愿撤军的沙俄反而向清廷另提“七项撤军新条件”，赤裸裸地展示出了吞并整个清廷龙兴之地的决心。愤怒却又无能为力的大清国，此时早已不再将俄国视为自己抵御日本扩张的盟友，无奈之下只能将情况透露给日方。到了这个时候，日俄双方的矛盾已经不可调和。谈判破裂后，1904 年 2 月 6 日，日俄断交并彼此发出最后通牒；8 日，日本海军奇袭旅顺；9 日，俄对日宣战；10 日，日对俄宣战，战争正式爆发。

日俄两国数十万大军即将展开对中国东北的争夺，双方的骑兵自然也参与其中。不过，在介绍日俄战争中日本骑兵的表现之前，先稍微介绍下本文的主角秋山好古，以及他那本对日本骑兵影响极为深远的《本邦骑兵用法论》，还有明治维新后日本骑兵的发展。

安政六年（1859 年）出生于松山藩的秋山好古，不过是只比足轻[②]稍高点的下层武士家的第三子。幼年入学松山藩明教馆的秋山，在青年时代有着成为教师的梦想。明治八年（1875 年），年仅 17 岁的秋山带着 3 日元独自来到大阪，通过一系列测试后，成了一名月入 9 日元的小学教员。随后，抱着试一试的心态，秋山谎称自己已有 19 岁，报名通过了大阪师范学校的考试。到这个时候为止，秋山的人生

① 外东北（俄语：Приамурье，英语：Outer Manchuria）又称外满洲，是指包括黑龙江以北、外兴安岭（斯塔诺夫山脉）以南、乌第河与外兴安岭之间、乌苏里江以东和库页岛（萨哈林岛）、格布特岛（尚塔尔群岛）等近海岛屿在内共计一百余万平方公里的土地。广义的外东北也包括贝加尔湖与额尔古纳河之间、乌第河以北的部分土地，以及北海（鄂霍茨克海）、鲸海（日本海）。

② 足轻，起源于日本平安时期负责“捕快”工作的差役，到江户时期已成为下层武士的最下等，当时虽不属于贵族，但仍旧属于所谓“士农工商”中的“士”，地位较平民要高。

似乎很难与之后的金戈铁马、纵横沙场联系起来，乃至到了明治九年，他从学校毕业后得到月入 30 日元的教师工作时，一切都还相当平静。巧的是，他所任职的学校的校长乃是旧松山藩士和久正辰。在他的鼓动下，秋山最终决定前往东京，参加当时新设立不久的陆军士官学校举行的三期生考试，看看能否毕业后走上“同样是拿公家钱，前途可比小学老师大多了”的人生路。

▲ *秋山好古（1859—1930年），名副其实的日本陆军骑兵之父*

事实证明，他选对了。

尽管英文与数学一窍不通，但在时任步兵大尉，后来的陆军元帅、内阁总理大臣寺内正毅的通融下，秋山好古只考了汉文一科便力压群雄，从 200 多名考生中脱颖而出，成为 37 名合格学生的一员。当寺内大尉跟他把各个兵种都介绍了一遍后，秋山毅然决然地选择了骑兵，而理由竟是他家是下层武士只能徒步，因而一直很想尝试下当当能骑马的官老爷。无论其初衷多么令人哭笑不得，毕业后的秋山配属到了东京镇台骑兵第一大队，当了一名小队长。到了明治十六年（1883 年），秋山入学新成立的陆军大学校。之后，在当时骑兵稀缺的日本军队中，秋山一路做到了骑兵大尉。最终在明治二十年（1887 年），他跟随松山藩藩主久松定谟前往法国圣西尔军校学习。此时日本政府给予他们的任务是：掌握轻骑兵之战术、轻骑兵之内务、轻骑兵之管理、轻骑兵之教育；为达目的，应尽力入法国轻骑兵团实习。

很明显可以看出，当时日军所认同的骑兵等同于轻骑兵，以侦察搜索为主要任务，而绝非是如胸甲骑兵或龙骑兵那般直接承担大兵团骑兵突击任务的重骑兵。

其实作为一个多山岛国，日本本土的马种相较于欧亚大陆的同类来说身型甚是矮小，尽管也曾有过战国时期动辄千余骑横冲直撞的记载，然而事实却是，到了明治新政府正式建军时，全国可用的西式骑兵寥寥无几。之前在明治四年（1871 年），新政府依靠萨摩、长洲、土佐三藩献上的部队组成了第一支近代军队——御亲兵，也就是后来的近卫师团。其中，土佐藩献上的 2 个小队共 87 人组成了御亲兵骑兵

▲ *旧日本陆军各个兵种都有其专属颜色，饰于帽檐之上。骑兵为青黄，日语称作“萌黄”，因此该词也可代指骑兵。图为描绘日俄两军骑兵冲突的画作*

队，他们不但是后来近卫师团近卫骑兵联队的前身，也是日本现代骑兵部队的起点。值得一提的是，土佐藩这两个小队的骑兵乃是2年前千里迢迢从法国特意聘请教官训练而成的拿破仑式轻骑兵。同时这名法国教官还将当时最新的1870年法骑兵操典，通过口述传授，使其成了日本的第一部骑兵操典《骑兵教授书》。

不过，明治初年的日本骑兵发展速度极为缓慢。在镇台时期，全国六大镇台中只有东京镇台有2个骑兵中队，再加上改名近卫队的御亲兵下属的近卫骑兵中队，全国上下总计只有3个中队不到500人，甚至比不过数百年前年武田家在长筱之战中投入的兵力。受到马匹这一硬件条件的限制，以及当时各式步兵新式兵器出现的影响，直到明治二十五年（1892年），也就是镇台制改师团制后的第4年，6个师团加近卫师团才各自拥有了1个骑兵大队。从编制上看，每个骑兵大队下辖2个骑兵中队，整个日本陆军应当拥有14个骑兵中队。

留学4年后回国的秋山再次一路高升，到甲午战争前，他已经是第一骑兵大队的大队长。而直到甲午战争爆发时，日军都只有11个中队又6个小队的骑兵，比起当时欧洲列强普遍采用的每师辖1个骑兵团共4个骑兵连的制度而言，日军连一半的程度都做不到，着实体现出其骑兵发展的缓慢。

在甲午战争中，日本骑兵也表现得乏善可陈——大部分时间从事传信和侦察。日本骑兵少有的几次直接投入战斗的经历都没有什么太大战果，甚至连本文主角秋山好古都在领兵侦察旅顺时，于土城子被清军500余人的阻击部队依靠2门火炮打得狼狈不堪，伤亡50余人。首次登场却并不出彩的“萌黄”们，很难想象10年后他们将会再次在东北亚这片广袤的舞台上与世界最强的轻骑兵——哥萨克共舞。实际上，日渐崛起的日本帝国主义早已感受到来自北方的巨大压力，开始疯狂扩充军备，故而东北亚迟早再燃战端确是不争的事实。

在甲午战争结束后的明治二十九年（1896年），陆军乘马学校第一代校长平佐是纯去世，秋山好古以中佐之衔继任校长。甲午战争中秋山好古参与的数次战斗对他后来的骑兵理论形成了极深的影响，正是以此为起点，秋山展开了对日本骑兵部队体系大刀阔斧的改革。

“瞩目东北亚吧！战术的研究应以东北亚为核心！”秋山好古在任职期的口头禅如此。

在明治二十九年到三十一年间（1896—1898年），日军师团数由7个增加到13个，且每个师团下辖的骑兵大队扩充到拥有3个中队的骑兵联队，并授予其军旗，每个联队都按照师团号给予编号。除了组编较缓慢的北海道第七师团只有2个中队外，日军总计拥有38个中队的骑兵，番号则为近卫骑兵联队、第一骑兵联队、第二骑兵联队……一直到第十二骑兵联队。随后，在秋山的努力游说下，日军终于在明治三十二年及翌年分别成立了战时军属的战略骑兵部队——骑兵第一、第二旅团。骑兵第一旅团辖骑兵第十三、十四联队，骑兵第二旅团辖骑兵第十五、十六联队。独立的战略骑兵部队拥有每个联队5个中队的大型配置（战时则集中成4个）。为了区别，旅团属骑兵联队被称为甲联队，师团属则被称为乙联队。

因甲午战争中骑兵部队在遭遇配备火炮的步兵时攻坚困难的教训，在秋山的呼吁下，每个旅团都成立了一个拥有6门保式机关炮（即法国哈乞开斯机枪，机关炮即机枪）的系驾（即马拉）速射机关炮队。除此之外，日军还有骑兵用有线电话及骑兵用炸药，乃至新式三十年式卡宾枪的配置，这让这两支骑兵旅团的硬件比起甲午战争时期可谓是突飞猛进。与之相对，秋山好古在明治三十年（1897年）通过军务局骑兵课向当局提出了影响后世极深的《本邦骑兵用法论》，该论文在当时不仅有教授骑兵士官生的意义，更为仍对骑兵用法一片茫然的日军高层指明了方向。

▲陆军乘马学校的正门，其遗址位于今天日本自卫队习志野驻地内，曾经的礼堂至今仍在使用，被称为“空挺馆”

另外，鉴于日俄马匹间的差距不是一朝一夕可以消除的，通过战术与训练来弥补便成了秋山眼中克敌制胜的良方。“获得最好的骑兵长官远难于获得最好的参谋长官。”论文总结部分说道。对于明

《本邦骑兵用法论》

秋山主要将骑兵用法归类为四大项，即搜索勤务、警戒勤务、骑兵战斗以及最独特的挺进骑兵。由于该文较为冗长，此处不做全文翻译，只提供各个章节主要内容介绍，有兴趣的读者可以自行查阅。

· 搜索勤务

侦察敌情是轻骑兵的一大职务之一，师团属的骑兵联队本身除了传令外，也是为此而设立的。直到此文呼吁后，日军才正式成立了上述两个骑兵旅团负责军属侦察任务。在此之前，也就是甲午战争时期，军属侦察任务只能交由临时将师属骑兵组合起来的支队进行。同时，秋山认为，为了使骑兵更好地独立完成搜索任务，其指挥官应当拥有等同于师级乃至军级参谋长官的战略眼光，遂在自己所任职的学校设立了战术学生制度。

· 警戒勤务

当时，军队在驻扎前都习惯布置大量的前哨来防止敌方的偷袭或侦察。秋山提出，如果要防止敌方人员渗透，将任务交给执行搜索的骑兵部队即可，并无浪费大量兵力的必要。如果骑兵遭遇敌方主力部队，则主动回避战斗等待步兵支援。这样一来可使部队主力得到充分休整，行军速度也能相应提升，并举了普法战争的例子以佐证该观点。

· 骑兵战斗

骑兵以冲击对抗步兵的时代已经过去，秋山如是说。但这并不意味着骑兵不是一个战斗兵种，恰恰相反，骑兵的主要作用是侦察以及反侦察。骑兵的对手是骑兵，只有消灭了对方骑兵才能在信息方面掌握主动权，骑兵战落败的一方将会陷入信息的不对称中，因此骑兵不应该回避与敌骑兵的遭遇战，主动驱逐敌骑才是正途（颇有后世航空战的影子）。同时，秋山还论述了集中运用骑兵集团的必要性。然而秋山同样认为骑兵之间的战斗：“唯有白兵战，也即突击而已！”这或许有些过于偏激，不过他也适当地承认了徒步战在骑兵战斗中的意义——轻骑兵只能以此对抗重骑兵。章节最后，秋山再度强调了给骑兵部队配属火炮或是机关炮的必要性。

· 挺进骑兵

全文的精髓莫过于此。结合美国南北战争以及普法战争的例子，乃至于欧洲当时对骑兵深入敌后运用的两大思想，秋山总结出了适合日本国情的“挺进骑兵”用法。即不将骑兵集中于正面战场，而是适当地派出少数骑兵部队长驱敌后数日，从而达成战略及战术上的目标。有鉴于当时欧洲诸国在战略协调上的高度精密，挺进骑兵对任何桥梁、铁道乃至通信所的破坏都能对敌方的战略协调造成巨大影响。在战术层面上，挺进骑兵可以兼任警戒侦察，并在决战到来之时骚扰敌人侧后方的粮仓、弹药库，以配合正面战场。

文中许多论点都在日后的战争中被一一实现，令人不得不惊叹秋山无愧于日本骑兵之父的名誉。

治三十五年（1902 年）升任少将、次年成为骑兵第一旅团长的秋山来说，如何让当时只有 58 个中队（4 个甲联队每个 5 中队）的日本骑兵战胜具有压倒性优势的俄军骑兵，成了他脑子里每日反复思索的内容。也就是在同年夏，俄军向日军发出了观赏在尼古尔斯克举行的阅兵的邀请，对于一触即发的东北亚局势而言，该举动想要表达什么，不言而喻。在完成一个多月的参观之行后，秋山好古与随从人员于明治三十六年 10 月返回日本，即本文开头的一幕。

1904 年 2 月 8 日，日俄战争爆发，秋山好古率领他的骑兵部队投入了这场列强在中国领土上的争霸战争。

日俄开战

1904 年 2 月 9 日，伴随着仁川冲海战的胜利，日军在尚未宣战的情况下，由近卫师团、第二师团及第十二师团组成的第一军于同日在仁川登陆。作为应对，俄军在鸭绿江布防，以防止日军从朝鲜半岛深入中国东北。3 月，两军骑兵间的首次较大规模冲突在朝鲜北部重镇定州爆发了。

当时，在击退俄军南下哥萨克对平壤的小规模骚扰后，日军第一军主力开始北上。为掩护于清川江及大宁江方向的架桥任务，日方派出由近卫师团下属部分兵力

▲*描绘日军在平壤附近击退俄哥萨克的画作，然而实际上战斗远没有如此激烈*

▼*作为开战以来双方在陆地上的首次大规模交锋，定州的胜利很快被日本的宣传机器开足马力大肆吹捧*

组成的浅田（信兴）支队担任掩护工作；其中由加濑倭武中佐率领的近卫骑兵联队一部，加上额外配属的 1 个步兵大队，组成加濑支队，先行前往定州方向。尽管当时曾接到俄军米申科①部哥萨克千余人于定州出没的情报，但随后又传来对方已经退却的消息，加之当地朝鲜人告知定州无人驻扎的缘故，加濑支队可以说在毫无戒

① 即鲍威尔·米申科，他被誉为日俄战争时期最优秀的俄军骑兵指挥官，后文也将多次登场。

▲ *即便与现实不符，如此鼓舞人心的画作还是飞快地在当时的日本国内传播开来*

备的情况下和俄军展开遭遇战。该支队当时分为数个部分，由加纳中男及长岗让全两名中尉分别带 2 个小队的骑兵先行分两路前进，会合后进入定州；紧随其后的是由黑川敬藏大尉打前锋的联队主力；末尾则是步兵大队。如前文所述，由于并不知俄军仍在定州城内，在 2 个小队的斥候入城后，支队主力则绕过定州继续北上。然而就在此时，城中突然传出激烈的枪响。

顿觉不对的日军赶忙回师南门，但此时入城部队已经陷入俄军的重重包围。面对徒步的俄军哥萨克，日军同样下马作战，试图击退对手。然而俄军人数占优且准备已久，猝不及防的日军在一片混乱中遭遇了沉重打击，加纳中男首先中弹而死。紧随其后的黑川中队以及加濑所率领的联队主力也赶忙投入战斗，但即便是所谓的“主力”加入后，日军也不过仅有 4 个小队、不超过 130 人的兵力，而俄军仅一线就有 3 个连的骑兵，附近部队的千余人也正持续赶来。黑川大尉、长岗中尉及幸川银六中尉先后负伤，此时又有百余名俄军步骑从东方迂回迫近，日军骑兵部队陷入了被歼灭的危机之中。面对这种情况，加濑倭武中佐决定对俄军发动白刃突击，出人意料地暂时击退了对手。需要注意的是，日俄开战初期，数量庞大的俄远东军多是来自西伯利亚的民兵和哥萨克，他们不仅装备参差不齐，甚至还有很多被流放的罪犯混在其中；而此役参战日军乃是精锐的近卫师团所属部队，战斗意志极其高昂，所以出现这种结果也就并不意外了。在坚持数小时的战斗后，丢下背囊急行军的日军步兵大队终于抵达并加入了战斗，1 个小时后，俄军乘马北撤，日军攻克定州。

此战，日军仅战死 9 人、负伤 10 人，消息传回日本后举国欢腾。定州一役可以说打消了日本国民心中对大陆强国——沙俄陆上力量长久以来的畏惧，且以此证明了“日军不但能在海上，同样能在陆上，在骑兵对骑兵”（宣传如此）的战斗中战胜对手。一时间，描绘身着肋排式军服的日本近卫骑兵打败穿着毛皮大衣、手持长枪的俄军骑兵的画报风靡日本，尤其在青少年中受到了极大的欢迎（尽管与事实中的徒步战斗并不相符）。

定州一战后，米申科所部撤过鸭绿江。当时俄军面对突然开战的局势准备不足，再加上轻敌的缘故，其原定计划在鸭绿江阻击日军的部署，仅仅是将部队一字排开分散于各处。第一军军长黑木为桢抓住机会，集中兵力，在猛烈炮击的掩护下，于益州一线突破俄军防御，更在几乎没有太大损伤的情况下，成功跨过了鸭绿江。

5 月 23 日，近卫骑兵联队的由上治三郎中尉率领 12 名骑兵来到汤山凤凰城一带执行侦察任务时，突然遭遇了约 20 名哥萨克骑兵。在俄军尚未警觉之时，由上治三郎中尉果断下令发动冲击，哥萨克一度退却，反应过来后立即回身依托高地伏击追击而来的日军。面对这种极为不利的情况，日军爬上坡后，不顾战马劳累再次对俄军发动冲击。此时俄军也策马冲来，日俄战争中第一场乘马战就此爆发。一阵混战后，日方成泽军曹中弹落马（随后不治身亡），山口上等兵负伤，但俄军指挥官在由上中尉逼近时慌忙逃窜，以致哥萨克迅速脱离战场。此役，日军以一死一伤的代价成功击退哥萨克，且是在实打实的乘马战斗中，可算是在不利的局势下凭借勇气击破敌手，为此军司令黑木特别为其颁发奖状。

▲ *俄军在几乎没有抵抗的情况下就匆忙撤离朝鲜半岛，结果在国际上沦为笑柄，甫一开战就在舆论上先输一筹。图为讽刺俄军的英国漫画*

在此之前的 5 月 13 日，为了配合海军的旅顺作战计划，日本陆军由第一师团、第三师团、第四师团、炮兵第一旅团及秋山好古的骑兵第一旅团组成的第二军，在奥保巩大将的指挥下于大连湾登陆。骑兵第一旅团在日俄战争中的作战由此展开。

依据日本陆军在开战前的计划，第一军投入朝鲜后越过鸭绿江进入东北，第二军投入辽东半岛并在封锁旅顺后北上，两军会合于辽阳附近，进行决战以歼灭俄军主力。由此，第二军在登陆大连后，随即南进攻击南山金州方向，以达成陆路阻绝俄旅顺要塞之目的。有鉴于战斗结束后第二军主力将北上，且要防止俄军南下增援旅顺，骑兵第一旅团被配属至第五旅团之下，奉命至曲家店附近执行如下任务：

骑兵第一旅团主力需往曲家店（得利寺以南约8公里处），分一部往复州侦察熊岳城之敌军。另，本军或将北上，当沿铁道侦察复州之街区储备物资情况。步兵第十一中队与混成步兵第一中队当增援骑兵第一旅团主力，伺机而动。

接到命令后，秋山于5月29日开始北上，部队主力沿铁路前进，骑兵1个中队又1个小队的兵力则前往复州。翌日正午，日军于得利寺附近遭遇小股俄军。由于斥候报告对手只有约100名骑兵，秋山果断下令发动进攻，这次攻击以曾在甲午战争中以50骑攻下凤凰城的丰边新作大佐率领骑兵第十四联队第二、三中队为前卫。此时俄军一部南下至得利寺以南田家屯处，战斗随即爆发。日军策略如下：

前卫部队针对田家屯高地做攻击准备；

机关炮队进至前卫左翼处开始射击；

支援步兵中队进至前卫右翼做攻击准备；

其余兵力集结于前卫左后方。

遭遇日军机枪火力后，俄军毫不恋战迅速北撤，秋山立刻投入骑兵第十三联队第二中队（缺1个小队）分三梯队前进追击，旅团主力紧随其后。但就在第一梯队黏上退却中的哥萨克时，突然有2个连的俄军骑兵由西方包抄而来，猛击第一梯队侧翼，情况旋即倒向对日军不利的一面。与此同时，第二梯队被河流阻挡一时难以前来支援，而第三梯队被迫长途跋涉至小河上游处渡河。尽管情况危急万分，但在第一梯队崩溃前，另外两队终于成功渡河，同时向俄军发起冲锋。此时双方各有相当于4个连兵力的骑兵在一片混乱中拼死搏杀，马蹄扬起的尘土遮蔽战场，乃至后续抵达的日军步兵均不知该朝何处射击。在一个多小时的混战过后，俄军再度退却。

之后，日军在追击至复州河及回头河交界处谷地开阔带时，遭到数门火炮猛烈射击。随即，俄军骑兵调转马头，与步兵一同再次对日军发起进攻。经历了一上午的混战后，日军骑兵此时携带的弹药已经所剩无几，配属的6门机关炮也完全不是俄军火炮的对手，秋山赶忙命令部队脱离河谷开口处的开阔地带，转往右侧高地上的龙王庙迎战。龙王庙高地宽约3公里，适合俯瞰正面战场，然此高地往东一直延

N
至盖平
得利寺停车场
得利寺
李家店
花红沟口
花红沟
蜡树沟
山嘴
小邨
复
州
河
老烧锅
烧锅
3/13.K
大北沟
小北沟
配属步兵
龙王庙
陈家屯
13.K
蔡
家
大
房
身
田家屯
14.K
上
瓦
房
窝
堡
城子山
老孤山
赵家屯
曲
家
店
温家屯
俄
军
日
军
0
1
2
3
4
5 KM

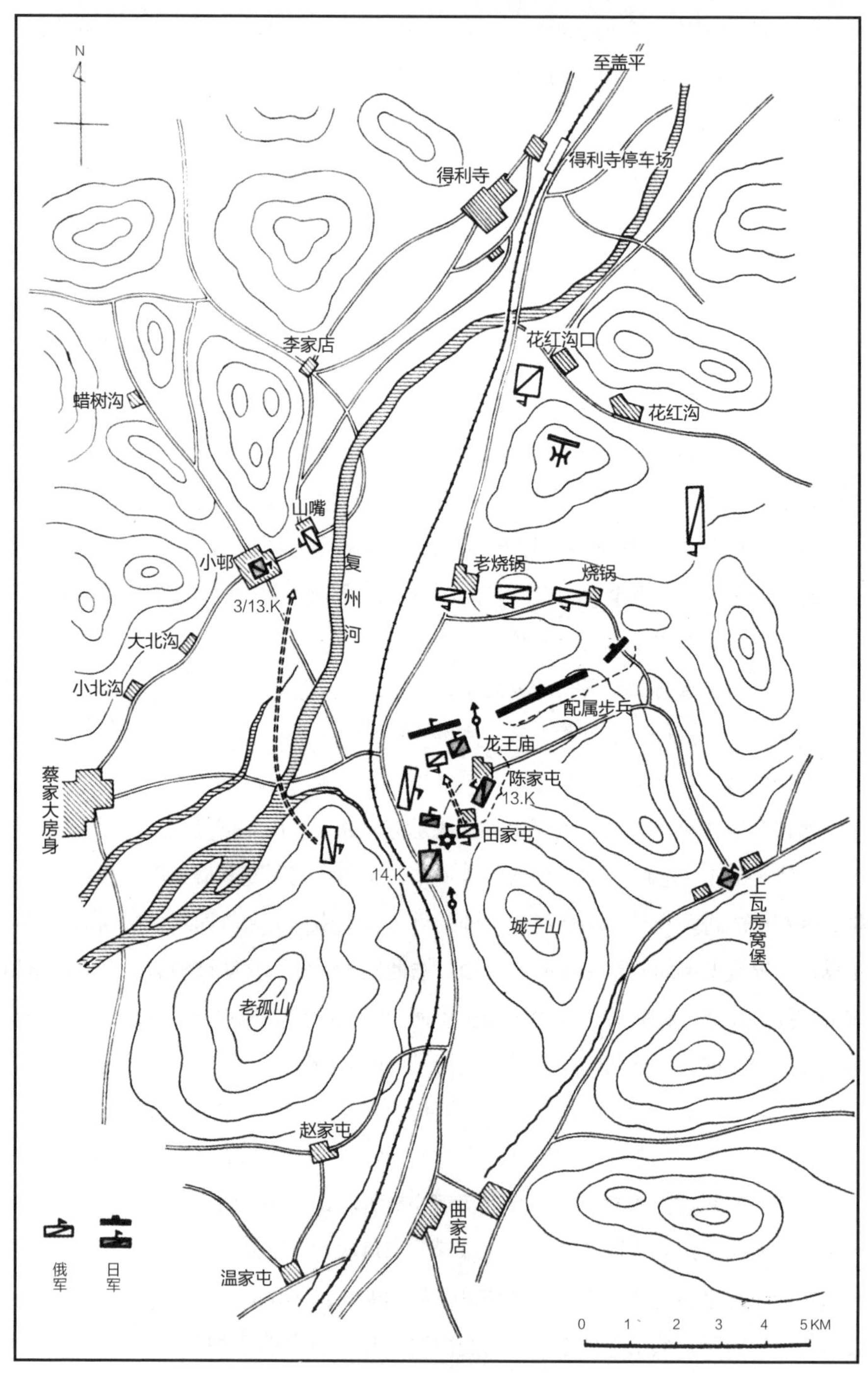

▲曲家店战斗过程图

伸至得利寺，俄军部队同样可以依托此处从日军的侧翼持续攻来。最后，日军渐渐不支，机枪的弹药也被骑兵们分了个精光。面对这种情形，一名将校向秋山请求退却许可，但秋山却一言不发继续趴在地上指挥战斗。后来谈起此时的情形，秋山回忆道："那时的确十分艰难，但若撤退，首战告败不但会对全军士气产生巨大影响，且将来还将继续奋战的我军骑兵若就此被对方轻视，也是相当不利的。为此我才装作没听见，继续坚持战斗。"

眼见主将都如此坚毅，日军纷纷坚守阵线一步也不后退，在俄军炮火面前坚持了 2 个小时。到了下午 3 点左右，俄军突然毫无理由地撤回得利寺方向。尽管全程没占到什么便宜，不过曲家店之战也可以说以日军获胜告终。

此役，俄军投入了由萨姆索洛夫少将指挥的 2 个骑兵团又 1 个连、1 个步兵团、骑炮兵 1 个连的混成兵力，其中实际参战 2 个步兵连、6 个骑兵连和 6 门火炮，日俄两军兵力基本相当，不过日军并没有火炮。在萨姆索洛夫身后不远处的得利寺，当时已经屯集着由俄军总司令亚历克斯·库洛帕特金指挥的西伯利亚第一军，并随时准备南下突袭日军第二军侧背以解旅顺之围。此前的 5 月 26 日，日本第二军付出重大代价攻克南山，包括乃木希典的长子乃木胜典阵亡在内，日军激战一日便死伤 4400 余人，俄军仅损失 1400 人。超出预想的损失及补给不足，使得第二军一时难以北上，因此秋山部队在曲家店的胜利可以说是有效牵制了库洛帕特金的南进意图，不但侦察得敌情，又有效地掩护了第二军主力。

此役，对阵的俄军骑兵乃是精锐的边境哥萨克部队，却在日军的乘马或是徒步攻击下再三败下阵去，且战斗规模远超前述汤山遭遇战，这大大鼓舞了日军骑兵的士气，秋山好古与他的骑兵第一旅团就此名扬天下。当天，俄军遗尸 23 具，另据日军记述，俄军有部分尸体已在交火中转运后方。日军方面，由于年代久远，笔者暂未找到详细资料，仅知骑兵第十三联队当天战死野村盛茂少尉以下 27 人。总体而言，两军伤亡应相当，而日方可能更多。

曲家店之战结束后，秋山好古部继续侦察，从而得到了库洛帕特金军团聚集在得利寺的情报，显然此时继续前进已然是不可能了。由此，第五师团长对该部下达新的命令：

骑兵旅团继续执行对得利寺附近敌情侦察，同时应着手破坏铁道及电话线路。

继续停留在田家屯一线的骑兵第一旅团，在 6 月 3 日由第五师团转隶第四师团麾下。此时得利寺正面的俄军活动愈加频繁，兵力比起原先已有极大增多。在面临

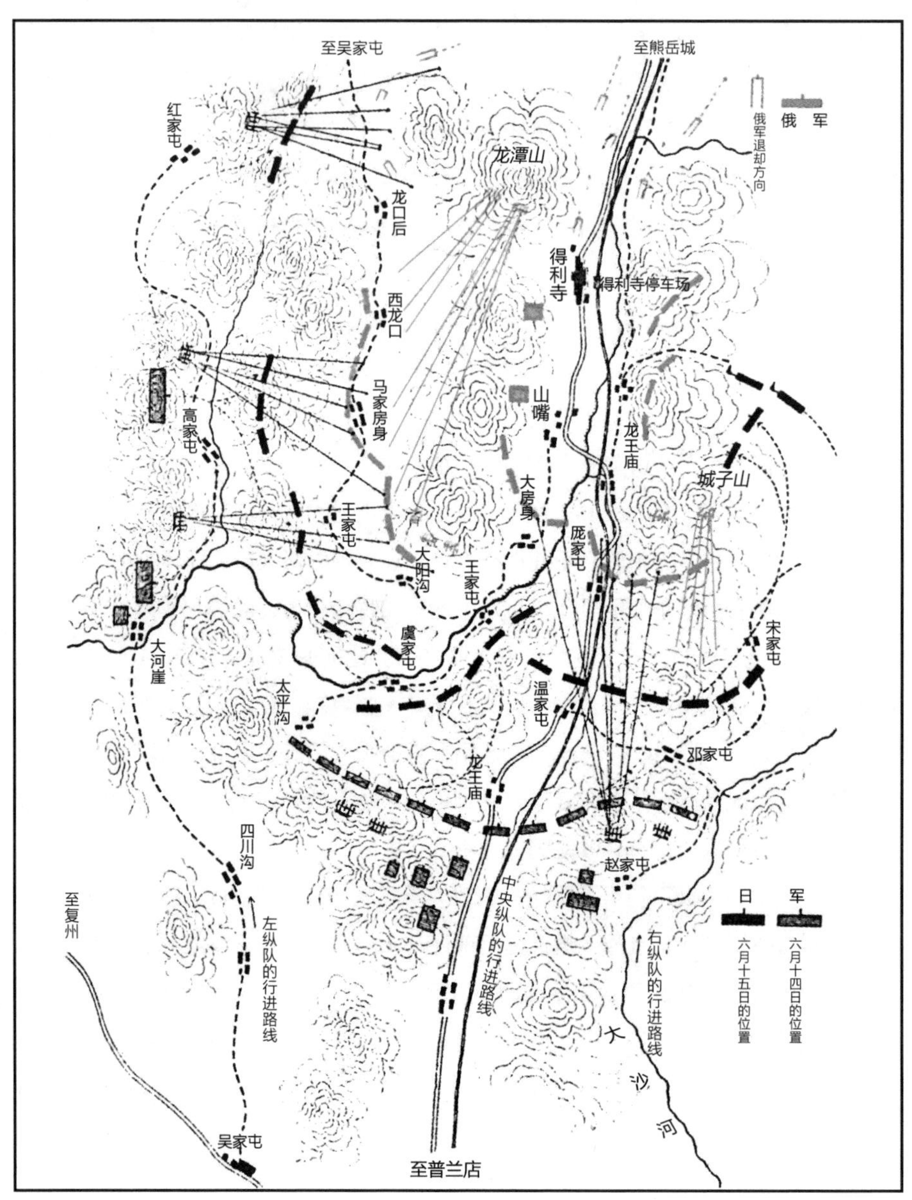

▲*得利寺之战过程图，出自1904年7月号的《日露战争实记》*

随时可能被俄军大部队歼灭的情况下，第二军司令官奥保巩大将下达命令：

1. 骑兵旅团不应长时间处于无援的孤立位置。

2. 继续保持与正面之敌接触，敌一旦前进，则逐次后退回我方阵线处。

依令，旅团主力于6月6日撤退至三官庙一线，同时继续侦察。此时情报反映俄军兵力增多至3万乃至5万左右，火炮30门，整体实力已与日军第二军相当。第二军也于6月5日留下第一师团（编入新成立的第三军负责旅顺攻坚）又编入第五师团后，北上而来。接到侦察报告的军司令部，当即决定于得利寺一带就地阻断俄军南下企图，此即为得利寺之战。

面对俄军依托地形构筑了数周之久的防御工事，日军由右到左分别以第三、第五、第四师团布阵，同时骑兵第一旅团在获得步兵第六联队1个大队及野战炮兵第五联队1个中队的增援后，部署至第三师团右翼，负责迂回俄军侧背，以配合第三师团攻坚。6月15日，在集中了数倍于俄军的火炮的猛烈炮击掩护下，第二军一齐向着俄军发起攻击。

日军左翼方面，第五师团和第四师团的猛攻进展较为顺利，俄军的地形优势在日军的优势火力面前荡然无存。在右翼，俄军对第三师团的抵抗却尤为剧烈，两军战至弹药殆尽，甚至在阵前以石头为武器，舍命搏杀。俄军更一度发起反扑，攻击至陈家小店方向，企图打击第三师团右翼。然而在此地，他们遭到了骑兵第三联队所部依托临时工事发起的同样极为顽强的抵抗，不得不退却。

在抵抗南下俄军的同时，骑兵第三联队与迂回至城子山线俄军左侧背的骑兵第一旅团保持着通畅的联络，这使秋山能够有力地配合几近精疲力竭的第三师团，前后夹击庞家屯之俄军。南北两线日军的不断进攻，以及己方右翼早前的崩溃，最终迫使俄军左翼于黄昏之时撤往得利寺方向，此战以日军全胜告终。

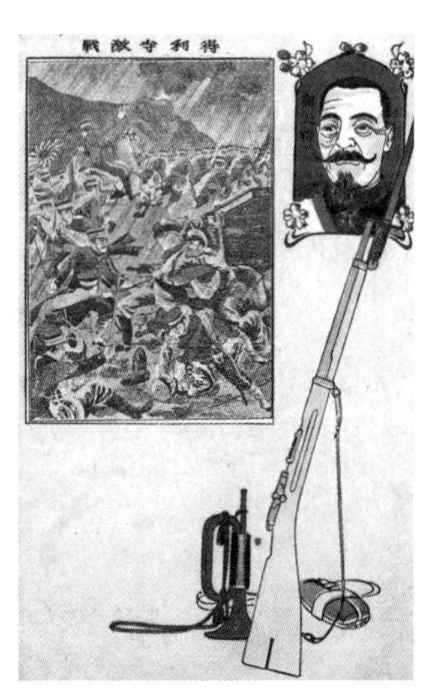

▲带图画的明信片（日语：絵葉書）在当年风靡日本，而战争期间一大主题便是通过画作宣扬日军战绩，图即为一张描绘得利寺之战的“絵葉書”，右上角人物为第二军指挥官奥保巩

是役，投入战场的4万多俄军死伤达3500有余；3万余名日军战死217人，负伤1163人。惨败的俄军仓皇北蹿，不但被日军捕获400余人，还遗留了16门速射炮及数千杆步枪等，极为狼狈。日军左翼步兵第九联队至红家屯的大胆攻击，以及右翼骑兵第一旅团至城子山的跃进，可谓是为其获胜打下了坚实的基础。这其中，骑兵第一旅团与第三师团的有力配合，称得上是相当出彩的。当然也

绝不应该忽视在正面仅一个上午就突破俄军阵地的第五师团，以及右翼顽强攻击的第三师团；但本文以骑兵为主，此处且不多做描写。

不过，应该指出的是，第二军在此战后由于种种原因并未追击俄军溃兵；即便是一度遮断俄军退路的步兵第九联队，也因人数过少未能完成任务；骑兵第一旅团在战场上被俄军黏住过久，同样未能对退兵进行有效的追击。并且需要注意的是，这些现象绝非仅在得利寺上演，之后的辽阳会战、沙河会战，乃至奉天会战中，日军截断俄军退路的企图都屡次失败（日方未能在《朴茨茅斯和约》中获得过多利益的一大原因就是，俄军虽屡次战败，但陆上主力仍在，并不算是完全失败）。这或许一方面应该归咎于前一战时代的军队已经开始显露出一战军队在机动上极为笨重的特征，但却也应承认，日方在指挥上同样存在不利因素。

结束得利寺的战斗后，骑兵第一旅团又回到了第二军左翼的位置。此时第六师团也被编入第二军，奥保巩所部增加到 4 个师团。秋山部在此接到如下军训令：

1. 本军将于 6 月 19 日前往熊岳城方向，而后进发盖平。

2. 骑兵旅团（额外配属骑兵第四、第五、第六联队）前往侦察熊岳城方向敌情，且着力破坏其北部沿线之铁路电线。

依此令，骑兵第一旅团一面北进，一面沿路驱逐残敌，并于 21 日独自占领了熊岳城，而后抵达的第二军便以熊岳城为据点暂时休整。到了 7 月初，第二军开始攻击盖平，骑兵第一旅团再次发挥在得利寺之战中的侧背袭击战术，有力地配合了部队作战。然而，交火后俄军未顽强抵抗便撤出了阵地。正如前述，补给困难使日军第二军始终进展缓慢、走走停停。在盖平小规模地交火后，日军又再度在此停留了数十日，期间配属到秋山旅团的各个骑兵联队各自回归师团本部。

▲第五师团夜袭大石桥

不过，到了 7 月 20 日，秋山实现了他长久以来的梦想。此日，骑兵第一旅团旗下终于配属了 1 个由 6 门三一式速射野炮组成的中队，他从甲午战争结束以来的长久呼吁终于成真。第二军司令奥保巩大将亲自从军属炮兵旅团中，抽调中队长小林猛夫以下198人及火炮、马匹组成了该骑炮兵中队。

7月下旬，休整完毕的第二军再度开始对大石桥方面的俄军发起进攻，秋山旅团也获得了骑兵第三、第六联队的增援，绕到俄军的左侧背执行攻击任务。骑炮兵在此役中很快发挥出了作用，迂回至俄军后方的秋山旅团克服泥泞地形的困难，以火炮轰击有效支援了正面战场。7月24日白天，日军的攻击并未取得太大成效，俄军5个师依托防线予日军较大杀伤。不过在当日夜间，第五师团发动的夜袭成功击溃了俄军的防御。次日，俄军败走，遗尸2000余具、火炮120门。

坦诚而言，自得利寺之战结束后，在盖平、大石桥等地的战斗中，骑兵旅团都不是最出彩的那个，当然这也与这些战斗普遍规模不大有关。不过，就在大石桥战斗进行的同时，绕道俄军后方的秋山旅团麾下一个中队完成了对营口的占领。在南山被日军攻克后，俄军与旅顺就只有海路可以相连，而营口是渤海湾运输最关键的一个港口点，夺下营口可以说是彻底完成了对旅顺的包围。之后，俄军米申科部奇袭营口就足以表明该地的重要地位。

而后，秋山旅团又配合新近编成的第四军（由早先上陆的第十师团再加上从第二军调出的第五师团组成，位于第二军右翼、第一军左翼）完成了对海城的占领。日俄两军之间，将在辽阳一线进行决战的迹象已经显而易见。此前于6月，日军编成了由大山岩担任总司令的满洲军，以统一指挥4个军的行动。在8月7日，奥保巩大将将关于辽阳会战的部署要旨呈交大山总司令。

有关辽阳攻击计划的要旨：

1. 第一军于太子河右岸攻击辽阳以东之敌。

2. 第四军于辽阳—海城道东部地区进行攻击。

3. 第二军（欠1个师团）于辽阳—海城道西部地区进行攻击。

4. 总预备队（1个师团）由总司令指挥，置于辽阳—海城道附近。

依此，日军于8月18日开始攻击前进。由于道路泥泞，第二军直到26日才开始对鞍山—腾鳌堡线发动进攻。

就此，辽阳会战爆发。

辽阳血战

在会战正式爆发前，秋山旅团接到如下命令：

由秋山少将指挥其部及骑兵第三、第六、第十一联队（各欠 1 个中队）、第四师团的步兵 1 个联队（欠 1 个大队）、工兵 1 个中队、野战炮兵旅团的 2 个中队组成的秋山支队，击退耽庄子附近之敌，掩护我军左翼，并负责侦察腾鳌堡方向之敌情。特别注意应派遣一部监视黄金庙子附近的状况，且将骑兵一部派遣至太子河右岸执行侦察任务。

当时，满洲军司令部认为，俄军会死守鞍山—腾鳌堡线，因此一切攻击计划均依此来制定。然而，秋山部队的侦察报告却一而再、再而三地显示，俄军的主阵地根本不在此地。可是日军总司令部对此持怀疑态度，并继续谨慎地接近鞍山线，乃至秋山部队的后续侦察显示首山堡高地有明显的铁丝网阵地时，司令部仍坚持原有的方案——“全军向辽阳前进”。按照之前的设想，当两军在鞍山激烈交火过后，俄军将会撤往辽阳城组织防御，由此日军将直接北上至辽阳，于此歼灭俄军主力。推进至腾鳌堡后，日军的作战计划如下：

1. 第一军应击退前方之敌，尽快将所部渡往太子河右岸。

2. 第四军于 28 日前进至樱桃园—早饭屯一线，对辽阳进行攻击准备，配合第一军进行辽阳攻击作战。

3. 第二军于 28 日继续前进，所部开进至沙河—鲁台子一线做对辽阳的攻击准备；所部 1 个师团，不论何时均予总司令部作预备队，且将徒步炮兵大队及野炮兵 1 个联队分至第四军。

可以看出，日军的整个计划丝毫没有把首山堡放在眼里，但事实上第二军和第四军在首山堡从 28 日一直厮杀到 9 月 3 日才得以将之完全占领，期间阵地还一度易手，若不是第一军成功威胁到了俄军侧翼，迫使其撤退，战斗很可能还要持续更长时间。由此可见，相对于秋山好古这类中级指挥官的精明强干，日军高层此时已经表现出僵化的特征。

日军在首山堡的苦战更导致其在战斗结束后筋疲力尽，库洛帕特金得以从容地将部队撤至奉天等待援军。日军最初于辽阳歼灭敌主力的目标没能实现，速战速决计划宣告破产。

文章到此，笔者花了不少笔墨着重描写秋山旅团上陆后的战绩，现在让我们先

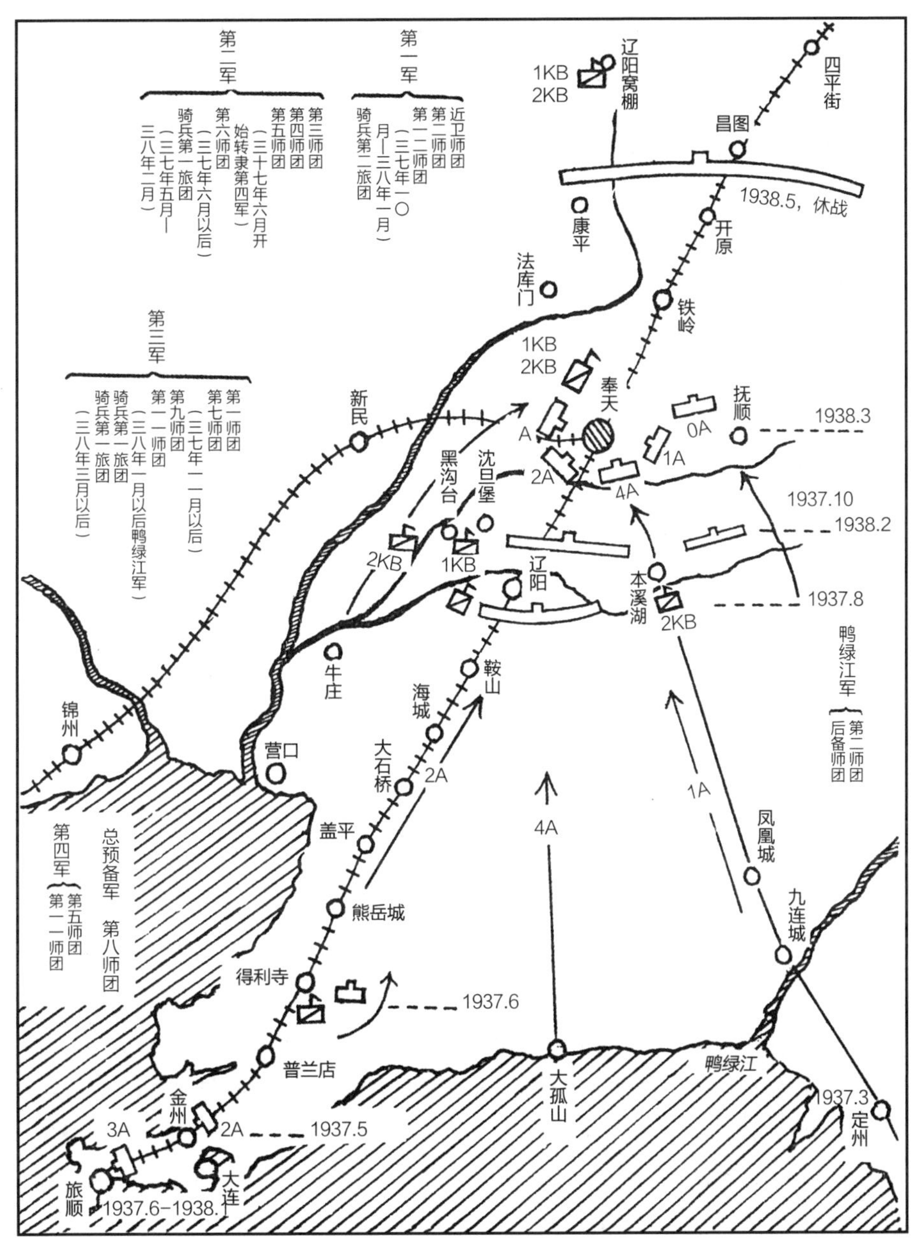

▲ 日俄战争中日本陆军简要行进图

把目光拉到辽阳会战开始前两军在辽东（辽河以东）整体的布局，简单介绍下战局进入到 1904 年夏季后的状况。

在战斗开始前（8月7日左右），日军第二军（第三、第四、第六师团）已经沿东清铁路南下支线，由海城向北开拔。早先5月份于大孤山一线登陆的独立第十师团，此时编成第四军（第十、第五师团），位于第二军以东，同样往北进发。要注意的是，此时由于俄旅顺舰队仍然存在，第四军迟迟无法设置自己的兵站，而不得不依靠第二军的兵站进行补给，使得第二军与第四军几乎于铁路两侧齐头并进，而与第一军的间隔则便变得越来越大。第一军（近卫、第二、第十二师团）则由丹东一线进发，经摩天岭一战突破俄军封锁并打死俄中将菲奥多·凯勒，此时正位于辽阳东南方向。另外，此时旅顺一线由第三军（第一、第九、第十一师团）负责，第八师团作为日本满洲军总预备队于后方待命。可以看出，除了编成较缓慢的第七师团仍位于日本国内（随后于11月投入旅顺203高地攻坚战）之外，日本陆军已经将自己13个师团中的12个派往了中国东北，所谓“皇国兴废在此一战”，依此可见一斑。

俄军方面则仍由库洛帕特金指挥。他在辽阳方面集中了14个师，兵力高达15.8万人，此外还有609门火炮。俄军也分为多个部分，由亚历山大·冯·彼尔德林指挥的东部集群，下辖第三西伯利亚军及第十欧洲军；南部集群由尼古拉·扎鲁巴耶夫将军率领，下辖第一、第二及第四西伯利亚军；鲍威尔·米申科中将所部的11个骑兵连也位于扎鲁巴耶夫将军附近。此外，库洛帕特金还准备了30个营的预备队，置于辽阳城处，准备随时支援前线。

如前文所述，日军早先的作战较为顺利：第一军突破俄东部集团的阻拦；第二师团更是于26日夜进行了著名的“夜袭弓张岭”，以1个师团的兵力依靠夜袭肉搏击溃俄军，夺取一线阵地。正面，日军也按计划前进，当第二、第四军于8月26日抵达鞍山时，俄军很快放弃防线撤退，日军则迅速投入追击作战。28日，日军第一军已经成功跨过太子河，到达俄军左翼位置；第二、第四军开始向辽阳发起进攻以与此配合。30日，日军在首山堡一线遭遇意料外的顽强阻击，一度陷入混乱。秋山支队主力位于第二军左翼铁路沿线以西处，此时他们的东侧是激战中的首山堡，正面太子河前是俄军的一支不速之客——米申科骑兵部队。

正如秋山支队想要袭击俄军侧背、呼应正面战场一般，米申科部同样试图一边侦察日军主力，一边袭击日军第二军左翼，减轻首山堡守军压力。两支骑兵部队间的驱逐作战随即展开。秋山一方面以所部主力应付米申科的南进企图，一方面派出骑兵第三及第十四联队至王家屯、首山堡处进行抵近侦察。“首山堡毫无疑问就是

▲ 在日本，库洛帕特金又被音译为黑鸠公，此为描绘他在辽阳会战中身临前线、亲自指挥、试图力挽狂澜的画作，可以看出日本人对自己的对手也充满敬意

敌军主阵地。”“防御阵地极其坚固，且配属有相当的兵力。”“敌总预备队位于辽阳。”“敌之企图为于首山堡沿线进行决战。”一条又一条的情报发向了满洲军的指挥部，大山岩也终于意识到首山堡之敌不容小视，日军第二、第四军开始就地转入对首山堡的进攻。

日军鏖战终日，却连首山堡南方的高地都无法夺取，而且死伤相当惨重，甚至第十师团由于损失过大而一度遭俄军反击。31 日凌晨时分，日军以第三师团第三十四步兵联队为先导，在防御破坏小组的协助下，再次对首山堡南方标高 148 高地发起进攻。然而由于夜深通讯联络不佳，最终投入到攻坚的实际上只有同联队的第一大队（第二大队担任预备队）。4 点左右，该大队以第一、第二、第三中队为先导，发起攻击，第三中队最先突入俄军第一道防线。尽管有夜色掩护，俄军的猛烈火力还是再次将之逐出，支援炮火更是疯狂地倾泻在进退两难的日军身上。此时大队长橘周太少佐（死后被追认为中佐）眼见情况不妙，亲率第四中队由右翼发起新一轮的攻击。在俄军的机枪前，包括第四中队长木下大尉在内的日军官兵纷纷倒毙，橘少佐则狂热地高呼：“预备队上！”他身先士卒第一个跳入俄军战壕，手腕中弹仍挥舞着军刀，为身后士兵砍开一条血路。其余 3 个中队见指挥官都如此勇猛，纷纷再度向高地发起突击。日军最终于 5 点 20 分左右连克 148 高地两道防线，高地顶端已经近在眼前。

▲ *橘周太（1965—1904年）。尽管同联队的联队长也战死于首山堡高地，然而由于橘周太是“大楠公”楠木正成之后而被大肆吹捧，与在旅顺港闭塞作战中战死的广濑武夫中佐一道被封为日本最初的两位“军神”*

此时，日军伤亡惨重，对峰顶发起的攻击最终以失败告终，随之而来的俄军反扑也让日军弹药消耗殆尽，甚至只能以石头相击。到了5点45分，整个大队只剩下3名军官、70余名士兵仍能战斗了，所剩无几的日军纷纷集中到大队长橘少佐身旁做最后的抵抗。此时消息传来，负责增援的第二大队第七中队被反扑的1个营的俄军击垮，溃下山去。俄军更是以东侧的北大山为据点，从侧翼射击，大量杀伤剩下的日军。在高地顶端俄军预备队的反扑下，橘周太虽死战不退坚持指挥，但还是难逃身中7弹战死的命运，高地也再度回到俄军手中。

橘周太死后被日本媒体大肆吹捧，更由于他是日本南北朝名将楠木正成的后人而被称为“军神”。甚至有人为其编了一首歌曲《军神橘周太》，在当时的中小学里广为传唱。诚然，橘周太战斗意志可谓坚定，事迹也颇为勇敢，但日俄战争毕竟是两大帝国主义于我国国土上进行的争霸战争，日本以其事迹对日本国民进行军国主义宣传，动机显而易见。

就这样，日军再次前功尽弃。首山堡此时就像喜马拉雅山一般横在眼前，高地前尸积如山，日军却始终无法攻克。第三十四联队联队长关谷铭次郎在第一大队几乎全灭后，才带领第二大队主力姗姗来迟。在收容所剩无几的残兵后，他也亲率第二大队高举联队旗发起了冲锋。结果不但自己中弹身亡，连护旗队也死伤殆尽，若不是下田一等兵将旗帜拆解后，拼死送回旅团预备队本部，第三十四联队的旗帜很有可能将成为唯一一面被外军夺取的旧日本陆军军旗。此外，仅存的第三大队与本部失去通讯联系，而不得不独自对辽阳街道发起进攻，结果同样损失惨重，其第九中队甚至被俄军重炮一炮命中，接近全灭。毫无疑问，该大队最终被俄军击退。该日截止到天亮前的战斗让第三十四联队死伤将校四十余名、兵卒一千一百余人。战前第三师团师团长大岛义昌中将说：“此战我师团应战至只剩其名不见其人！”并

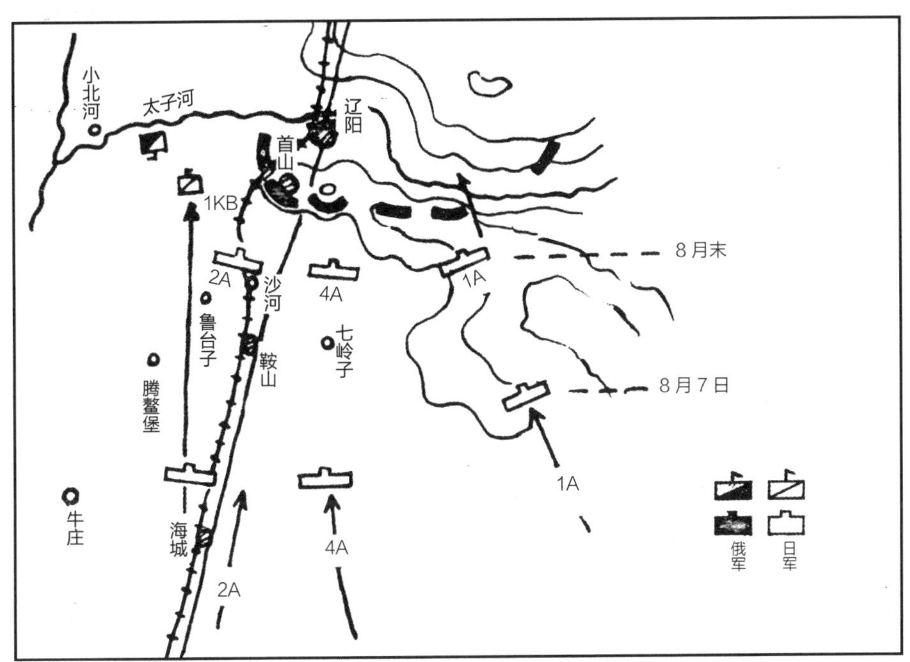

▲*辽阳会战简要局势图*

以此来激励将士，没想到居然真的差点在第三十四联队身上应验了。最终，俄军在日本步兵第十八联队及后备部队一个白天的攻击下，于 31 日夜终于不支，开始撤离 148 高地。围绕首山堡的两日战斗，日俄双方伤亡达到了 1.2 万余人，可谓极为惨烈。

战斗中，面对俄军顽固的防御，日军在秋山的建议下，不得不调来旅顺方向的数门攻坚炮，对辽阳方向敌预备队集结点进行猛轰。此时，秋山所部已经前进到了首山堡西北、辽阳西南地区，从容地协助己方火炮进行弹着观测。另一方面，黑木为桢面对第一军较为孤立的现状，为防止遭俄军包围而采取较为激进的攻击态势不断前进，反而迫使俄军在发现日军第一军欲切断己方退路的企图时，匆匆忙忙将兵力由首山堡一线调去阻截第一军，试图将战斗正面转向东部太子河北岸。然而，俄军效率极低的指挥系统在此时帮了日军大忙，阵前兵力调度导致俄军本阵陷入一片混乱。同时，日军第二军在攻克 148 高地后继续前进，逐步拿下了整个首山堡后续阵地；第一军则在击败了长途跋涉、刚刚抵达的俄军援军后，继续长驱直入；再加上辽阳不断遭到日军攻城炮炮击等多方面因素，俄军已经到了崩溃的边缘。几支俄

▲ *俄军的命脉西伯利亚铁路在开战初始并未完工，只能直接在结冰的贝加尔湖上铺设铁轨，自然免不了发生悲剧*

军部队均报告弹药不足且部队极其疲惫，最终迫使库洛帕特金不得不在 9 月 3 日下令全线撤退。此时，日军第一军由于尚未完全遮蔽铁路，只得坐视十余万俄军扬长而去。俄军 3 日于八里庄附近进行了最后的抵抗，随后便将物资一把火烧毁后北撤。9 月 4 日，日军拿下空无一人的辽阳城，会战宣告结束。

此役，日军投入 12.5 万人，俄军投入 15 万人，双方近 28 万人在首山堡一线激战长达一周以上，这在近代欧式大兵团作战史上还是前所未闻的。结果是日军死伤 23615 人，俄军死伤 17900 余人。战后双方都宣布自己获得了胜利：日军拿下了辽阳，但代价极其高昂；俄军自认为虽然丢了辽阳，但成功跳出了日军包围圈（尽管从未形成）。俄军撤退到奉天，日军随后追至辽阳以北。

当时，俄国方面的西伯利亚大铁路实际上只有单程线，甚至贝加尔湖一带还没有修好，只能靠冬天在湖面上铺铁轨应急，抵达远东的货车也都随即被丢弃，但即使这样，补给依旧难以支撑前线。日军方面则只能靠船队（随时可能被符拉迪沃斯托克舰队袭击）从国内运来补给至营口，再通过铁路运往兵站，最终用牛马从泥泞的黑土地上一步一步地拉到前线。因此日方在辽阳会战后已经精疲力竭，暂时只能采取守势。

显然，在 20 世纪的战争中，骑兵已然不能承担对步兵阵地的突袭。秋山好古灵活地利用骑兵高机动性的特点，在掩护己方左翼避免被对方骑兵侦察的同时，又深入首山堡与辽阳之间的敌后纵深地带侦察敌情，为日军的胜利奠定了基础。此外，秋山本人的深谋远虑以及独到而敏锐的战术眼光也值得称赞，无论是他战前对俄军主阵地的准确判断，抑或是陷入僵局后力主抽调火炮袭击俄军预备队驻扎地的策略，都显示了这位骑兵少将过人的战争智慧，再次证明了其无愧于“日本骑兵之父”之名。

混战辽东

时间进入到1904年9月，旅顺方面的日军第三军发动的第一次总攻击在俄军的火力网前被绞了个粉碎，数个联队直接被打到几近报销。日军战死5000余人，负伤1万余人，约占总兵力的三分之一。

俄军方面，库洛帕特金为自己在辽阳的“胜利”所做的辩解显然并没有让沙皇满意。莫斯科方面不能再容忍远东地区的俄军继续按照库洛帕特金的方针持续后退，以空间换时间，因此奥斯卡尔－费迪南德·卡奇米洛维奇·格里彭伯格被派来与库洛帕特金共同指挥俄军。无法容忍指挥权遭一分为二的库洛帕特金，决定在格里彭伯格到来以前，独自发动一次大规模攻势，将日军于太子河以北的主力一举击破，以挽回自己的名誉。

▲ *奥斯卡尔－费迪南德·卡奇米洛维奇·格里彭伯格（Oskar-Ferdinand Kazimirovich Grippenberg，1838—1915年）。由于库洛帕特金在远东势力颇大，他最终未能与其共同指挥远东俄军，仅能在库洛帕特金手下指挥一个集团军的兵力，并在黑沟台战败后怒而回国*

日军方面，其首要任务是恢复部队的战斗力。辽阳会战超出预想的弹药消耗量及高昂的人员损失需要不短的时间才能补充完毕。第一军驻扎于烟台附近，第二军、第四军则暂时驻留在辽阳周边；骑兵第一旅团被派往黑沟台、沈旦堡一线，以此为侦察据点搜索俄军动向。此前，旅顺方面的第九师团下属的第九骑兵联队主力也北上前来加入秋山支队，该联队的建川美次中尉负责太子河一线的架桥工作，极大地方便了后来日军主力的渡河行动。此外，第二骑兵旅团也于8月下旬来到中国东北，不过等其抵达前线时辽阳会战已经结束。这样一来，日军的17个骑兵联队中，就只剩下还在旭川的第七师团下属的第七骑兵联队及未随师团抵达中国东北的第八骑兵联队仍然处于日本国内了。

俄军的动向同样是日军上层迫切需要的信息，当时的情报综合显示，俄军主力在9月中旬处于奉天附近。然而此时欧洲方面的报道却声称，俄军开始继续后撤且在铁岭一线构筑防线。矛盾的情报令日军高层颇为苦恼，奉天作为辽东地区的战略要冲，俄军真的可能如此轻易地放弃吗？

一个月的平静后，辽东上空的战争阴云再度聚集。

在飞机运用到战争中以前，侦察，尤其是远距离侦察，是只有骑兵才可以担任的艰巨任务。深入敌后取得情报然后重返己方阵地，无论何时都是各类冒险小说中不可或缺的桥段。1904年9月30日，迫切希望得知俄军动向的日军派出了第一支远距离侦察部队——由骑兵第三联队古贺传太郎少尉领导的11骑小部队。古贺接到的任务是“搜索铁岭附近之敌情”。在《敌中横断三百里》一书中，同样在奉天会战前，前往铁岭一线执行远距离侦察任务的建川（美次）队显然比古贺部队要出名得多。如上文所述，辽阳会战后，俄军主力位于奉天以南，而铁岭远在距离前线300公里的俄军大后方，可想而知该任务的困难程度。

古贺少尉提出的意见是带领一支小规模部队，往西渡过辽河后进入新民一带中立地区，再绕行至铁岭。尽管不再需要正面跨越俄军防线，然而新民地区当时虽称中立，却密布亲俄居民及俄方间谍，俄军亦常通过这一带调动物资。古贺小分队稍有不慎，就可能在某天夜里留宿村落时，被当地人五花大绑，送到库洛帕特金军中，行动的风险性依旧很高。

不过，出发后的古贺部队得到了当时驻华使馆武官青木少将的协助。在青木手下负责对中国进行谍报活动的“特殊别动队”总指挥井户川辰三的帮助下，古贺部队中加入了张作霖手下的6名骑兵和1名翻译。因为铁岭方向俄军防备严密，不可轻易进入，井户川又向古贺部提供了数百墨西哥银元（即鹰洋）为其购置中式便服。就这样，古贺一行18骑在10月4

▲ *古贺传太郎（1880—1932年）一生充满传奇，然而最终在对中国东北的侵略战争中被抗日民众击毙*

日左右成功混进了新民—铁岭一线。鉴于这一带俄军防备森严，古贺少尉最终将吉田军曹以下 9 人藏在张作霖手下一名郭姓心腹的家中，而他则亲自带领富永簾治上等兵与古庄翻译官，化装成当地农民乘船逆辽河而上进入铁岭侦察。古贺大胆的计划成功骗过了辽河上密布的俄军岗哨，他们于10月7日左右成功抵达了铁岭火车站。在此，古贺发现满载兵员的火车源源不断地驶向南方，而从奉天到铁岭的火车则要么是空车，要么仅仅搭载了一些伤兵，可见俄军绝无撤退至铁岭的迹象，反倒有发动大规模攻势的意图。

不过，好运也不是总陪伴着古贺传太郎等人。在试图离开铁岭时，古贺 3 人撞上了一队 9 人的俄军巡逻队，仅仅装备手枪的日本侦察兵显然不是俄军的对手，只能乖乖投降。一开始古贺还试图装作自己是中国人，不过显然没有哪里的中国人是一句中文都不会讲的，但情况很快发生了戏剧性的变化：负责审问古贺的翻译官不知为何居然是日本人，在他的帮助下，古贺 3 人又于当天夜里潜逃出俄军监狱。最终在 10 月 12 日，他们重新回到新民的秘密据点。张作霖手下的两名骑兵迅速将关于俄军大规模兵力调动的报告带往日军第二军指挥部，古贺等人则留下来继续对这一线执行了 3 次额外侦察，最终一行人毫发无损地于 10 月 17 日回到了日军中。

由于古贺传太郎深入敌后 300 公里，克服重重困难进行了 1 个月的侦察，为日军带来了极其重要的情报，第二军司令官奥保巩在沙河会战后亲自为他颁发了奖状（日文称作“感状”）。

顺带一提，古贺传太郎在“九・一八事变”后，作为关东军的一名中佐，积极参与侵略我国东北的罪恶行动，最终在 1932 年 1 月 9 日，在扫荡锦西抗日民众武装据点时，遭英勇抗战的民兵顽强阻击，身负重伤，后抢救无效于当天下午 3 点在归途中一命呜呼，结束了其颇为传奇又罪恶的一生。

让我们再将视线转回战场。如前所述，骑兵第二旅团于 1904 年 5 月下旬开始动员，不过拖到 8 月下旬才抵达中国东北。一开始，骑兵第二旅团跟骑兵第一旅团一样，也属于第二军的战斗序列，由大连以北的柳树屯地区登陆。此时，骑兵第二旅团由于辽阳会战已经展开而未能及时参战，便暂时驻扎于鞍山直到战斗结束。随后，骑兵第二旅团转隶第一军，奉命前进至烟台地区驻扎。其旅团长是闲宫院戴仁亲王，第十五联队长为杉浦藤三郎大佐，第十六联队长为本多道纯大佐。

当时，第一军作为日本满洲军的右翼军已前进至烟台附近，第二旅团亦在 9 月下旬抵达该地，并开始执行对奉天及抚顺方面的敌情侦察。其任务一直持续到 10

月9日，当天下午1点，旅团本部突然接到命令：

本溪湖方面敌军兵力正逐次增多，已于今晨与当地我方守备队持续交火。此外，另有敌骑两队携炮数门，进出于本溪湖东方太子河南岸地区，阻断本溪湖与桥头之间的交通。骑兵第二旅团当即出发前往桥头，搜索该方向的敌情且尽可能将之击退。

这又是怎么回事呢？故事还得从10月5日说起。决心击溃日军挽回自己名誉的库洛帕特金，于此日率领分为东西2个集群、高达261个营、共22万人的庞大兵力大举南下。日本方面仍采用辽阳会战时期的配置，由西向东分别布置第二、第四、第一军，总兵力为170个大队、共12万人，只有俄军的一半多点。库洛帕特金的战略是以己方西部的第二集团军牵制正面的日本第二、第四军；与此同时，东部的第一集团军则穿过山岳地带，进而突破日本第一军正面，夺回辽阳。

当时，日军接到俄军大举南进的消息后，一度认为应该据守辽阳一线迎击俄军。然而大山总司令最终还是决定，日军应同样北进主动攻击南进俄军，以遭遇战击溃敌人，从而推进战线。8日，俄军左翼开始进攻本溪湖一线；9日，日军三军集体

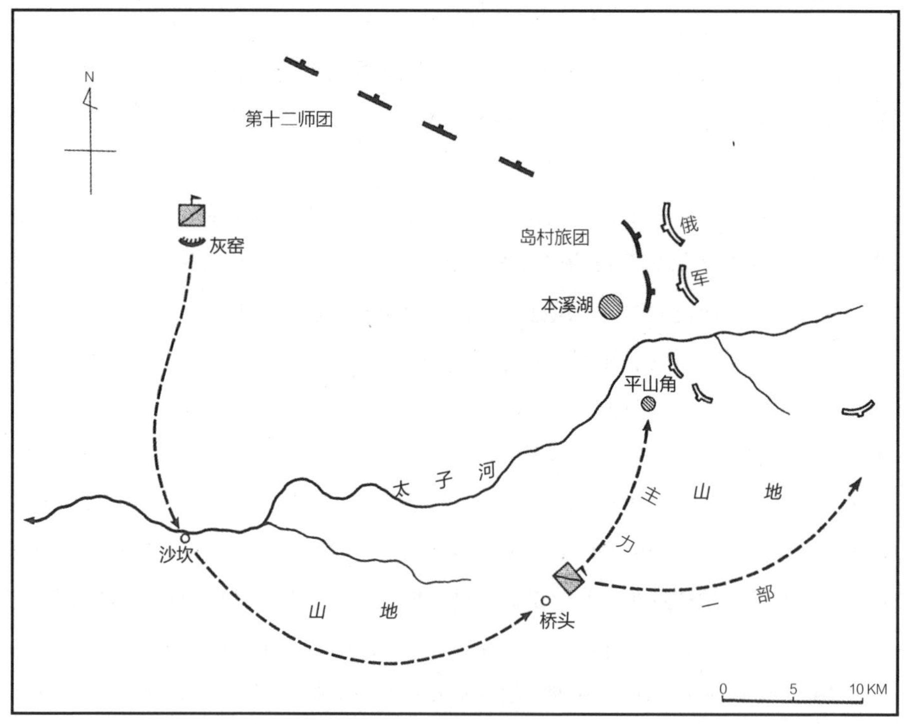

▲本溪湖战斗简要局势图一

北进迎击。沙河会战爆发。

若要说沙河会战中最为出彩的，莫过于所谓“花之梅泽旅团”的日军近卫后备混成旅团于本溪湖一线的坚守了。该部处在日军第一军右翼最为突出的本溪湖以北地区，于10月8日正午首先遭到3倍于己的俄军庞大兵力的猛攻。该旅团正如其名，不过是一些后备兵组成的二线部队，装备的只是老旧的村田步枪和一些俄国武器，梅泽道治本人也只是一度被编入预备役的一名默默无闻的将官。但就是这样一群乌合之众，在当天却成功挡住了俄军第一集团军。9日，俄军投入了更多的兵力发起猛攻，此时第一军司令黑木为桢大将果断下令：第十二师团与骑兵第二旅团赶往支援本溪湖之友军。

接到命令时，骑兵第二旅团还处于分散侦察的状态，于是只得派出第十五联队一部及机关炮队一部先行赶往桥头方向，旅团主力则在收拢后于翌日早晨出发。然而，当天夜里，旅团就接到负责赶往本溪湖正面防守的第十二师团长的报告，称俄军已经投入步兵2个旅、骑兵2000人、火炮8门的强大兵力，试图攻克桥头，情况异常危急。闲宫院戴仁亲王立刻决定不再直接前往桥头，而是绕行桥头西方约20公里的沙坎，再转小道前进。

然而本溪湖附近的地形极为险峻，四处是崇山峻岭，坡壁陡峭而难以攀爬。若要从桥头前进至太子河一线，则唯有福金岭与千金岭这两条只能过一列人的羊肠小道可以通行，十分不利于部队展开。10日黄昏，骑兵第二旅团主力抵达沙坎并于此驻扎，稍后接到先行抵达的第十五联队的报告，称桥头仍被日军兵站守备队所掌控，俄军尚未袭来。由于桥头方面的兵站守备队保持着与本溪湖方向的联络，旅团得以知晓本溪湖方向已经陷入苦战之中。11日早晨，侦察队再度出发，跨越险境，抵达桥头西方高地进行侦察。

情报显示，第十二师团的岛村旅团一部在主动出击平顶山后被击退，且遭3倍于己的俄军反击而陷入困境，死伤颇大，情况十分不利，本溪湖甚至是桥头随时有沦陷的可能。而位于桥头的兵站是确保本溪湖以北的梅泽旅团补给线的重要一环（本溪湖方面的岛村旅团则依靠第十二师团的补给线），两地一旦失陷，即可能陷苦战数日的梅泽部队于危险之中。于是，12日凌晨，骑兵第二旅团主力全面出击北进，以图侧击俄军，解本溪湖之困局。当日旅团部署如下：

1. 骑兵第十六联队的1个中队经福金岭至太子河左岸，与本溪湖守备队岛村旅团的右翼保持联络，且在骑兵第二旅团前进时，负责警戒左翼方向。

2. 骑兵第十五联队的 1 个中队作为前卫，经千金岭前往东北方向的东岗子。

3. 骑兵第十六联队（欠 1 个中队）经太阳沟，前往北方大峪甫子方向，尽可能攻击平顶山东北方高地的敌炮兵阵地。

4. 步兵大队（由兵站司令编成，步兵大尉以下计 378 人）尾随前卫前进，以占领平顶山。

5. 其余部队作为本队尾随前卫前进。

在经过千金岭时，日军发现道路的狭窄程度超乎想象。之前的路程虽然陡峭，但通过雇用当地农民，每 30 人推 1 挺机枪，还是能跟上部队的；而千金岭的小道连车都过不去，更别说人推了。无奈，闲宫院戴仁亲王想出了把机枪拆开驮在马背上前进的方法，这在当时的日军中还是首创。后来在二战时期，以驮马化为主的日本军队大量使用该方法，在一些狭窄地形运输火炮、重机枪。

克服重重困难的骑兵第二旅团主力最终如期抵达平顶山一线，此时岛村旅团在本溪湖与俄军 1 个师陷入苦战，所部步兵第二十四联队的 2 个中队及骑兵第十二联队的 1 个中队在太子河南岸呈突出态势；俄军已经逐次投入预备队至前线，情况异

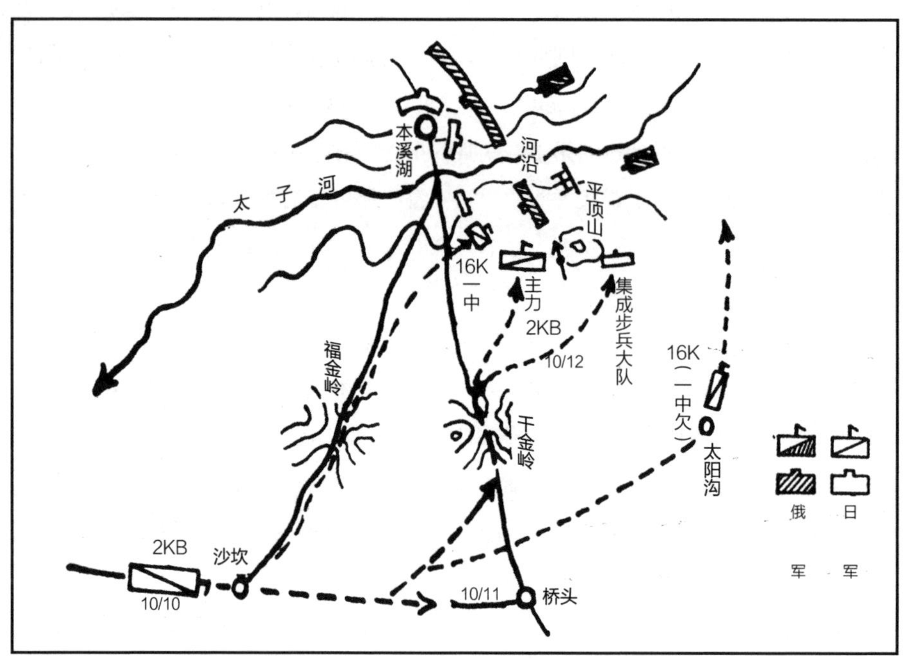

▲ 本溪湖战斗简要局势图二

▲ *沙河会战中，尽管俄军未达成战役目标，伤亡亦两倍于日军，然而日军在万宝山一带的失败使得其再也不能前进一步，双方就此开始长达半年的对峙*

常危急。面对这种情况，骑兵旅团迅速展开，以机枪对俄军左翼实施猛烈射击，俄军 25 个营的步兵预备队还未投入前线就遭火力压制而溃逃。激战 1 个小时后，俄军位于太子河南岸的约 2 个步兵连和 8 个骑兵连的兵力逐次撤往东方，日军抓住机会直抵太子河南岸高地，再次以机枪猛烈射击对岸进攻本溪湖的俄军。

遭受到侧翼火力压制的俄军西伯利亚第三步枪兵师的第九、第十、第五十四、第七十一步枪团逐次陷入混乱而被迫后退，本溪湖正面的战斗最终以岛村旅团守住阵地告终。此次战斗证明了骑兵机关炮在战斗中可以发挥巨大的作用，骑兵第二旅团全日战斗几乎只用到了所携的 6 挺哈乞开斯机枪。同时，骑兵第二旅团因克服地形困难、及时增援苦战中的友军侧翼而收到大山总司令签发的“感状”。

12 日夜，俄军在东部战线由于日军顽强坚守而多次受挫后停止前进。13 日，大山岩司令官下令全体战线转入进攻。日军以西部的第二、第四军为先导，猛攻俄军第二集团军。同日夜，俄军开始退却，不过这很可能应归结于俄军通信设备极其落后，导致其总指挥部不能有效把握东西两线情况而不得不采取的战线调整，非是俄军不能承受日军的正面进攻。15 日夜间，日军第四军对沙河堡的攻击陷入胶着，于是其下属负责穿插到沙河沿岸的山田支队在万宝山一带便显得极为突出，在俄军于北岸不断增兵的情势下，该支队不得不逐次撤退。到了 16 日，俄军 6 个步兵团向该支队发起猛攻，以 2 个团穿插到日军各部之间，截断日军各部联系并打击辎重炮兵阵地，作为支队后卫的日军步兵第四十一联队在打击下几近崩溃。俄军以 4 个团的步兵配以火炮，于万宝山正面发起进攻，牵制了该部几乎所有的兵力，再以 1 个步兵营迂回至日军联队本部后方发起奇袭。结果，误以为俄军是己方预备队的日军被打得措手不及，整个联队本部连同护卫的一部共计 300 余人在白刃战中被连锅端掉，联队长鹈泽总司背颈中刀，当场毙命。当日，崩溃的日军死伤千余人，遗尸 240 余具。不仅如此，山田支队的炮兵在俄军第十九步枪团的渗透奇袭下，连破坏火炮的机会都没有便作鸟兽散，连同当日缴获的共计 17 门火炮悉数落入对方手中，其狼狈之态可见一斑。尽管迫使山田支队后撤，但俄军这次进攻并未得到后续部队的支援，因而同样没有留下过多兵力死守，在短暂地从日军手中夺取万宝山后，同样选择了撤退。

至此，沙河会战以万宝山战役告一段落。失去万宝山阵地的日军无法再有效打击沙河堡的俄军，对沙河南岸俄军突出部的攻击收效甚微，只得停止进攻。17 日，俄军试图乘胜追击，对第五师团正面发动两次大规模突击，但都被击退。两军伤亡颇大，精疲力竭，不得不开始了对峙。此日后，战线上仅有火炮相互远距离射击，而不再见攻势。

此役，日军死伤 20497 人，俄军死伤 41346 人。10 月末的中国东北已经进入冬季，日军判断俄军绝不可能在冬季补给如此困难的情况下再次发动进攻，两军开始进入被称作“冬阵”的战略僵持阶段。

但，日本满洲军参谋部错了。

争夺黑沟台

笔者不清楚大山岩在欧洲考察期间是否曾了解过苏沃诺夫元帅的事迹，但俄军惊人的战斗力正如拿破仑战争时期的艾劳战役中一名法国老兵的评价——“我们得先对一个俄国人开枪，然后还得把他推倒！”俄军坚定的意志力，总能在历史的长河中屡次震慑他们的对手。既然苏沃诺夫可以带着军队穿越鬼桥，跨过阿尔卑斯山，那么库洛帕特金同样可以在 1 月的酷寒中，对日军发起决定性的一击。

1905 年 1 月 1 日，旅顺开城。在半年的围城战后，日军以极高的代价取胜，旅顺的 7 万俄军不是战死就是做了俘虏，牵制日本海军多时的旅顺舰队也随之覆灭。这意味着乃木希典手下第三军 4 个师团（第一、第九、第十一、第七师团）的兵力随时有可能北上加入满洲军的行列。到那时，俄军再想击败日军就几乎可以说是不可能的事情了。迫于形势，新上任的俄军第二集团军司令格里彭伯格大将决定调集3个军的兵力，猛攻日军，其任务首先是占领日军兵力较为薄弱的左翼——沈旦堡方向。

日军指挥部，如前所述，几乎完全没有预料到俄军会在冬天发动如此大规模的攻势。此时日军仍旧采取由东向西分别是第一、第四、第二军的排布方式。秋山支队则于1904年10月沙河会战前，就被部署在日军最左翼的黑沟台方向。到黑沟台会战爆发前，其部队编制如下：

支队主力（位于李大人屯附近）

支队本部

骑兵第三联队（欠1个中队）

骑兵第六联队（欠1个中队）

机关炮5门

步兵第九联队（欠第一、第五中队及第三大队）

野炮兵第十三联队第四中队

工兵第八大队主力

三岳支队（支队长为骑兵第十联队长三岳于菟胜中佐，位于韩山台附近）

骑兵第九联队（欠1个中队）

骑兵第十联队（欠1个中队）

机关炮1门

步兵第九联队第一、第五中队

骑炮兵中队1个小队

工兵2个小队

丰边支队（支队长为骑兵第十四联队长丰边新作大佐，位于沈旦堡附近）

骑兵第十三联队

骑兵第十四联队

机关炮3门

后备步兵第二联队第一大队（欠第四中队）

骑炮兵中队（欠1个小队）

工兵1个中队

种田支队（支队长为骑兵第五联队长种田锭太郎大佐，位于黑沟台附近）

骑兵第五联队（欠 1 个小队）

骑兵第八联队（欠第一小队）

机关炮 2 门

后备步兵第二联队第四中队

整个秋山支队此时总兵力共有 22 个骑兵中队、3 个步兵大队、2 个炮兵中队、11 挺机关炮，总计 8000 余人，但却要负责防守日军第二军 40 公里宽的左翼，难怪俄军会以此为突破口投入 10 万重兵进行攻击。另外，骑兵第二旅团在 1 月中旬也转至日军左翼位置，黑沟台会战开始前，该旅团被部署在日军最左翼。

秋山自己也清楚，手头这些连半个师团都不到的兵力要想守住整条战线，犹如痴人说梦。他唯一的办法就是守卫几个关键点，同时利用骑兵高机动性的优势主动侦察敌方动向。为此，秋山不但积极进行近距离搜索，还于 1 月初分别派出 2 支远距离侦察部队及 2 支挺进队深入俄军后方（关于他们后文再做详谈）。在这些积极侦察的帮助下，秋山及早发现了俄军于该线愈加频繁的活动迹象。同时，位于欧洲的日本使馆所属情报人员，也传回俄军即将开始新一轮大攻势的信息。然而，日本满洲军依旧坚持原有的冬阵方针，相信俄军绝不会冒着寒冬发起攻击。

▲ *鲍威尔 · 米申科（Павел Иванович Мищенко，1838—1918年），被誉为日俄战争时期俄军最好的骑兵指挥官，然而终究不是秋山好古的对手。十月革命后红军试图没收他的勋章，自觉受辱的米申科选择拔枪自尽*

不过，在正式讲述黑沟台会战前，先讲一个小插曲。

正如上文所述，在旅顺被日军攻破后，俄军面临的最为棘手的问题便不再是如何救援旅顺，而是有没有可能在日军第三军北上抵达目的地以前，击破沙河沿线的日军 3 个军。因此，俄军一方面准备以 10 万大军击破日军左翼的大规模作战行动，一方面也考虑了拖延第三军北上的策略。正如前文所述，营口乃是辽东地区极为重要的物资中转站，同时也是日军兵站的核心位置，一旦对营口发起攻击，势必对本就在补给方面不甚容易的日军造成极大影响。为此，库洛帕特金派出米申科将军所率领的4个骑兵师约万人、32门火炮的大规模骑兵队。俄军骑兵计划绕过日军左翼，经辽西中立区南下，沿海城—大石桥—盖平一线破坏铁路通讯，同时朝营口攻击前进。根据俄军情报，当时营口储存着高达约合2000万卢布的物资，如能成功将其付之一炬，对日军后勤可谓是灭顶之灾。肩负着如此重担的米申科骑兵队于1月8日，由奉天西南50公里处的四方台出发，经大辽河与浑河的中间地带开始南下。巧合的是，几乎是在同一时间，日军的挺进队出发北上深入俄军后方执行任务，只不过百余人的兵力和米申科的比起来算是少得可怜。

米申科的速度并不如某些日本书籍中所嘲讽的那般缓慢。在1月10日至11日，他的部队连续击溃了日军安原中队及在牛庄方面守备的后备步兵第三十三联队下属的牧中队。要知道，从四方台至牛庄的，直线距离都有近100公里，而俄军实际上是跨越辽河入辽西，行军到盘山县附近后再跨过辽河袭往牛庄，实际通行距离只多不少。仅仅3天就带着约万名骑兵、32门火炮，在100多年前苦寒的中国东北地区完成如此强度的急行军（期间还与中立区的清军冯麟阁部发生冲突），米申科真可谓是俄方骑兵第一人。11日，作为日本满洲军总预备队的第八师团接到命令，紧急派出由步兵第五联队的2个大队、步兵第三十一联队的1个大队、野战炮兵第十七联队的1个大队、骑兵1个联队组成的津川支队，赶去击退俄军。

1月12日，米申科所部抵达营口—大石桥一线，开始发动攻击。此时，营口日军守备队兵力不到1个后备步兵大队，可以说根本不是俄军的对手。然而，第三军紧急抽出的增援部队也于此时乘火车抵达大石桥。负责大石桥方面的苏沃诺夫上校率领的15个骑兵连立刻与车中日军交上火，试图阻止列车继续前进，但毕竟马匹跑不过火车，俄军最终未能阻止日军增援部队开往营口。稍后大石桥方向又有1个日军步兵大队赶来，俄军只得在破坏铁路电线后匆忙撤退。

在营口，日军虽然将兵力增加至两个半步兵大队，但就数量与火力而言，仍不是米申科主力部队的对手。下午4点开始，俄军在炮击的掩护下以骑兵徒步发动进攻，然而意想不到的是，炮击引发车皮大火反倒阻碍了俄军的进攻。在距离日军阵地700米处，俄军突遭密集步枪火力射击陷入混乱。战斗持续到晚上接近8点，俄军仍未能突破日军的防线。此时，津川支队前进至三叉河一带试图阻断己部退路的消息传来，米申科不得不下令撤军。

此日，日军于营口仅有后备步兵第三十三联队1个大队、后备步兵第八联队1

个大队及营口内临时武装的一批非战斗人员，却以仅死伤 10 人的代价给约万人、拥有 32 门火炮的俄军造成了死亡 58 人、负伤 206 人、失踪 26 人的巨大损失。紧追而来的津川支队于 14 日在三叉河截住俄军，双方激战至翌日，最后俄军不支，丢下大量物资北撤。俄军伤亡约 200 人（仓皇渡河时再遭冯麟阁部袭扰，冰面破裂又溺毙数百人）；日军战死 12 人，负伤 63 人。这次俄军在兵力上极为惊人的挺进骑兵战例，就以如此结果告终了。

未能攻入营口的俄军可谓是没有达成丝毫战略目的，即便是对日军铁道通信线路的破坏也没有想象中的效果大（这点与日本挺进队倒十分相似），日军工兵仅花费数日就将被破坏的路段完全修复。

另外，关于本次战斗存在另一种观点，认为俄军早于 12 月下旬就已出发，也就是说米申科的目的不是拖延第三军北上，而是骚扰营口的同时发起大规模攻击，打击满洲军正面，夺回辽阳（也就是随后的黑沟台会战）以支援仍在旅顺内的俄军。该观点称俄军前锋哥萨克早于 12 月 29 日就已渡过辽河，此时米申科主力也已进入辽西，如果是接到旅顺陷落报告（1 月 1 日）后才出发，则绝不可能如此神速。而米申科所部未能达成战略目的也与此有关，旅顺业已失陷的消息动摇了米申科所部的军心，继续行动的无意义使其匆忙后撤。不过在笔者看来，该观点缺乏佐证，且出自民间刊物、年代久远，另在大正时期的日本陆军大学学生论文集亦未采信，故可信度不高。况且，即便旅顺失陷，俄军仍于随后集中主力发起黑沟台会战，甚至险些击溃日本满洲军左翼，应该说对营口的打击若能成功，仍是能支援俄军主力行动的。如果只因为旅顺失陷就称打乱俄军部署，促使米申科失败，未免太过偏颇。

尽管在 1 月中旬，俄军就于浑河北岸逐次增多兵力，但日军高层在接到报告后并未对此加以重视，乃至黑沟台方面的日军于 25 日遇袭时，日本满洲军依旧认为俄军仅有 1 个师团左右的兵力在进行威力侦察，于是只派出立见尚文中将的第八师团前往增援，结果险被击溃。而后，日军又从各个军中不断抽调部队，以添油战术投入战场，并成立了所谓的“临时立见军”统筹该方面的战斗，但毕竟过于仓促，致使指挥层混乱。很难

▲ *沙河冬阵期间的秋山支队指挥部合影，中间一排左三开始向右分别为秋山好古、田村久井、丰边新作*

想象若不是秋山部的死守，在如此混乱的指挥下，日军该如何抵挡俄军约10个师的兵力发起的猛攻。日军能够赢下黑沟台战役，在笔者看来，确实是存在一定的运气成分的。

前述新到任的俄军将领格里彭伯格最终没能与库洛帕特金平分俄远东的军权，但格里彭伯格仍旧指挥了第二集团军，负责对黑沟台方向的进攻。1月17日，欧洲方面的俄第八军及第一、五步枪旅抵达奉天，悉数加强到第二集团军中。这样一来，俄军第二集团军总共拥有下属3个军（第一西伯利亚军、第八军、第十军）及集成步枪军主力，并获得米申科率领的哥萨克骑兵的侧翼支援。1月24日，俄军全军开始南下。

此时，日军骑兵第二旅团（田村久井大佐[①]）早于1月13日脱离第一军指挥，并被部署到秋山部以西、浑河以北、辽河以东一带，进行搜索任务。于是，该部是最早遭遇俄军攻击的部队。早在22日，该部下属的15名骑兵在乌邦牛就遭遇俄军包围，几乎全军覆没，只有2名重伤员存活。24日，米申科的骑兵部队获得步炮部队的增援后，企图直接从黑沟台西南方渡河，沿牛居—佟二堡一线前进，直接插入日军的心脏部位。此时，挡在他们面前的田村所部只有8个骑兵中队及6门机关炮，比起拥有至少12个骑兵连、七八门火炮的米申科部队来说，日军显然不占优势。

到了25日凌晨时分，黑沟台日军的侦察兵在土台子撞上了俄军先锋，短暂交火后日军猛然发现，在极短的时间里，俄军的兵力就已经激增至己方10倍以上。意识到俄军有大动作的种田锭太郎不敢怠慢，赶忙把部队撤过浑河，避免了全军覆没。与此同时，他紧急向驻扎在东方土城子的后备步兵第三十一联队求援。之后，由小原文平中佐率领的5个步兵中队很快抵达，加入了黑沟台的防线。这样一来，种田手下就有了2个骑兵联队（8个骑兵中队，缺2个小队）、6个步兵中队以及2门机关炮，总兵力达到2000余人。

在田村旅团方向，米申科同样发起了攻击。由于日军没有火炮，俄军可以轻松地在其步枪射程外布置火炮，再用火力单方面杀伤对手，日军却无可奈何。在吴家岗子陷入火力压制的日军此时突然发现，数个俄军骑兵连已趁机插入己方右翼，断绝了与秋山部和田村部的联系。根本腾不出兵力的田村大佐不得不把部队撤回到浑河岸边的海州窝棚一处。如此一来，25日在浑河以北的交锋中，俄军在东西两线

① 闲宫院戴仁亲王在本溪湖之战后便转任满洲军司令部附属武官，由田村久井大佐接任骑兵第二旅团长。

▲ *俄军野炮*

均占了上风。

此时接到俄军南下报告的日军满洲军指挥部，仍然不认为这是俄军的大规模攻击。其根据黑沟台主阵地接敌后的报告判断，俄军只有 1 个师多的部队，只要派出满洲军总预备队第八师团，配以后备步兵第八旅团，计 3 个旅团、18 个大队的兵力，足以击退俄军。在这种极其乐观的估计下，接到命令的立见尚文立刻领兵赶往大台。

实际上，此时正面俄军已经将庞大的兵力直接压向黑沟台—沈旦堡—韩山台一线。单看黑沟台阵地，在中午时分就已经被俄军 2 个师左右的兵力团团围住，俄军还投入了 50 余门野炮于沈旦堡、26 门野炮于黑沟台协助攻坚。此外，俄军还有数门 15 厘米口径的重炮。相对而言，种田支队仅有 2 门机关炮（日军没有火炮）被部署到村子的西侧，步兵则被部署到西北方向。面对对手的据点防御战术，俄国人一面以步兵南下攻击黑沟台；一面展开机动，意图从土台子、头泡包抄黑沟台日军侧翼。分布在河对岸数个据点的 26 门俄军火炮，更是以交叉火力将日军仅能依靠的墙壁击垮，黑沟台村落很快陷入一片火海。正午时分，日军步兵第五联队的第三大队（樋口大队）抵达，随即应种田请求向头泡进攻，试图重夺黑沟台西南阵地，然而在俄军优势兵力的反击下，该大队被迫撤退至五家台子处。黑沟台日军在俄军的炮火覆盖下，到下午 4 点，已经损失了 1 门机关炮；人员方面，后备步兵第三十一联队的小原联队长负伤，同部的大队长阵亡，中队长以下死伤累累。结果到了 25 日夜，黑沟台日军被俄军从北、西、南三面包围，在第八师团立见尚文的同意下，种田大佐连夜将部队撤出了黑沟台，将阵地拱手让给俄军。由于此时仍相信俄军兵力不多，立见尚文有信心在第八师团主力抵达后击退俄军夺回阵地。

但需要注意的是，种田实际上是越过了秋山，直接向第八师团提出撤退请求的。虽然此时种田支队已经改隶第八师团，但毕竟立见尚文还要等到第二天才会抵达前线，他在不熟悉前线形势的情况下，就贸然同意种田的撤退请求，无疑是对秋山部署的一个重大打击。直到战争结束后，秋山依旧常常抱怨："黑沟台本就应该固守，这绝非不可能完成的事。如果能够坚持到第八师团抵达，那么随后的战斗本不必付出如此大的代价！"当然，在种田看来，或许 25 日夜，他的部队在 10 倍于己的俄军的攻击下确实已经到了崩溃的边缘。不过种田手上尚有 2000 余人，况且此夜俄军亦未进行夜袭，如果坚持到拂晓第八师团主力抵达换防，那么俄军的失败会否来得更早？历史不容假设，我们不得而知。

尸积沈旦堡

在黑沟台会战中最值得一提的，便是位于沈旦堡的丰边支队的死守了。甚至由于俄军屡攻此高地不克，战斗重心随后转移至此，而将此次战斗称为"沈旦堡之战"，由此亦可见该处日军之死硬。不过，比起黑沟台如孤岛般轻易被孤立，沈旦堡与韩山台的三岳支队通过哑巴台（由三岳支队防守）相互呼应，而三岳支队又与秋山好古所在的李大人屯相近，在防守上确实较为有利。然而，同日沈旦堡—韩山台—李大人屯一线遭到五十余门俄军轻重火炮轰击，随即俄军发起全线进攻，其中沈旦堡—哑巴台正面更是有接近两个师的步兵部队直接冲进毫无战线可言的日军阵地。即便如此，丰边新作亦豪言道："若没有遭遇敌军一个师以上的部队则绝不撤退，即便遭遇一个师以上的敌人也要坚守三天，三天的话情况一定会有变化！"比起宣称"今天我们就要全部葬身在这阵地上！"结果还是下令撤退的种田锭太郎，丰边新作确实不负秋山对他的信赖——"丰边是越后人，比起速度，

▲ *丰边新作（1862—1927年），早在甲午战争中就初露锋芒的他在日俄战争中归属秋山好古的骑兵第一旅团，并在沈旦堡之战后名声大噪*

坚韧才是他的强项”。

秋山好古所在的李大人屯，虽然并不是俄军进攻的核心，却也遭遇了极其猛烈的火炮射击。当时，总司令部的参谋田村中佐赶到秋山所处的房屋中询问情况时，见秋山表现出了惊人的沉着冷静，在房屋四周不时落下炮弹的当口仍能镇定自若。田村询问：“接下来您觉得该怎么办呢？”秋山只简单地答道：“毫无办法。”事后，秋山回忆道：“那个田村来的时候，我是确实感觉毫无办法了，步步紧逼的敌人随时都有突入的可能。我也给手枪上了弹，要是真到了那个时候，就只能一发了结了吧！”就是在如此困难的情况下，日军全线度过了节节败退的25日，而俄军则形势一片大好。

26日黎明，以后备步兵第八旅团（旅团长岗见政美少将，下辖后备步兵第五、十七、三十一联队，请注意每个后备步兵联队只有2个大队）为前锋的第八师团终于全部抵达大台。在简单接应了后撤下来的种田支队后，立见尚文下令全军转入进攻。第八师团以岗见旅团为右翼，后方紧随师团属炮兵联队，经老桥村落向黑沟台进发；以步兵第四旅团（旅团长依田广太郎少将，下辖步兵第五、三十一联队）为左翼，经苏麻堡、头泡向黑沟台前进；步兵第十六旅团（旅团长田部正壮少将，下辖步兵第十七、三十二联队）则作为总预备队，置于两者之间的古台子。

早晨10点，战斗一开始，日军就陷入了极大的不利之中。长滩的俄军果然南下，以1个师的兵力包围了沈旦堡的西侧，并从南侧攻入村中；更有12个步兵营的俄军直接插向大台，与日军总预备队交火。主攻黑沟台的日军2个旅团也遭遇了俄军猛烈的火力杀伤，由于头泡一侧已经陷入俄军手中，依田旅团不得不把部队集中到左侧。俄军趁机对其发动攻击，结果在两个旅团的连接部直接撕开了一道口子，不仅如此，依田旅团主力（步兵第三十一联队2个大队及第五联队1个大队）和津川支队（步兵第五联队第一、二大队）间的距离也被拉开了。对于部署在黑沟台上的30余门俄军火炮而言，依田旅团好似活靶子一般横在自己面前。在头泡的俄军20余门火炮所构成的交叉火力的齐射下，没有任何火炮的依田旅团寸步难行，被死死地压制在五家子—津塚岗一线，其中津川大佐所部2个大队均伤亡过半。岗见旅团在右翼的攻击使其占领了老桥，之后，他们被俄军炮兵死死压制，该旅团的原山大佐负伤，前述曾支援黑沟台并负伤的小原大佐则战死于此。

沈旦堡的局势较昨日更加不妙，正如前述，遭到长滩南下俄军包围的沈旦堡，在26日日落时，日军只剩下东南一角仍能对外联络，其余各方向的通讯皆被俄军切断。俄军从南方的突入更是使日军防御体系濒临崩溃。在李大人屯的秋山好古屡次询问："在沈旦堡还有活着的日本兵吗？"几乎从不呼叫援助的他，当天亲自给总指挥部的儿玉源太郎总参谋长打电话，请求派兵增援沈旦堡。入夜后，第五师团下属步兵第三十三联队的 2 个大队在配属炮、工部队后，由吉岗友爱中佐率领，顶着俄军猛烈的火力封锁，终于冲开了包围圈。吉岗所部一抵达沈旦堡就立刻投入战斗，在随行炮兵中队的支援下，日军勉强打退了大批挺着刺刀冲向沈旦堡的俄军。天亮后，俄军主动撤回柳条口一带。连续两天两夜的战斗后，沈旦堡已经化为一片废墟，街道上到处是马和人的尸体，防御工事在 15 厘米重炮的轰击下七零八落。到 27 日清晨为止，丰边支队死伤 150 余人，但却杀伤了接近 500 名俄军，其顽强可见一斑。

在日军左翼，田村旅团一度试图前进至吴家岗子，以配合对黑沟台的攻击，然而米申科骑兵队却并未继续在浑河北岸停留，而是直接跨河直逼牛居，进而迫使田村所部主动撤退至小创台子一带，以掩护南方的小北河兵站不被俄军攻击。米申科所部夺取牛居后，立刻对北坨子发起进攻。刚刚从黑沟台上撤下来的种田，一开始还以为眼前雪野中那条长长的黑线是浑河的河堤，随后才发现他们面对的是兵力已经达到 2 个旅、42 个连的米申科骑兵部队！此时位于北坨子的种田所部仅有 150 余人，根本不是俄军的对手。毫不把日军放在眼里的俄军主力绕道八荒地，只以一部牵制北坨子的日军；种田也毫不恋战，赶紧带着手下 150 余人向后撤退，结果遭到哥萨克猛烈追击，一番苦战后终于勉强退入三尖泡。入夜后，他留下少数部队，携主力撤退至屈家窝铺，米申科于同日夜攻至佟二堡，直接威胁到日军第二军兵站所在地狼洞沟。

▲ *在哥萨克的不断追击下，种田所部伤亡不断扩大，然而俄军面对徒步撤退的日军始终没有发起大规模的骑兵冲锋，使其最终得以逃出生天*

27 日，尽管沈旦堡终于不再面临陷落的危机，但立见尚文所部的情况却更加恶化。天亮后，第五师团主力抵达狼洞沟，分派村山支队

（步兵第二十一联队及炮兵 1 个中队）前往增援佟二堡方向，以击退米申科部队。之后，第五师团主力顶替了作为总预备队的田部旅团填补与沈旦堡之间的空隙，田部旅团得以投入依田、岗见两旅团间的空隙之中。随后，日军第五师团即对柳条口正面的俄第五步枪旅发动攻击，双方一直激战至深夜。日军击退俄军夜袭后，于次日晨攻克柳条口阵地。然而在正面，增加 2 个联队的兵力并不能为日军带来优势，右翼的岗见旅团获得了炮兵第八联队第四中队（携带 5 门虏获的速射炮）的增援，但该中队几乎没有派上用场即被对方火炮消灭殆尽，中队长战死，炮手全军覆没，到最后只能靠集合起来的弹药输送员操作仅存的 1 门火炮与俄军对抗。在俄军 20 余门速射炮的扫射下，日军右翼在 27 日亦死伤惨重而不能前进一步。

田部旅团冒着黑沟台正面俄军炮火，连续发起三轮突击，前进至红河一线后，以河滩形成的一小段落差为掩体，就地转入防御。左翼的依田旅团更为凄惨，不但遭遇正面俄军的火炮直射，其侧后亦被前进至巴荒地的米申科所部骑炮兵射击，津田本人双腿中弹、身负重伤，代理联队长塚本少佐刚一接过指挥权就被一发炮弹正中面门，脖子以上所剩无几。为表纪念，所部两日来坚守的小山包被日军以津田、塚本二人之名各取一字命名为津塚岗。同时，前来支援津川联队的依田旅团总预备队小泽联队第二大队同样损失惨重，大队长藏田安宗战死。津川联队尽管以齐射打退了俄军的数回冲锋，但伤亡同样惨重，8 个中队长死伤 7 个，联队旗手一天之内换了 4 个，最终，津川不得不下令撤退。津川所部的撤退等于直接把依田旅团主力拱手送进俄国人的包围圈之中，结果该部不得不撤退至三尖泡。日落后，日军各部又纷纷遭到俄军的夜袭，其中苏麻堡更是遭遇了连续两次进攻。守备苏麻堡的田部旅团森川联队第二大队，在日间就被俄军 8 门火炮压制于此。入夜后，俄军以 1 个营的敢死队顶着日军火力冲入苏麻堡中四处纵火，俄军炮兵遂以此为黑夜中的目标继续发射。到了晚上 12 点，俄军兵力逐次增加，挺着刺刀冲入街道中与日军厮杀成一片。天亮后，整个苏麻堡化为一片人间地狱，尸体垒满了街道的每一个角落，"宛如摊在鱼市上的鱼"，森川联队第二大队的大队长三村几太郎亦头盖中弹而死。

1 月 27 日，可以说是第八师团最为危险的一天，不过幸运的是，第五师团的抵达减轻了他们的压力。其中村山支队紧急支援了坚守许家台、抵挡米申科所部前进的 2 个后备步兵中队，且及时击退了 1 个营的哥萨克的冲锋。随后，支队主力立刻转入对米申科所部的反击之中。日军在火炮数量落后对手一倍的情况下顽强迎战，成功压制了俄军的机枪火力。趁此机会，日军 2 个大队的步兵一举跃进，向前夺下江家窝棚阵地——日军以1个联队的兵力打退了俄军1个骑兵旅、1个步兵团的主力部队（配备14门火炮、4挺机枪）。日军伤亡百余人；俄军遗弃马30匹，伤亡不详，但米申科的前进终于被阻止。

终于，在坚持到28日后，胜利的天平彻底倒向日军一方。同日，日军第二、第三师团也抵达黑沟台前线。其中第三师团前进至哑巴台一带，击退了俄军于同日黄昏发起的大规模进攻；第五师团主力则成功攻克柳条口。至此，沈旦堡一线终于彻底确保在日军手中。随行抵达的2个师团属炮兵联队则扭转了数日来炮战一边倒的局面。同时，日军第二师团于11点抵达狼洞沟后，配合左翼的村山支队，对据守在八荒地—佟二堡的米申科部发起新一轮攻击。尽管俄军以猛烈的机关枪及火炮，对日军造成了重大杀伤，其中第二师团的一个中队更是有被一发炮弹杀伤27人的纪录，然而在日军优势兵力的猛攻下，米申科再次被迫撤退。到当日晚间7点，日军已经重新夺回了牛居。

28日，立见师团继续以3个旅团的兵力对黑沟台发起新一轮的猛攻。左翼依田旅团以小泽联队为核心，进攻五家子村；右翼岗见旅团则从老桥出发，对三大子方向的俄军发起攻击；正中央田部旅团，继续正面突击黑沟台高地。然而，前夜突入苏麻堡的俄军部队此时仍未被击退，还有五百余人坚守在村北的五栋民房之中，导致田部旅团与依田旅团间通讯断绝，无法有效配合。白天的战斗亦未能撼动俄军阵地，田部少将也在激烈的战斗中右膝负伤，不得不退往后方。为了打破困境，下

黑沟台会战中临时立见军死伤表

（参见《第八师团战史》）

区分 / 团队号	死			伤			失踪		
	将校	下士兵卒	马匹	将校	下士兵卒	马匹	将校	下士兵卒	马匹
第二师团	—	13	—	7	131	3	—	—	—
第五师团	15	135	3	37	1167	59	1	11	3
第八师团	63	1473	239	166	5294	173	2	87	81
揩泽支队	—	2	—	—	30	—	—	—	—
村山支队	3	25	1	8	150	4	—	—	1
总计	81	1648	243	218	6772	239	3	98	85

午3点左右，日军以一个中队的兵力向仍旧据守在村落内的俄军发起刺刀冲锋，成功击杀近百名俄军，俘获200余人，日军死伤仅有数十人。至此，日军各部间的通讯才重新恢复。眼见一日战斗后情势仍无起色，立见尚文遂决定于28日夜以全师团兵力对黑沟台高地发起夜袭。

这次夜袭，日军下定决心全力以赴，就连损失极其惨重的津川联队也再次上了前线。28日深夜，在第五师团的配合下，第八师团的3个旅团分三路一齐向黑沟台猛进。冲入开阔地的日军一时间沦为俄军机枪、火炮的活靶子。在俄军火力面前，日军成排成排地被撂倒，但日军依旧成功地冲上了黑沟台村落的一角。双方战斗到29日早晨5点，俄军在接到撤退命令后撤离阵地，但途中遭遇前进至其后方的岗见旅团的猛烈射击，死伤颇大。此夜，双方横尸数千有余。上午9点，黑沟台重回日军掌握，日军随即投入部队追击，跨过浑河。1月31日夜及2月2日，第五师团连续击退俄军2个旅的反击后，黑沟台之战以日军获胜告终。

整场会战，投入战斗的5万日军死伤近万人，其中单立见师团所属3个旅团就战死军官63人、士兵1473人，负伤将校166人、士兵5294人，算上失踪人数则总计损失达7085人，占该师团三分之一以上的兵力。俄军一方投入战斗的10万人，损失了1万左右。但对于伤亡比率，日俄双方观点不一。日军称仅经第八师团埋葬的俄军死尸就有7834具，推测俄军伤亡应有14000人左右；俄军方面1914年的报告则称，俄军死亡1727人，枪伤及震伤11123人，失踪1113人。

▲ *乃木希典（1849—1912年）是一个颇具争议的人物，过往受《坂上之云》及谷寿夫所作《机密日露战史》的影响，多认定其为愚将，然而近年来的资料解析显示事实可能恰恰相反*

关于这次激战，有一点是毫无争议的，那便是库洛帕特金的无能。整场会战他始终没有为格里彭伯格派出过任何援军，反而还被日军第二军在正面的牵制佯攻拖住了大量兵力。在黑沟台仍大部处于俄军掌握的时候，他又主动下达撤退命令，白白丢掉了这个让第八师团死伤遍野的关键阵地。俄军在整场会战中，有数次机会可以突破沈旦堡、苏麻堡乃至狼洞沟西侧的日军阵地，但却屡次被日军死死顶住。到了28日，事实上俄军人员损失仅有十分之一，部队建制基本存在，而日军伤亡已经达到五分之一，其主力第八师团更是支离破碎。可即便如此，库洛帕特金依旧选择了撤退。究其原因，仍旧是日军第三军的北上。

俄军发动黑沟台会战的目的是在日军第三军抵达前击破日军，事前毫不知情的日军指挥部也告诉乃木希典不必着急北上，然而乃木依旧坚持在1月下旬就全军进发。正是乃木的神速，使得指挥上向来畏首畏尾的库洛帕特金极为恐惧其抵达后重创自己的1个集团军，从而急急忙忙下达撤退命令。于是，会战结束后，愤怒的格里彭伯格弃官而走，独自一人返回圣彼得堡。

在这场被评价为“日俄战争中日本最危急的时刻”的会战中，挽救了日本满洲军指挥部错误判断的，可以说除了各个师团的雪夜强行军外，就是秋山所部的顽抗了。可以想象，假如沈旦堡与黑沟台一道在25日夜落入俄军手中，那么当第八师团毫无休整、急行军抵达大台时，迎接他们的就会是10个师的俄国人。从此处长驱直入的俄军可以轻易捣毁日军第二军的后方，并在库洛帕特金正面其余2个集团军的配合下，挤压日军战线，使其大规模解体，最终迫使日军重新溃退至辽阳以南。到那时，重新挽回局势的俄军就可凭借陆续抵达的新锐部队，轻易地将全国已无兵可用的日本人赶进渤海湾，战争局面将会大大不同。

敌中三百里

说到这里，若要提日俄战争中日本骑兵最为出色的行动，那么非“挺进骑兵”与“搜索骑兵”莫属。即便是上文挽救了满洲军的黑沟台会战，实际上也是整个第八师团拼死奋战的结果。而挺进骑兵的运用及其所产生的效果，则完全是骑兵自己的功劳，这也是秋山好古正确理论的实践体现。同样是以骑兵深入敌后，日军的永沼、长谷川挺进队以及建川、山内远距离斥候队，比起米申科万骑攻营口（常被称为“米申科的八日间”），不论是成本，抑或是战果，都远远优于后者。实际上，日俄双方骑兵对骑兵的马上战可谓少之又少，所以很难判断两者究竟谁的战斗力更强；然而通过穿插敌后战例的对比，得出在骑兵运用上日方胜过俄方这一结论，还是并不困难的。

首先是搜索。搜索又主要分作远距离（战略）搜索与近距离（战术）搜索。如前面所说，在飞机发明以前，前者只能由骑兵负责，而后者在绝大多数情况下也同样由师团属骑兵部队进行。不过，大多数的短距离搜索由于频繁及简单，并没有留下文字记录。在此，我们着重讲述两次著名的长距离搜索任务，也就是建川与山内两斥候队的任务。

此前，对于沙河会战时期的日军高层而言，俄军的动向始终是其急于掌握的关键情报。正如上文提及的古贺传太郎侦察队的任务一样，了解俄军的意图——究竟是坚守辽阳还是后撤至铁岭组织新的防线，对日军随后的战略部署十分有利。

1904 年 12 月 16 日，一份从新民一线传回的侦察报告交到秋山手中。根据该报告的建议，秋山支队很快拟定了关于渗透俄军后方的一系列注意事项：

1. 人数应为 4—5 人。（该区域徘徊的俄军斥候多为 2—6 骑。）

2. 潜入敌后的将校斥候队应混有一两匹白马。（自甲午战争以来日军就不使用较为显眼的白马，而俄军中则有不少，在斥候队中混入白马可以使其从远处看起来比较像俄军。）

3. 刀鞘附上黑革较为有利。（同样是为了更像俄军。）

4. 一系列关于给养及防寒的建议。由于天气过于寒冷，斥候队将只能携带面包出发，同时给予一定的金钱，用以途中向当地居民购买粮食。

5. 可以通过天明时有没有鸡叫声，来判断一座村庄有没有俄军驻扎。

1905 年 1 月，在永沼、长谷川挺进队出发以前，秋山向建川、山内两斥候队下达了出发命令。以下是两者的任务与配置：

山内将校斥候队①，由山内少尉率领选拔而出的 3 名下士组成，于 1 月 4 日由宿营地出发，侦察铁岭及抚顺街道之敌情；侦察吉林—铁岭街道之敌情；侦察奉天与铁岭间的列车运行状况；尽可能侦察铁岭附近敌情及地形。

建川将校斥候队②，由建川中尉率领选拔而出的 5 名下士组成，于 1 月 9 日由宿营地出发，前进至铁岭，侦察敌部队的移动及其兵力；侦察敌阵地防御工事状况；侦察敌军铁道输送状况及其搭载货物；尽可能前进至抚顺方面侦察敌情及地形；尽可能对敌铁道电线进行破坏并焚烧仓库。

山内一行四人于 1 月 4 日由沈旦堡出发，先南下由小北河处渡过浑河，翌日抵

① 指挥官山内保次少尉，下属：清水织右卫门伍长、馆泽丰上等兵、神崎文三一等兵、中国翻译曾海山。

② 指挥官建川美次中尉，下属：丰吉新三郎军曹、野田新作上等兵、神田卯三郎上等兵、大竹久上等兵、沼田与吉一等卒。

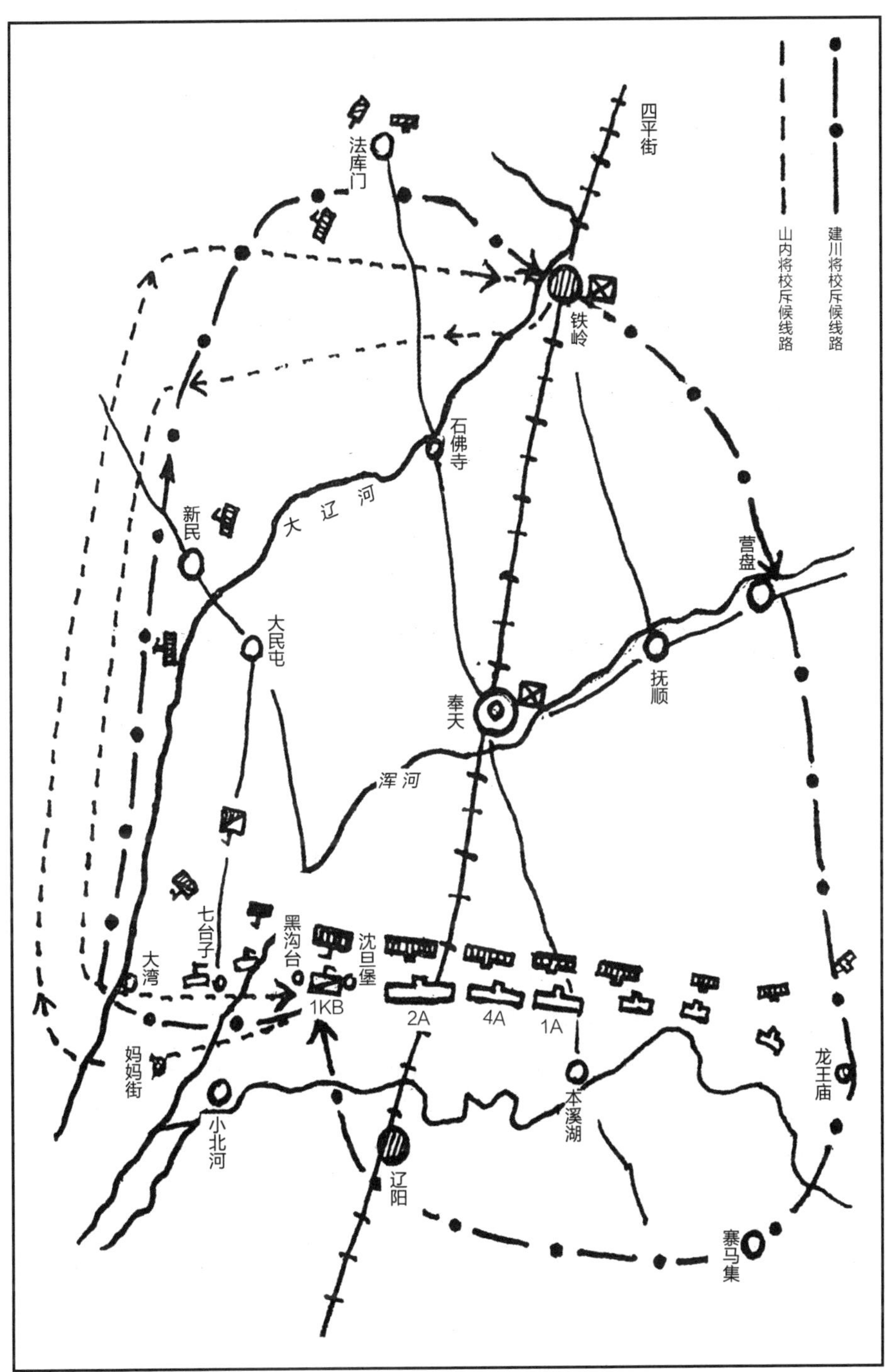

▲山内及建川将校斥候行动图

达小北河西南方妈妈庙处的“东亚义勇军马队本部”。这个所谓“东亚义勇军”其实就是日俄战争时期日本人搞出来的亲日马贼，同样是之前提到过的驻华武官青木少将的属下。该马队的实际指挥官桥口勇马少佐接待了山内一行人。由于山内本人并不会讲汉语，桥口把之前参与过古贺侦察队任务的古庄翻译派给了他，又拨给十多个马贼，让他们护送山内一行人到新民。1 月 7 日晚，曾海山也抵达本部，一行人于翌日跨过浑河，进入了未知的中立区域。

一路上一行人裹得严严实实，伪装成俄军，当地人多不懂俄语、日语之分，一开始竟没有识破。在摆脱了几次有惊无险的俄军追击后，1 月 10 日左右，山内斥候抵达新民。在与古庄等人道别后，剩余 5 人又继续向铁岭出发，终于在 1 月 16 号，山内斥候来到了铁岭外围。

俄军在铁岭的防备相当森严，山内最终没能进入其中。为了防止一行人被俄军抓住一锅端，山内又专门命令曾海山独自去执行侦察任务。之后，山内 4 人开始一步一步接近铁岭周边，甚至一度混在俄军队列之后前进，就这样完成了对铁岭周遭的村落高地的侦察。此时，俄军虽然有在铁岭周边构建防御工事，却并不是为决战准备的坚固设施，而铁道上一列又一列满载着物资与士兵的火车不间断地向南方开去，由此可以判断，俄军毫无抛弃奉天之意。不过在回程路上，山内一行人遭到 20 余名俄军骑兵追击，只能仓皇逃过浑河。1 月 18 日，一行人与曾海山会合。在汇集情报后，21 日，全员成功返回沈旦堡的联队本部。

建川一行 6 人出发时间稍晚。1 月 9 日，他们由韩山台出发，直接经黑沟台西边渡过浑河，再经大湾处渡过辽河，北上至法库后才折向铁岭，行进位置要比山内斥候队更加靠北。出发后，他们同样在桥口少佐处做了短暂的停留，不过这回并没有捎上马队。然而，建川斥候队这一路似乎注定充满坎坷。出发的第二天，也就是 10 日，他们差点直接在大湾附近撞上南下的米申科部队，所幸日军人数稀少，成功摆脱了追兵，继续前进。在荒无人烟的雪野中跋涉了一周之后，6 人在 1 月 17 日夜抵达铁岭。在回拒了部下炸毁铁道的提议后，建川中尉提出了一个更为大胆的计划——潜入铁岭城内。

根据资料显示，建川本人精通俄汉双语，所以在深夜的铁岭竟如入无人之境，成功地混过了多道俄军岗哨，直抵火车站四周。直到此时，俄军才略感不对劲。而发现情况不对的建川一行人赶在俄军行动起来前，便策马逃上车站附近的一座小山，从那里对车站进行了一整夜的观察。到了白天，他们通过收买当地劳工的方式一步步地套到了需要的情报。就这样，建川斥候队在有惊无险中完成了山内斥候队没能达成的目标，将铁岭一带探了个遍。

完成了头号任务后，建川斥候队即转向抚顺前进。此时，他们已进入俄军核心位置，对方的防卫也变得更加森严。刚刚离开铁岭的一行人迎面便撞上了一队数百人的俄军，但建川中尉同样用和俄军士兵讲客套话的办法成功蒙混过关。随后一行人混进俄军押送的当地农夫运输队中，乃至路过村庄时，都被当地亲俄民兵误认为是俄军，而向其敬礼。

然而建川斥候队的好运也就到此为止了。离开铁岭后第一个晚上，于当地村落中停留时，6 人本以为采取在日语对话里混入俄语字词的方式可以继续管用，没想到这回却被识破。随后，在俄军紧随不舍的追击中，沼田一等兵被俘；丰吉军曹一度被围，差点剖腹自尽。继续向抚顺前进已无可能，无奈之下，建川中尉只能改向更东的营盘进发，试图绕开正面愈加庞大的俄军，而其故事中最为传奇的一段正是在营盘上演的。抵达营盘外围后，5 人故技重施，一路前进至营盘中心才被发现，此时惊觉日军潜入的俄军才赶忙从驻扎的院落里冲出。由于街道狭窄，害怕误伤友军的俄军只得以刺刀和拳头迎战，竟硬是让建川一行砍出一条血路，全部脱逃。

1 月 23 日夜，也就是离开铁岭后的第 6 天，一行人成功地突破了亲俄马贼的封锁，抵达了一个小村落。在这里，他们终于得到了梦寐以求的情报——“龙王庙有日本马贼”。1 月 24 日早晨，建川斥候队与该地的工兵特务曹长三冈义一成功会合。其整个行动耗时 23 天，行进距离达 1200 公里（合 300 日本里），从俄军右翼出发后横贯了整个俄军阵线后方，最终从俄军左翼复归日军。其行动是如此超乎想象，事后更是被改编为刊载在少年俱乐部杂志上的著名小说——《敌中横断三百里》。

▲ *1975年再版的山中峰太郎所著小说《敌中横断三百里》*

当然，此书作为昭和五年（1930 年）面向少年读者的作品，除以爱国主义教育为核心以外，也不可避免地掺杂了鼓吹忠君和侵略的军国主义思想。同时，书中对中国人的形象描写也充满偏见，中国人在书中几乎没有正面形象，而以贪财、怕死、脑子不太灵光、反复无常等形象登场，却从没有提到过日俄两大帝国主义在中国的土地上为自己的利益搏杀给当地中国人带来的苦难。总而言之，该书必须辩证、批判地看待。

至于日军高层，通过山内、建川两支斥候队汇报的情况，满洲军很快得出了一定的结论。首先，铁岭一带的俄军不过是后方守备队而已，并非其总预备队；其次，铁岭一带的工事并非是为决战准备的，并不完备；最后，由铁岭往南的列车满载士兵与物资，而往北的车皮基本都是空的，情况相当明确——俄军兵力在持续往奉天集中。

就在建川等人归来后不久，黑沟台会战爆发，战斗持续到28日，黑沟台阵地仍在俄军手中。而对于日本满洲军而言，俄军的意图究竟为何便显得极为重要，俄军究竟是仍要在奉天周围决胜；还是试图以该进攻为幌子，一路撤退至铁岭？就在此日，休息了数日的建川美次郎来到了满洲军的总指挥部。在听完他的报告后，除了儿玉、大山等人发出“这已经不是人能够做到的事情了啊！”“真是天佑！”的感叹外，日军同样确定了俄军绝无后撤铁岭之意。那么毫无疑问，日军必须在俄军之前发起全线总攻，在奉天将俄军彻底打败。所以，在黑沟台会战进行到最艰难的时刻，奉天会战的前奏已响起了。

另外，如同前文交代过的一样，挺近骑兵作为秋山独特的骑兵理论，是整个日俄战争中日本骑兵最为精华的部分。不同于远距离斥候，挺近骑兵以破坏为第一任务，人数远多于斥候部队，可以说完全是现代特种部队或是游击队的雏形。事实上，在很长一段时间里，国内网络上都误认为《敌中横断三百里》一书的主角是永沼秀文，从此也可以看出挺进骑兵的知名度及重要性在某些程度上还要胜过斥候骑兵的。

秋山好古本人在沙河对阵时期，便已经产生了派遣挺进骑兵渗入敌后为奉天会战做准备的想法。此外，隶属于第八师团第八骑兵联队的永沼秀文中佐，作为秋山好古在骑兵学校时代的学生，也在自弘前出发前，便开始着手进行对属下关于挺进骑兵的训练。辽阳会战后，甫一抵达东北，他便向总司令部提交了关于派遣挺进骑兵的请求，不过请求未获通过；直到后来，其部转隶秋山支队后，改由秋山好古向总司令部提交申请才被批准。1904年12月25日，关于挺进队的命令正式下达：

1. 挺进骑兵中队由骑兵第八联队长负责在秋山支队内编成。

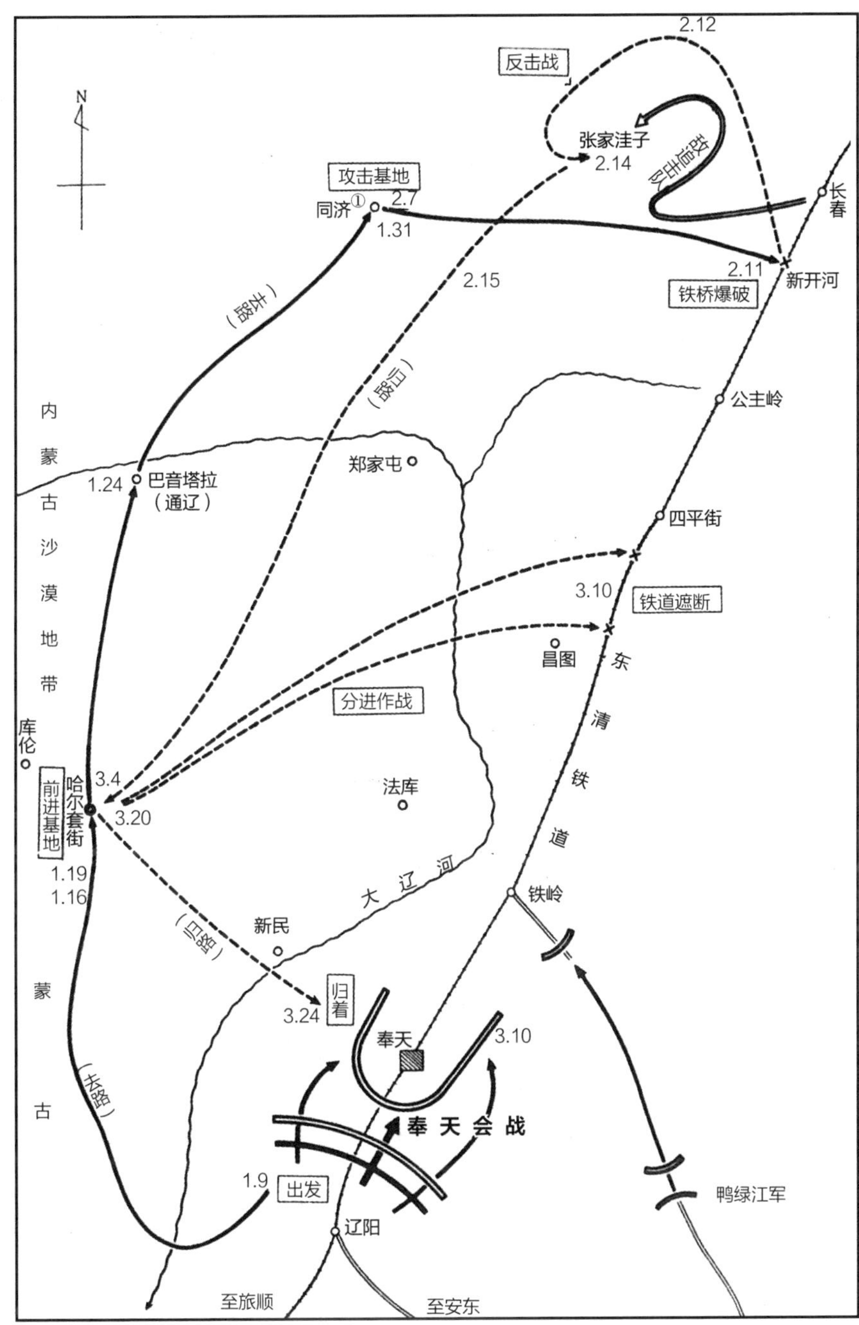

▲ *永沼挺进队的行动路线图*

① 原文为トンジー，发音近似“同济”。

2. 各队应派遣人员：骑兵第八联队派遣中队长、事物要员及骑兵 1 个小队，骑兵第十三、十四联队各派遣 1 个小队。

3. 各小队在各个联队内编成，每小队人数应为下士以下 20 人左右。

4. 该中队的任务为对敌左后侧远处进行搜索后尽可能扰乱敌后方（破坏铁道电信、烧毁粮仓等）。

5. 该中队最迟应于 1 月上旬出发，行动时间应在 1 个月以内，时日待目前于奉天以北进行侦察的将校斥候队归来后决定。

6. 各联队派遣人员名单于 26 日前报告至骑兵第八联队长处。

接到命令后，永沼中佐表现出了亲自带队前往的极大兴趣。在他的要求下，命令最终改为：

1. 挺进骑兵部队再由骑兵第八联队调拨 2 个小队、骑兵第五中队调拨 1 个小队加入，组成两中队编制，由骑兵第八联队长永沼中佐统一指挥。

2. 挺进队的出发准备应在 1 月 3 日前完成。

1 月 4 日，日军挺进骑兵队全队 175 人于苏麻堡集结完毕。1 月 9 日，秋山好古亲自送行，他们正式出发。按照奉天区域大规模会战将在 3 月上旬展开的基本策略，挺进队被要求在 2 月上旬左右对俄军后方重要交通线执行破坏任务。在分析马贼收集到的情报后，日军最终将目标从数个待选项里选定为新开河上。

2 月 11 日夜 8 点，永沼挺进队由姚家屯处出发，伴随 40 余名携带马车以装载炸药的亲日马贼，在夜色的掩护下，向新开河方向前进。日军动静颇大，一路上经过村庄附近犬吠此起彼伏。唯恐被俄军发现的挺进队只能不断地加快速度，在寒夜中疾驰 5 小时后于 12 日凌晨 2 点 30 分抵达袁家窝棚。永沼中佐在这里简单地分配了任务，随后全军下马。在将马匹和一部分人员留在后方后，挺进队分作多股，以抓来的中国向导为引导，徒步向新开河前进。日军的分布为：两个中队为左右翼；挺进队

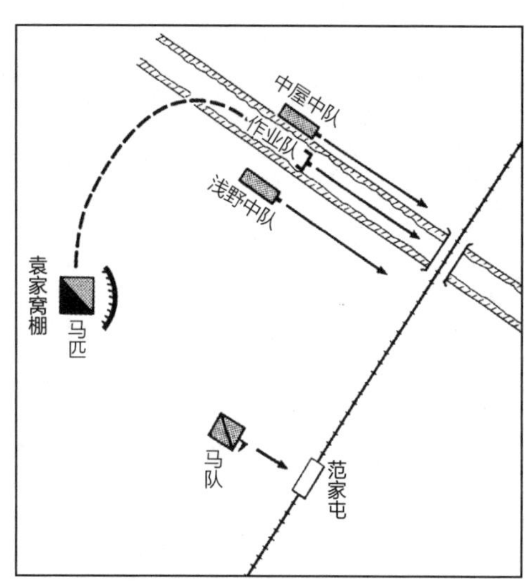

▲ 日军爆破新开河铁桥行动简图

本部为先锋；两个作业班携带炸药位于中央；随行的马贼则置于本队和马匹之间，随时准备对沿路电线进行破坏。全军以爆炸声为准，一旦爆破便立刻撤退。

此时，日军右翼突然遭遇俄军巡逻队，战斗随即爆发。左翼眼见已然交上火，便迅速扑向俄军的岗哨。没想俄军哨站设在当地人的房屋之中，日军没有重火力，一时半会儿竟不能将之消灭，将枪探入窗户中对内射击，反被俄军夺了不少去。有两名日军在混战中冲入房内，结果当场被击毙，由于情况过于混乱，他们的尸体没有被日军夺回，而是在战斗结束后被俄军安葬。此时，在阵线最中央，两个作业班在极为不利的情况下，冒着俄军火力，勉强在桥上安装了约 120 千克的炸药。然而，在交火中，不少炸药被提前引燃，日军根本无法一起引爆。于是，两个作业班又冒着火力，数次往返重新进行接线，其中作业班长小堤少尉更是在头部中弹后，仍坚持对炸药进行检查（后于 3 月 10 日伤重不治）。最终，日军一共进行了 3 次大规模爆破，勉强将桥炸至半斜，并将 30 米的铁轨掀入河中（但俄方在事后 10 余个小时内便恢复了通车）。眼见行动失败，永沼中佐不得不下达撤退命令。此夜战斗中，日军战死 2 人，负伤 8 人，失踪 2 人；俄军同样战死 2 人，负伤 2 人。无论是从任务达成与否，或是伤亡比来看，日军都算不上是胜利方。

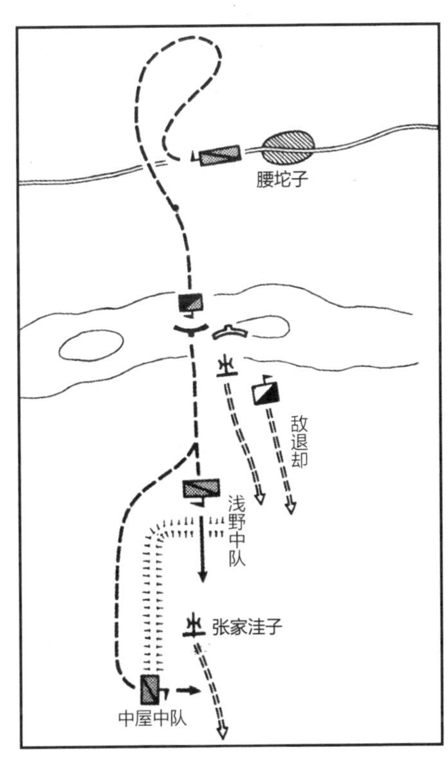

▲ *“张家洼子月下的袭击”态势图。日语中“袭击”一词即有“骑兵突击”之意*

随后，日军在俄军的追击下开始撤退。携带了伤员的挺进队，行动开始变得缓慢。13 日夜，日军发现 20 公里外出现俄军骑兵，不得不在凌晨继续出发。14 日下午 1 点，日军抵达腰坨子。就在他们准备宿营之时，俄军的炮火却突然而至。

一路上都始终避免与俄军正面交锋的永沼中佐此时坐不住了。之前是因为有任务在身，不得不以任务为第一，此时任务已然完成，若继续怯战，不但杀自己威风，更让随行的马贼瞧不起日军。

一阵激烈的讨论后，日军最终决定对俄军发起冲锋，击退对方后再做撤退。这便是所谓“张家洼子月下的袭击”。

晚上 6 点，留下伤员和非战斗人员后，剩余的 130 名日军全体上马，对俄军火炮阵地发起集团冲锋。俄军眼见情况不妙，当即撤到后方的树林之中，冲上高地的日军一时没了目标。不过日军很快便发现了俄军的行踪，随即下马以步枪向树林中开火射击。俄军一边以火力回应，一边继续后撤。永沼中佐下令全军上马追击，日军以 6 名尖兵带路，而后为本部，最后是 2 个中队。日军前进至张家洼子处时，再次遭遇俄军猛烈射击。永沼中佐立刻带队折向俄军侧翼，由俄军左翼发起冲锋。夜色中，日军队伍末尾的中队没能跟上步伐，只能从正面对俄军阵地发起冲锋。在日军的两面突击下，俄军虽然伤亡小于日军，却依然没能守住阵地，在遗弃 1 门火炮后匆忙逃离。此夜战斗，日军阵亡 18 人，负伤 44 人；俄军除了被夺去 1 门火炮外，战死 3 人，负伤 24 人。此次战斗结束后，战斗力减半的挺进队不再能投入战斗，在又进行了几次通信线路破坏后，于 3 月 24 日回到大石桥。3 月 29 日，永沼挺进队正式解散。

除去永沼挺进队外，还有其他挺进队，如同秋山对永沼所说的：“第二、第三支挺进队也会派出，如果情况允许我甚至想带着全旅团出动……”。1 月 12 日，秋山下令编成第二支挺进队，也就是长谷川挺进队。该队由骑兵第六、第九、第十三、第十四联队各出 1 个小队组成，规模上要比永沼挺进队来得小，共 107 人，队长则是骑兵第十四联队副联队长长谷川成吉少佐。据说长谷川少佐最初负责部队辎重，由于不满自己的任务，他报名加入永沼挺进队，但被拒绝，而后试图私自脱队加入，不过最终还是被永沼中佐劝住了。或许是秋山有感于他的热情，第二挺进队最终以他为队长，在 1 月 15 日于创台子集合全队。

▲ *长谷川成吉（1868—1907年）*

此时米申科的骑兵部队正在北撤，长谷川所部被迫留在原地窥探时机，最终于 19 日正式出发。长谷川所部的行进路线要较永沼挺进队更北，乃至迫近哈尔滨的位置。他们于 2 月 18 日下午 3 点抵达长春以北 70 公里处的张家湾车站。此时其距离任务目标四

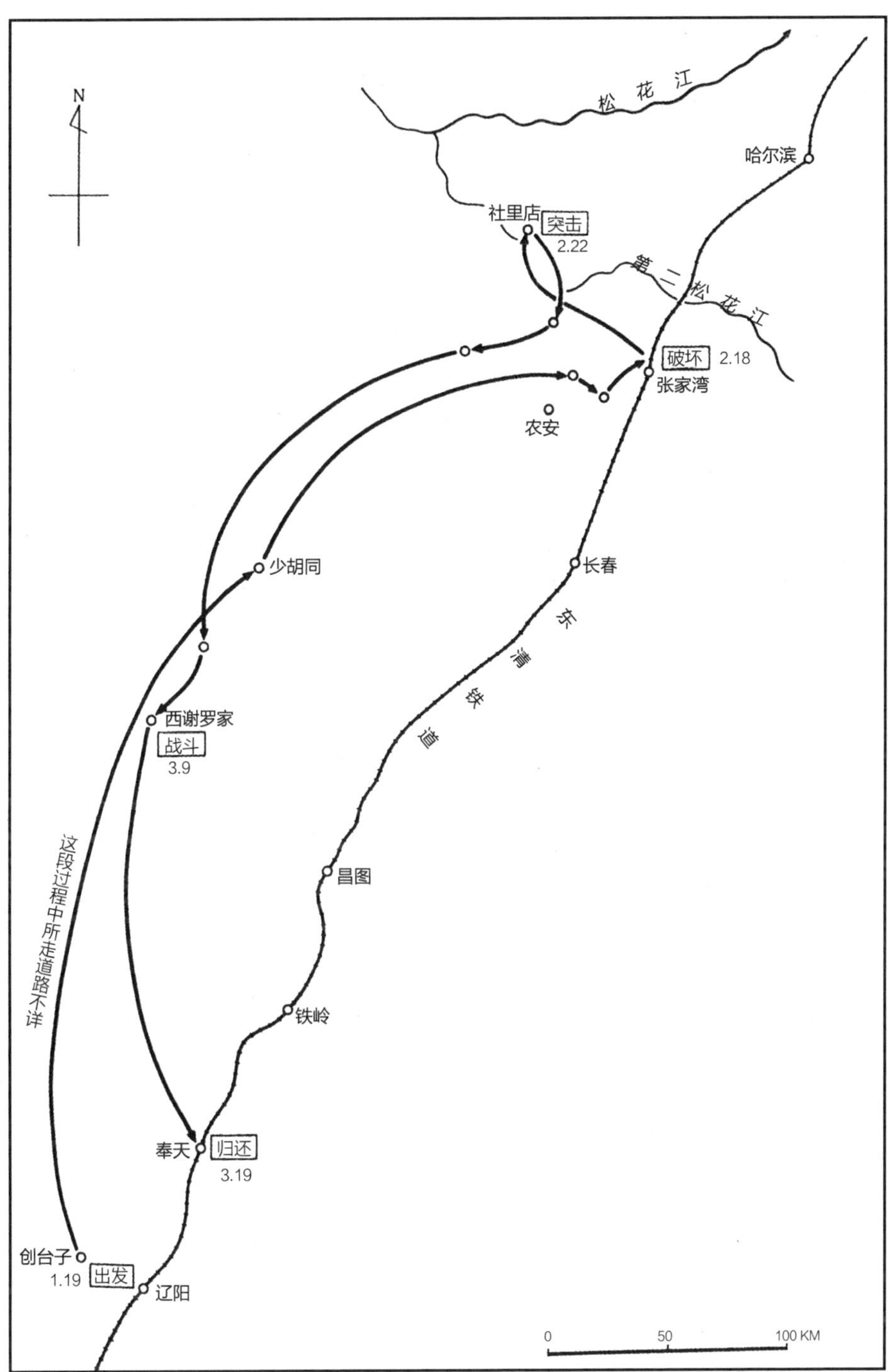

▲ *长谷川挺进队行动路线图*

马架铁桥，仍有 12 公里左右。在做出继续北进已经不可能的判断后，日军就地对通信线路进行破坏，又对存放大量火车皮的张家湾车站用步枪乱扫一通后匆匆撤离。

此后，长谷川所部转向西北，在渡过第二松花江后，于 22 日抵达社里店。社里店是俄军一个兵站所在地，驻扎有 1 个预备步兵营的兵力。在突遭攻击的情况下，俄军少尉未做过多抵抗就匆忙撤退，日军得以对该地的粮食储备进行纵火。等到俄军大部队于次日抵达时，日军早已没了踪影。根据俘虏的一名迷路俄军所言，此夜俄守备队伤亡 17 人；日军则毫发无损。不过，冲天的火光和枪声把日军拴在后方的马匹吓跑了不少，事后日军花费大量时间也没能找全，有些士兵不得不乘骑当地的中国马。随后，日军开始后撤。由于人员过于疲惫，他们放弃了继续对沿路的铁桥进行破坏的计划。然而在 3 月 9 日，日军突然被数百名俄军骑兵包围。俄军在三面包抄后，下马发起攻击，长谷川一见有机可乘，立刻下令全军全速撤退，结果竟成功逃出包围圈。由于这次突发险情，日军原计划对昌图附近铁道的爆破行动也只有不了了之。3 月 11 日，长谷川挺进队遇上了永沼挺进队的斥候，从而得知了奉天会战的进展。19 日，长谷川所部抵达奉天。

若要论战果，无论是永沼挺进队抑或是长谷川挺进队，给俄军造成的损失都是极为有限的：伤亡方面，日军没能占到便宜；任务方面，日军破坏的线路和铁道也往往不到半天便可修复，即便是最大的新开河桥爆破作业也不过是拖延了 17 小时的通车时间。两支合起来不到 300 人的挺进队真正给予俄军的损失，正是扰乱敌人后方这一行为本身。在新开河铁桥遭到爆破后，俄军惊恐地认为日军有 1 万骑兵并 5000 马贼位于公主岭方向（应为永沼挺进队），又有 1 万日军并 2 万马贼于长春西方 120 公里一带活动，试图爆破松花江上桥梁（应为长谷川挺进队）。如此一来，面临有着“四五万人”的日军渗透部队的俄军，不得不把大量兵力投入到后方对铁道进行警备，据统计有步兵 12 个营、边境兵 4 个连、骑兵 8 队、哥萨克骑兵 34 个连、补充兵 1 万等共计 3 万人的兵力（配备重炮 24 门、骑炮 12 门），其中不乏如第四顿河哥萨克骑兵师这样的精锐部队，被从前线或是行进的火车上拉下来派往后方，而他们本来应该被布置到奉天正面，或是前往迎击北进的日军第三师团。在仅仅不到 300 名日本骑兵的骚扰下，这么多部队竟完全被浪费去防御根本不存在的“数万日军”，真是可发一笑。

总之，相比起被一个联队多的兵力击退的米申科部（这可是确实上了万人），日军挺进队的“性价比”可谓相当之高。此外，据说《朴茨茅斯和约》中，俄国将长春以南的东清铁路全部割与日本，也正是因为两支挺进队活动至此，使得该地成了“日军最远抵达区域”而为基准。若没有他们，日本最后只能获得奉天以南的东清铁路及附属权益也说不定。当然，这更多的是一种猜测罢了。

至于永沼秀文和长谷川成吉二人，前者在战后升任少将，退役后平凡地度过了余生，当年挺进队中一同出击的宫内英熊大尉还成了他的女婿。长谷川则没有那么幸运了，他在战争末期升任中佐，随后成为新设立的第十四师团下属骑兵第十八联队的联队长。战争结束后，他仍留驻公主岭，然而在当时统一授勋的时间点上，他的部下被查出贪污舞弊，自以为耻的长谷川断然拒绝了应该颁给他的金鵄勋章。不过他的请求没有被接受，勋章还是如期抵达了公主岭，自尊心极强的他便在当日于联队长室内剖腹自尽，至死不愿接受这一荣誉。

尾声

纵观整场日俄战争，规模最为庞大的即为奉天会战，其中日军占领奉天的 3 月 10 日更是成为后来的日本陆军纪念日。当时，攻克旅顺后，第三军（第一、第七、第九师团）迅速北上填补到第二军左翼，也即日军战线的最左翼；原第三军则拆分出第十一师团配以后备第一师团，组成鸭绿江军（指挥官川村景明。该军即事实上的第五军，因它最后并未独立出满洲军的指挥体系），准备对符拉迪沃斯托克发起攻击。如此一来，日军战线从西到东分别为第三、第二、第四、第一、鸭绿江军。按照构想，奉天战役将以中央的二、四、一这 3 个军对俄军发起牵制攻击，两翼的 2 个军则深入俄军侧背以切断其退路，将俄军就地歼灭。

2 月 20 日，大山岩向各军传达了会战计划。21 日，鸭绿江军开始前进，拉开了奉天会战的序幕。

秋山所部则于 3 月 1 日从第二军转归将穿插入俄军右后背的乃木希典第三军麾下。随后，原有的秋山支队解体，并入田村少将的骑兵第二旅团。不过，之后又成立了新的秋山支队以掩护第三军的左翼，其配置如下：

骑兵第一旅团

骑兵第十三、十四联队，系驾机关炮队，临时骑炮兵中队

骑兵第二旅团

骑兵第十五、十六联队，系驾机关炮队，战利速射炮中队

骑兵第三联队（欠 1 个中队）

骑兵第九联队（欠 1 个中队）

步兵第三联队第二大队（欠 2 个中队）

2 月 27 日，第三军开始行动。该部的迂回攻击既可谓大胆——孤军深入敌后，以求断敌后路；又可谓风险十足——很有可能导致自身后路被敌军切断，反遭包围歼灭。因此，秋山支队的任务显得尤为重要，他们必须掩护第三军的左翼，以免上述情况发生。

大房身乃是奉天西出至新民大道上的一处村落，位于第三军前进目标——马三家子的西北方。3 月 3 日，秋山支队前进至此处时，突然遭遇俄军 1 个师左右的兵力。俄军此时沿奉天—新民道前进，以图攻击日第三军的侧翼。秋山支队随即据守大房身一带阵地，以携行火炮、机关炮等封锁干道，试图阻挡俄军前进。由于受到日军的阻拦，俄军转而将 3 倍于秋山所部的兵力投入了对大房身的攻击之中。不过，俄军尽管拥有火力、兵力上的优势，且一度将秋山支队三面包围，然而终究未能突破其阻拦，遂于同日夜撤退。

随后，日军第三军继续前进。由于跨过奉天—新民道后，日军即遭俄军殊死抵抗，秋山支队直到 3 月 7 日才成功抵达奉天北方 22 公里处，继续掩护第三军侧翼。尽管此时秋山所部距离东清铁路南下支线距离甚近，然而面对接近 30 万的俄军撤

▲ *大房身之战结束后继续北进的秋山支队*

至新民府
老边
N
比尔盖尔支队
东十里河
西十里河
小两家子
板桥子
占城子
大两家子
15.K
大房身
13.K
小边
3.K
小房身
拉马台
马三家子
静安堡
三十家子
16.K
曹家台
至奉天
俄军
日军
范家屯

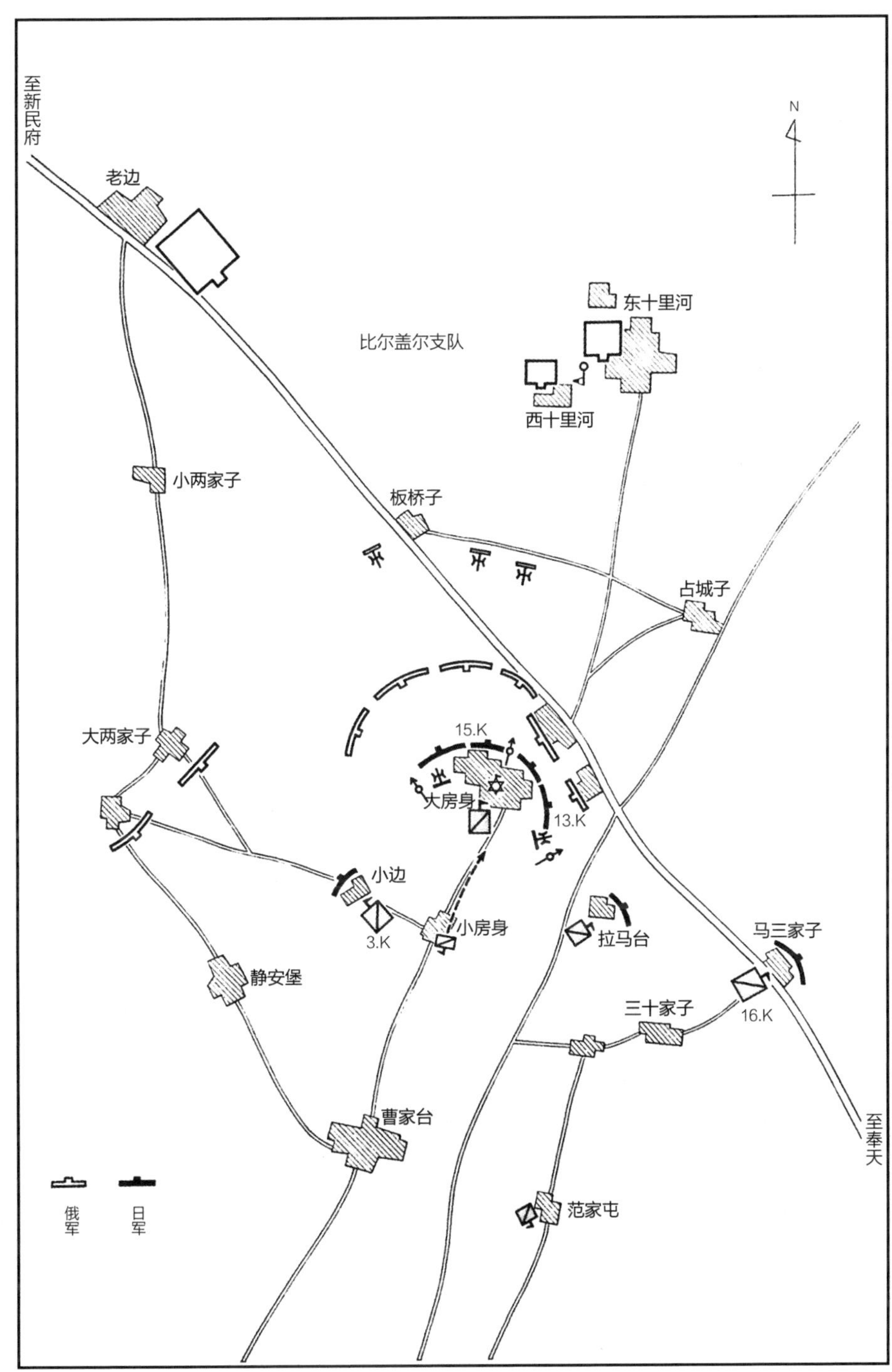

▲ *大房身之战局势图*

退兵力，不到万人的秋山支队显然没有阻挡俄军退路的能力。因此，日军第三军并未下达遮断铁道的指令，而仅仅要求其继续掩护侧翼。10 日，也就是第二军成功突入奉天城的同日，跃进至铁道以东的秋山支队遭遇俄军优势兵力的包围，不得不仓皇撤退。

在奉天会战中，库洛帕特金误判日军进攻方向（误以为是鸭绿江军方向），进而在日军第三军的包抄攻击中败下阵来。尽管在正面，俄军成功地给予日军第二、第四、第一军一定程度的杀伤，但仍不得不在 3 月 6 日开始逐次后退。日第三军在整个奉天会战中损失颇大，仅仅其右翼负责与第二军连接的第九师团就伤亡 6249 人，师团损失接近一半。然而第三军以巨大的伤亡换来了更大的战果，仅其正面俄军就遗弃死尸 15000 余具（日方数据）、火炮 11 门、俘虏 3000 余人。乃木希典就此战成功洗刷在旅顺战役中背下的骂名，成了日本国内的大英雄。协助乃木军成功北进的秋山支队，在其中扮演的角色也不言而喻。然而，相比起 3 月 3 日的战斗来说，其后秋山支队便未能有出色的战绩。实际上，这正是日俄战争中日本骑兵最大的弊病所在——善防御不善进攻。面对坚固的俄军步兵阵地，缺乏火炮的部队本就进攻困难，而骑兵相比起步兵唯一的优势——速度，在坚固阵地面前毫无用途。从这里也可以看出 20 世纪初期，骑兵衰落的趋势已不可扭转。

奉天会战，这场自莱比锡战役后世界上最大规模的陆战，以日军胜利告终。日军参战 24 万人，战死 15892 人，负伤 59612 人；投入战斗的 30 余万俄军，其损失数据，双方记录则存在偏差。在日方数据中，俄军遗弃死尸 26500 余具、俘虏 3 万余人，推算俄军伤亡应达到 16—17 万人；俄军数据则显示俄军死亡 8705 人、负伤 51438 人、被俘 21100 人、失踪 7109 人，总计损失接近 9 万人。无论如何，战斗结束后俄军仓皇后撤，一路后退至铁岭一带，试图诱敌深入再予日军以打击。然而日军损失同样不轻，已经无法再承受前进至铁岭所要负担的脆弱补给线了。

▲ 一张“絵葉書”，描绘了奉天会战结束后入城的大山岩司令官

此后，双方陆上再无大规模战事。5 月 28 日，日本联合

舰队击败千里迢迢赶来增援的俄国波罗的海舰队，日本海军在对马海峡取得了决定性胜利。已经无法再承担战败的俄国与拼尽全力殊死一搏的日本，都已经没有再战斗下去的资本。在美国总统西奥多·罗斯福的调停下，1905 年 9 月 5 日，两国最终在美国缅因州朴茨茅斯海军基地签署和约，日俄战争就此结束。

应该说，在整场日俄战争中，日军骑兵发挥出色，然而隐藏在战胜的光辉之下的问题依旧存在。认真观察就能发现：日军骑兵往往擅长以机动占据战场有利地形，而后以火力杀伤主动进攻的敌军，再将之击退，但在真正的乘马格斗战中却很难占到什么便宜；面对完善的步兵工事时，在没有友军配合的情况下，日军骑兵更是根本无法独立将之攻占，以骑兵对步兵的冲锋则是一例都没有。诚然，这些问题并不是秋山好古的问题，而是 20 世纪初世界战争模式变更的显要特征。此时臃肿的现代陆军暂时缺乏在战斗的同时机动的能力（如二战时期的装甲兵、摩托化步兵），而新式兵器的大量出现使得战场的天平倒向防御方。当机动不再能为己方带来胜过防御的优势时，战争最终就陷入了如同一战的堑壕战的局面。面对堑壕战，终究只有福熙、霞飞，而不会有古德里安、隆美尔。在某种意义上，为骑兵而生的秋山好古可以说是生错了时代。

总之，骑兵的时代结束了，日俄战争显然已经指明了这一点。然而在日俄停战后，西方军事界却并没有立刻接受这个现实。在骑兵冲锋的问题上，西方认为日军缺乏骑兵，因而不主动向俄军发起冲锋；而俄军指挥官懦弱犹疑、坐拥优势兵力却不敢使用也是整场战争都鲜见骑兵冲锋的要因。

另外，在停战后的 1912 年修订的《明治四十五年骑兵操典》中也同样留有“骑兵战以乘马战将敌压倒为主，此外情况若不合适也应以徒步战达成目标”的记述。可见，即便是日本人自己也不太相信日俄战争中得到的经验。终于，1914 年爆发的第一次世界大战，才真正让世界领悟到了现代战争之残酷，也彻底在世界范围内对骑兵这一兵种敲响了丧钟。

目光再回到日本，1919 年，日本军界发生了轰动一时的关于骑兵存废的争论。参谋本部第四部长国司伍七少将率先在《偕行社记事》同年 11 月刊上发表了《关于骑兵的将来》一文，一石惊起千层浪。其废除骑兵论之激烈，很快引起了骑兵第四旅团长吉桥德三郎少将等人的一致反对。骑兵兵种保守派随即在《偕行社记事》上刊登多篇文章进行反驳，随后国司少将于次年 4 月发表《再论骑兵问题》一文，矛头直指吉桥少将。吉桥少将刊文本身态度诚恳，却不想国司行文蛮横，还夹杂对吉桥本人军事思维的各种贬低嘲笑。不过，吉桥少将仍以叮嘱的语气写了《对骑兵问题的管见》一文，谆谆再述骑兵乘马战的必要性，然因时间问题没能在同月刊登。结果在 1920 年 8 月 6 日，吉桥少将最终于家中留下遗书后自杀，以身死暂时为骑兵存废之争点上逗号。

一个少将的死并不能阻挡历史的洪流，骑兵的机械化势在必行。十余年后，日本帝国主义的骑兵也同样投入到了对邻国罪恶的侵略战争中。随后的第二次世界大战期间，日军不少骑兵联队被改编为摩托化的搜索联队，日本骑兵本身则在老河口之战中以大量伤亡奏响了最后的绝唱。终于，在 1945 年，这个诞生不长却又经历颇丰的兵种，随着日本陆军一起，在战败后化作了历史的尘埃，只留下那一抹萌黄给后人从历史的阴霾中窥探……

参考文献

[1] 白井正辰，入江忠国，田中賢一，等．日本騎兵八十年史 [M]. 萌黄会，编．東京：原書房，1983.

[2] 佐久間亮三，平井卯輔．日本騎兵史 [M]. 萌黄会，编．東京：成島印刷株式会社，1972.

[3] 由上治三郎．铁蹄夜话 [M]. 東京：敬文館，1911（明治四十四年）.

[4] 博文館．日露戦史 [M]. 博文館，编．東京：博文館，1906（明治三十九年）.

[5] 博文館．日露戦争実記 20[J]. 博文館，编．東京：博文館，1904-07（明治三十七年）.

[6] 博文館．日露戦争実記 30[J]. 博文館，编．東京：博文館，1904-09（明治三十七年）.

[7] 博文館．日露戦争実記 56[J]. 博文館，编．東京：博文館，1905-02（明治三十八年）.

[8] 鈴木友吉．戦捷二十五周年記念－日露戦争回顧録 [M]. 京都聯隊区司令部，编．京都：松崎印刷所，1930（昭和五年）.

[9] 大正五年陸軍大学校三年生．日露戦史例証集 [R]. 陸軍大学校将校集会所，编．東京：国民実用学会，1917（大正六年）.

[10] 山中峯太郎．敵中横断三百里 [M]. 東京：講談社，1975（昭和五十年）

[11] 帝国聯隊史刊行会．步兵第一聯隊史 [M]. 帝国聯隊史刊行会，编．東京：帝国聯隊史刊行会印刷部，1918（大正七年）.

[12] 帝国聯隊史刊行会．步兵第九聯隊史 [M]. 帝国聯隊史刊行会，编．東京：共栄社印刷所，1918（大正七年）.

[13] 帝国聯隊史刊行会．步兵第三十四聯隊史 [M]. 帝国聯隊史刊行会，编．東京：帝国聯隊史刊行会印刷部，1919（大正八年）.

[14] 齋藤碧山．第八師团戦記 [M]. 青森：東奥日報，1909（明治四十二年）.

[15] 寺田金蔵．第八師团戦史 [M]. 小野謙一，编．東京：北辰社，1906（明治三十九年）.

[16] 多門二郎．征露の凱歌 [M]. 東京：文淵閣印刷部，1943（昭和十八年）

[17] 生出寿．名将秋山好古 [M]. 東京：株式会社光人社，2004.

[18]Главное военно-медицинское управление. *Война с Японией 1904-1905 гг. Санитарно-статистический очерк*[R]. Петроград,1914

龙与狼的最后较量

17 到 18 世纪的清朝准噶尔战争简史

作者 / 何俊宏

秦时明月汉时关，
万里长征人未还。
但使龙城飞将在，
不教胡马度阴山。

这首脍炙人口的诗歌是唐代著名的边塞诗人王昌龄的经典名作《出塞》，短短的四句二十八字，道尽了诗人对游牧武装集团年年扰边的愤慨。在中国历史上，即使强盛如汉唐帝国，也都曾因特定时期的历史原因受困于北方游牧民族的侵扰。而与此相关的许多历史典故，如“白登之围”“渭水之盟”也早已众所周知。不过，很少有人知道，就连“长于夷狄”的清王朝，竟然也上演过“胡马度阴山”的“危机时刻”：清康熙二十九年，也就是公元 1690 年 6 月[①]，漠西蒙古的准噶尔部“博硕克图汗”绰罗斯·噶尔丹在征服了清朝屏藩漠北喀尔喀蒙古诸部之后，挥师 3 万南下，进逼清朝直接统治下的漠南蒙古，一场长达 68 年的拉锯战就此触发。这就是本文所要讲述的清—准战争。

满蒙一家：后金（清初）经略漠南蒙古

建立清王朝的满族人，源自建州女真部，并一向以两宋之际建立金朝的女真后裔自居；但根据历史学者的考证，建州女真实际上最早是生活在黑龙江流域的通古斯原始部落“斡里朵部”。金朝灭辽和北宋之后，占领中原广大地区，大批女真人离开他们的东北故地，他们在原居住地留下的真空地带很快被通古斯人占据。到了元朝，如同进入中原的女真人高度汉化一样，东北的各个通古斯族群也在不同程度上被涌入东北的蒙古人所同化，语言服饰等方面都烙上了深深的蒙古痕迹，以至于后来的清太宗皇太极谈及满人和蒙古人的关系时，用了一个极显亲密的词汇——“满蒙一家”。不过，这个词汇里的“蒙”仅指漠南蒙古各部。即使是征服漠南蒙古，也耗费了努尔哈赤和皇太极四十余年的时间。

1593 年 12 月，明朝辽东边外古勒山，建州女真一万多士卒在其“聪睿贝勒”佟·努尔哈赤的指挥下，依仗有利地势，与三万人多势众但却一盘散沙的海西女真等部组成的“九部联军”展开激战。战事的结果是，努尔哈赤取得了最后胜利，“九

① 文中以阿拉伯数字表示的均为公历，以汉字数字表示的均为农历。

部联军”被建州军轻易击溃：阵亡四千余人，叶赫部贝勒布寨被杀，乌拉部贝勒布占泰被俘；除此之外，还有多名海西女真各部的头目或死或伤，三千多匹战马和千余副甲胄成了建州军的战利品。此役之后，战败的海西女真受到重创，而获胜的努尔哈赤则是威名更盛，加快了统一女真各部的步伐。

值得一提的是，这“九部联军”之中，除了叶赫、乌拉、哈达、瓜儿察、辉发、纳殷、锡伯、朱舍里等八个女真部落外，还有蒙古科尔沁部的加盟。科尔沁部是一个颇有来历的蒙古部落，姓博尔济吉特，属于成吉思汗“黄金家族”的旁系。13 世纪成吉思汗建立“大蒙古国”时，将蒙古东部四千户牧民分封给其二弟哈撒儿，因为哈撒儿曾担任成吉思汗的怯薛军弓箭手分队“科尔沁”的指挥官，所以他的后裔部众也被泛称为“科尔沁”，这就是科尔沁部的由来。

科尔沁部原本主要驻牧于海拉尔河以北、鄂嫩河上游的广大地区。1433 年，被权臣阿鲁台太师拥立为蒙古大汗的哈撒儿第八世孙阿鲁克帖木儿率领一部分科尔沁人翻过大兴安岭东迁至嫩江一带。随后，哈撒儿第十一世孙锡古苏台的部众也于 1438 年进入嫩江流域。到 1524 年，哈撒儿第十四世孙奎猛克塔斯哈拉又率部分科尔沁人移牧嫩江流域，并征服了当地的扎赉特、郭尔罗斯等部；其西南与乌齐叶特、扎鲁特、巴林、翁吉剌等组成的内喀尔喀五部为邻，北接黑龙江索伦各部，东联海西女真，形成了著名的“嫩江科尔沁”，简称“嫩科尔沁”。少数仍留居呼伦贝尔故地的科尔沁部属则由奎猛克的弟弟布尔海和巴衮统领，后来发展为茂明安部和阿鲁[①]科尔沁部。

此外，由成吉思汗另外两个兄弟的后裔统领的部落——帖木格系的四子部、翁牛特部、喀喇沁部，以及别勒古台系的阿巴嘎部、阿巴哈纳尔部也在科尔沁部附近游牧。这些部族在明朝初期曾经属于朵颜兀良哈三卫，只是这些曾以强悍军力协助明成祖朱棣发动靖难之变、夺取天下的蒙古雇佣兵，此时的势力已经不足以和科尔沁部相抗。由此，科尔沁部得以不断扩张自己的势力范围。

起初，科尔沁一度直入明朝辽东的开原、铁岭西北边外，和明朝直接接触。但到 16 世纪后期，蒙古大汗直辖的察哈尔部为土默特部俺答汗所迫，自元上都故地金莲川移牧辽河、潢河一带。后来，察哈尔部联手内喀尔喀五部将科尔沁部从明朝边境驱回嫩江流域，这使一度还算忠于蒙古大汗的科尔沁开始疏远汗庭。其时，科

① 阿鲁在蒙古语中为北方之意。

尔沁万户的交椅传到了奎猛克曾孙翁果岱手里。为了抗衡察哈尔部和辽西的内喀尔喀五部，科尔沁积极寻求打通经海西女真、建州女真到达明朝辽东的贸易通道，借以增强自身的经济实力。在这个过程中，他们与海西女真各部的联系开始紧密起来。散居于松嫩平原的海西女真锡伯、萨哈尔察和瓜儿察等部均被纳入了科尔沁的势力范围。同在这一过程中，海西女真半游牧半定居的生活方式影响了科尔沁部，后者在今黑龙江省大庆市杜尔伯特蒙古族自治县境内筑起了一座格勒珠尔根城，以供首领居住。之后，毗邻海西女真的科尔沁很快就主动卷入女真人的内部争斗。当时面对建州女真崛起的势头，翁果岱选择了站在海西女真一边，与子侄奥巴、莽古斯、明安等人率科尔沁兵近万人，加入海西女真攻打建州女真的军事行动。九部联军大败后，明安狼狈逃窜，翁果岱、莽古斯、奥巴及大批科尔沁士兵都被建州女真俘虏。

科尔沁加入海西女真反努尔哈赤同盟的原因，无非是害怕建州女真强大起来吞并海西女真各部后，会掐断科尔沁通往明朝的贸易要道。对于这一点，努尔哈赤想

▲ *16世纪末东部蒙古地区形势略图，何俊宏绘（参考自《中国史稿地图集》下册，中国社会科学院主编，中国地图出版社1990年版）*

必是洞若观火的。按照此前的惯例，建州女真每次作战所获俘虏，上层人物一般是直接处死，待遇稍好的能获得囚徒式的“恩养”，而下层军民则会被强制迁入建州境内重新编组，以充实人力。但古勒山之战后，努尔哈赤却极为罕见地将翁果岱等人释放，并赠以布帛。努尔哈赤这么做，仅仅是想通过这种“远交近攻”的办法，尽可能地减少建州女真扩张的障碍，进一步孤立海西女真。所以他对和建州女真没有太大宿怨、地理位置又相对偏远的科尔沁部，摆出了一副和平友好的姿态。当科尔沁部众悻悻地离开建州之时，当事者谁也没想到，建州、后金乃至清朝对支离破碎的蒙古各部的征服之路，也从此开始。

对于努尔哈赤的意愿，翁果岱表面上领情，实质上依旧和海西女真藕断丝连。他被释放回科尔沁部之后，很快派遣明安出使建州表示和好，但此后科尔沁部仍然时常介入建州和海西的冲突。1608 年，努尔哈赤派兵攻打海西女真乌拉部，科尔沁部应乌拉部贝勒布占泰的请求派军对阵努尔哈赤，结果再次战败。海西女真大部被努尔哈赤兼并之后，建州女真的北部边境直接与科尔沁部接壤，为了获取更多战争所需的马匹，努尔哈赤加紧了对科尔沁、内喀尔喀联盟等蒙古部落的笼络。面对建州女真这个强邻，科尔沁部也终于开始慢慢改变表里不一的态度。此后，作为科尔沁部的重要头目，在古勒山被建州打得极惨的明安，首先迈出了重要的一步。

1612 年，明安将女儿嫁给努尔哈赤；1613 年，努尔哈赤第八子皇太极迎娶明安的侄子莽古斯之女为妻；到 1615 年，明安的弟弟洪果尔也将女儿嫁给努尔哈赤。努尔哈赤借助和科尔沁部联姻，算是和蒙古黄金家族攀上了亲戚，建州女真也凭着这一点收编了许多蒙古部众。后金立国前夕，建州女真编设的蒙古牛录达到 76 个之多，为努尔哈赤扩编八旗创造了非常有利的条件。1616 年，后金建国没多久，明安亲自前往后金都城赫图阿拉拜见努尔哈赤，受到后金的盛情款待。在此期间，翁果岱去世，其子奥巴继续统领科尔沁部。虽然此后科尔沁和后金仍有小摩擦，如 1619 年后金对叶赫部发起的最后一战得胜后，科尔沁竟公然和努尔哈赤抢夺叶赫部的人丁和财物；但这种小插曲没有影响到大局，双方关系愈来愈密切已经是大势所趋。不过，努尔哈赤和蒙古各部往来频繁触怒了一个人——察哈尔部的林丹汗。

自元王朝被朱元璋逐出中原之后，蒙古大汗汗庭的权威日渐旁落，草原各部又恢复了成吉思汗建国之前割据自立、长期混战的局面。作为黄金家族嫡系、忽必烈后裔的蒙古大汗们时常沦为权臣们的提线木偶，几度丧失继承汗位的资格。直到 15 世纪末 16 世纪初，蒙古族女强人满都海哈屯和达延汗巴图蒙克通过不懈努力，才再次从形式上统一了除漠西以外的蒙古各部。为了巩固成果，达到精简汗庭机构、重树黄金家族权威的目的，按照蒙古人的习惯，巴图蒙克把所辖各部落分成左右两翼，每翼3个万户。其中，左翼三万户包括察哈尔万户、兀良哈万户（其牧地在今蒙古国西部，并非明朝边外的朵颜兀良哈三卫）和喀尔喀万户；右翼三万户包括鄂尔多斯万户、蒙廓勒津万户（后改为土默特万户）和永谢布万户。除了兀良哈万户以外，其他5个万户的重要部落都由巴图蒙克的儿子们统领，大汗的汗庭则设置在察哈尔万户境内。

▲巴图蒙克画像

然而，巴图蒙克的这一套措施也没能做到一劳永逸地解决问题。他在世时，右翼的永谢布万户和鄂尔多斯万户就仗着自己兵强马壮发动叛乱，杀掉了掌管右翼三万户的巴图蒙克次子乌鲁斯博罗特。所幸巴图蒙克属于强势的可汗，他纠集包括科尔沁部在内的各路人马平定了叛乱。巴图蒙克身故之后，继任者阿剌克汗还能对反叛的兀良哈万户实行强力打击，迫使后者从肯特山远遁到西北的阿尔泰山和唐努山地区。在征讨兀良哈万户的军事行动中，鄂尔多斯万户的3个儿子——衮必力克、俺答、博斯哈尔出力甚大，因此被阿剌克汗授予了“小汗”的封号。这一举措为后来蒙古各部首领自立汗号、不尊大汗汗庭号令埋下了伏笔。在阿剌克汗死后，继任的蒙古大汗一代不如一代。1592年，当汗位传到阿剌克汗的孙子布延手里时，蒙古大汗汗权所到，基本上只限于汗庭直辖的察哈尔万户之内了。

1604年，布延去世，他13岁的长孙林丹巴图尔继位，号“呼图克图汗”，史书多称其为“林丹汗”。其时的察哈尔部尚有浩齐特、苏尼特、多罗特、乌珠穆沁、克什克腾、阿剌克绰特、奈曼、敖汉等组成的“八大营”十余万部众，实力仍是漠南蒙古诸部最强的，足以应付常规性的外部威胁，由此这位年少的汗王得以用十年的时间整顿内部。在此期间，他任命内喀尔喀乌齐叶特部的锡尔呼那克为管理左翼

▲巴图蒙克中兴时代的六万户形势略图，何俊宏绘（参考自《中国史稿地图集》下册，中国社会科学院主编，中国地图出版社1990年版）

三万户的特命大臣，争取到号称漠南蒙古第二大势力的内喀尔喀联盟向汗庭靠拢。他又修筑都城察罕浩特，使之成为察哈尔部稳定的政治中心。为了迫使明朝同意和察哈尔部互市，借以累积财富，1615 年 8 月，林丹汗集中察哈尔部和内喀尔喀联盟五万军队，大举袭扰明朝辽东广宁、锦州等要地，并取得了一系列军事胜利。虽然林丹汗逼迫明朝同意互市的目的最后没有达到，却也震动了漠南，导致疏远已久的土默特万户和鄂尔多斯万户开始恢复对汗庭的朝贡，甚至连科尔沁部都口头表示遵从林丹汗号令，漠南蒙古仿佛又重新统一到蒙古大汗的旗帜之下。1617 年，为了对付努尔哈赤的后金汗国，明朝万历皇帝被迫同意和察哈尔部开放互市。在看似一片大好的形势下，雄心万丈的林丹汗开始放开手脚对付后金。

1619 年七月，努尔哈赤挟在萨尔浒战胜明军的余威，大举进攻辽东重镇铁岭。由于此前察哈尔部已经和明朝建立了针对后金的攻守同盟，林丹汗立即行动起来，派遣内喀尔喀联盟的宰塞率兵一万增援铁岭的明军。林丹汗的援军还在路上，铁岭就已被后金军攻陷；努尔哈赤以逸待劳，回师攻溃宰塞的部队，宰塞和两个儿子沦为俘虏。

这位宰塞是内喀尔喀联盟的盟主卓里克图洪巴图鲁的继承人，他的被俘导致内喀尔喀联盟惊惧不已。内喀尔喀联盟中的某些部落很早就和努尔哈赤有来往，有的甚至和努尔哈赤结了亲家。此前，1594 年，内喀尔喀巴岳特部重要头目恩格德尔更是主动归附努尔哈赤。1606 年，内喀尔喀联盟又派使者为尚未建立后金的努尔哈赤上了“昆都伦汗”的尊号。因此，这一次为了争取内喀尔喀联盟全面彻底倒向自己，努尔哈赤没有直接杀死宰塞父子，而是软禁起来作为跟内喀尔喀讨价还价的筹码。

很快他便得偿所愿。1619 年十月，卓里克图洪巴图鲁遣使向后金求和；十一月，双方就举行会盟，约定共同对付明朝。这一重大变动使林丹汗倍感震惊，于是察哈尔部的使团带着林丹汗的信前往后金。信件开头就是“四十万众蒙古国主巴图鲁成吉思汗，问水滨三万人满洲国主英明皇帝，安宁无恙耶？”随后，信里更警告后金不得染指察哈尔和明朝互市贸易的广宁等地，不得再离间拉拢蒙古各部。可以说，信件的字里行间充斥着这位年轻汗王的骄狂。对此，后金群臣激愤不已，老奸巨猾的努尔哈赤则回信讥讽林丹汗连事实上统一漠南蒙古这一点都做不到，就敢“骄语四十万，而轻吾国为三万人，天地岂不知之”。这一番话显然极大地刺痛了林丹汗，他积极备战，等待时机给努尔哈赤一次重大的打击。

▲ *林丹汗画像*

1621 年，林丹汗命锡尔呼那克率两千骑兵奔袭后金沈阳城；1622 年，后金强攻广宁时，林丹汗又亲率大军支援明军作战，结果是屡战屡败。这导致察哈尔内部开始分裂，乌鲁特部的达尔汉巴图鲁率领部分属民归附了后金。之后，努尔哈赤见林丹汗已经黔驴技穷，才开始反击，不过他没有立即诉诸武力，而是首先在宗教问题上做文章。

这一时期蒙古地区正流行着起源于

青藏高原的藏传佛教（藏语里对僧侣的尊称为“喇嘛”，因而藏传佛教又被俗称为“喇嘛教”）。元朝建立初期，出于加强对青藏高原统治的需要，蒙古族统治者曾经大力扶持藏传佛教。元世祖忽必烈曾经封藏传佛教萨迦派（花教）教主八思巴为国师兼中原法王，总领全国佛教事务。当然，这时的藏传佛教信仰主要还是流行于蒙古上层贵族之间，在蒙古下层民众中并没有产生太大的影响。真正让藏传佛教在蒙古人当中广为传播的人是 16 世纪后期漠南蒙古土默特部的俺答汗。当时，土默特部势力进入青海，与喇嘛教僧侣发生接触。为了和察哈尔部争夺汗权，在高僧阿兴喇嘛的倡议下，俺答汗与西藏喇嘛教格鲁派（黄教）领袖索南嘉措取得联系。索南嘉措承认俺答是忽必烈转世并授予俺答“贤明法王”的尊号；俺答汗则尊索南嘉措为“达赖喇嘛”（法力无边的上师），允许藏传佛教僧侣在土默特部领地内传教并给予他们免税的特权，再开尊奉喇嘛教之风。之后，察哈尔、喀尔喀、科尔沁等部的首领也纷纷宣布皈依喇嘛教，他们大力修建佛寺，迎请西藏高僧进驻讲法，一时间蒙古各部庙宇林立、僧侣遍地。绝大多数的蒙古部落皈依的都是格鲁派，这就使在青藏地区本来只是喇嘛教一个普通教派的格鲁派信徒大涨。更有甚者，西藏的格鲁派领袖享有了罗马教皇一般的特权，以至于蒙古各部的首领如果没有西藏教廷赐予的各种封号，就不会被承认。

但是面对这一现实，林丹汗没有因势利导，反而改宗与格鲁派对立的宁玛派（红教），招致信仰格鲁派的漠南右翼三万户和漠北外喀尔喀蒙古的敌视。这一切都被努尔哈赤看在眼里。于是，努尔哈赤对症下药地摆出了一副尊奉格鲁派的虔诚模样。早在 1615 年四月，赫图阿拉城东的土山上就建起了迎奉格鲁派高僧的佛寺，旅居科尔沁部的西藏僧侣囊苏喇嘛曾两次亲赴赫图阿拉讲经布道。1622 年三月，囊苏喇嘛圆寂，努尔哈赤又特意划出辽阳南城外一片庄园修建寺庙，用以安放其遗体。这些高调的举动成功博得了蒙古各部的好感。

当然，仅仅凭借在宗教上耍手段是无法彻底征服蒙古人的。1623 年，为了加大对内喀尔喀联盟的控制，努尔哈赤强制内喀尔喀联盟修改当年会盟的条款，把针对明朝的内容改为针对林丹汗。这一急切的做法令内喀尔喀联盟难以接受，虽然因为和后金往来密切，林丹汗已经对内喀尔喀联盟日益猜忌，但毕竟同为蒙古人，卓里克图洪巴图鲁还是不愿和林丹汗为敌。后金见此立即翻脸，恰巧反对后金最坚决的内喀尔喀扎鲁特部抢夺了后金使者的财物，恼羞成怒的努尔哈赤立即发兵征讨扎鲁特部。卓里克图洪巴图鲁向林丹汗求援，却遭到拒绝，因为此刻的林丹汗正准备集中兵力进攻和努尔哈赤越走越近的科尔沁部。

1624年，感受到察哈尔部威胁的科尔沁和后金会盟，努尔哈赤以承认科尔沁部首领奥巴自立为科尔沁部可汗为条件，换取奥巴同意双方一起对付林丹汗。得到消息的林丹汗怒不可遏，于1625年10月远征科尔沁部，一度将科尔沁的老巢格勒珠尔根城团团包围，但最后被努尔哈赤派出的援军击退。1626年4月，内喀尔喀联盟被明朝收买，准备断绝和后金的关系。刚在宁远城下被明军击败的努尔哈赤将失败的怒火倾泻在内喀尔喀联盟头上，派遣大贝勒代善出兵攻打内喀尔喀联盟，代善在西拉木伦河击溃了内喀尔喀乌齐叶特部，接着连破扎鲁特、巴林等部。倘若林丹汗能宽恕内喀尔喀联盟之前和后金勾连，出兵协助内喀尔喀，虽不敢说能击退后金，但至少能给世人一个“蒙古可汗不会容忍自己的部属被外族侵袭”的印象，从而赢得民心；结果他却趁机把逃入察哈尔部境内的内喀尔喀部众吞并。此前十年东征西讨积累起来的汗庭威望，随着一次次军事失利和错误的决策而付诸东流。

1626年9月30日，努尔哈赤病卒。在其统治期间，努尔哈赤通过联姻、会盟、宗教和军事打击并行的手段，初步实现了削弱察哈尔部力量、离间察哈尔部和其他蒙古部落之间关系的目的，成功将科尔沁部和内喀尔喀联盟纳入后金的势力范围。尤其是科尔沁部，后来成为后金乃至清朝响当当的皇亲国戚，第二代后金汗皇太极的大福晋哲哲（孝端文皇后）、庄妃布木布泰（顺治帝生母、著名的孝庄皇后）等均是出自科尔沁部。

继承汗位的皇太极，在巩固了自己的权力之后，开始对察哈尔部内部进行分化瓦解。他主动遣使察哈尔部，表面上是希图双方和解，实质上却是在探听察哈尔部内部的虚实。连年对后金的战争使察哈尔部蒙受了极大的人丁和畜群损失，部分察哈尔部王公也正希望通过缓和与后金的关系来休养生息，但林丹汗却傲慢地拒绝了后金的倡议。这一下便导致了察哈尔部内部分裂。察哈尔八大营中的乌鲁特部、奈曼部和敖汉部都倒向了后金，阿剌克绰特部独立，连隶属大汗本部的浩齐特部都有部众出逃到漠北的喀尔喀三部。很快，林丹汗陷入了四面楚歌的境地。

内忧外患中，林丹汗留下多罗特部在辽河牵制后金，自己却于1627年3月带着大部分察哈尔部众西迁，准备收服永谢布、土默特、鄂尔多斯等部后，再集结兵力和后金对抗。然而，连续的失败并没有使林丹汗吸取教训，他一味依靠武力征讨横行于各部之间，又因为明朝崇祯皇帝停止和察哈尔互市而和明朝撕破了脸，最后甚至直入漠北喀尔喀。各种倒行逆施消耗了察哈尔部本就不多的力量，也招致蒙古

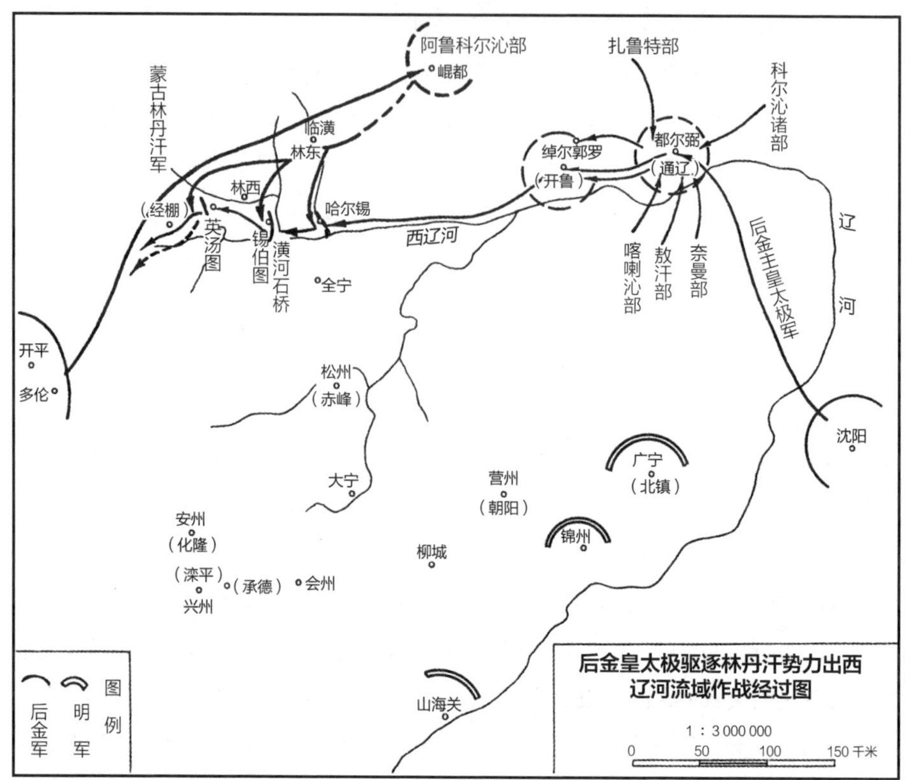

▲ *1628年后金对林丹汗的讨伐*

各部和盟友明朝的强烈反感。

此时，皇太极正在按部就班地蚕食察哈尔部在辽河流域一带的故土。从1628年2月到9月，后金发起三次猛烈的攻势，歼灭了察哈尔的留守部队，杀死林丹汗的重要将领因特塔布囊和古鲁，全面占领了辽东。为了绕过由明朝名将孙承宗等人主持构筑的宁（远）锦（州）防线以直入明朝内地，1632年，皇太极攻略林丹汗在漠南蒙古西部的根据地，和林丹汗做最后决战。土默特、喀喇沁等蒙古部落早就对林丹汗极为不满，纷纷向后金投降。走投无路的林丹汗率部躲进毛乌素沙漠，饥寒交迫促使他不断骚扰明朝边境以获取粮食，许多部众出走。

为了加强对归附的蒙古部落的控制，皇太极除了继续推行努尔哈赤在位时采取的会盟、联姻等政策外，还开始着手从制度上解决问题。

皇太极的新政首先在科尔沁部试点。1631年，后金将科尔沁部汗号撤销，将其领地划分为10旗，每一旗任命“札萨克”（蒙古语，意为执事官）进行管理。这些札萨克全由各部大小王公贵族充任，后金依据他们部众的多少、职权的大小，授予他们亲王、郡王、贝勒等各级爵位，给予他们一定特权，但他们的官职不能世袭。他们还必须在后金汗王划定的牧区游牧，未经批准不得越界，同时还要定期举行会盟，协助后金派遣的大臣开展处理诉讼案件、审定相关法律条例、查验户口及牲畜数量等工作。这就是对后世影响深远的“盟旗制”。在短短几年内，后金在漠南蒙古各部持续推行这一新制度，前后设置49旗，完成了对漠南蒙古各部的征服，使之成为自己的重要马场和进攻明朝的跳板。

1634年秋季，43岁的林丹汗在众叛亲离之后病死于甘肃大草滩。这位末代蒙古汗王，和长城内的明朝崇祯帝一样，都有着重振祖宗基业的雄心，却时运不济，加上自身能力有限，始终不得强国要领，最终落得个悲惨的结局。

1635年4月，林丹汗余部向后金军投降。延续了429年、传了35代的蒙古帝国至此灭亡。林丹汗的妻妾子女尽为后金君臣所瓜分，察哈尔部众则被安插在辽西一带，如同其他漠南蒙古部落那样设札萨克旗管辖[①]；连传说中的元朝传国玉玺也被皇太极所得。这一下，更使后金在名分上成了蒙古帝国的继承者，为后金争取更多的蒙古部落归附起到了很好的舆论导向作用。为了借助蒙古骑兵强化后金的野战力量，皇太极又将八旗军内的大部分蒙古牛录划出，单独设置蒙古旗，提高了后金军中蒙古族官兵的地位。在八旗制度的作用下，蒙古骑兵的战斗力得到了极大提高，成为皇太极倚重的重要武力。

1636年十一月，皇太极在八旗贵族和蒙古王公们的簇拥下称帝，建立清朝。作为名义上的元帝国继承者，这位清朝皇帝还有另一个身份，那就是蒙古人的大汗，参加清朝建国大典的蒙古部落酋长们为他送上了“博格达彻辰汗”[②]的称号。从此之后，每一代清朝皇帝都有自己的汗号。

就在皇太极称帝后不到一年，1637年十月，一位名叫库鲁克的头目带着马匹、白狐皮等方物到达沈阳朝见皇太极。这位库鲁克首领来自和硕特——一个和科尔沁部同出于哈撒儿系的部落，属于长期和东部蒙古相抗的漠西卫拉特四大部之一。

① 后来，因为康熙年间林丹汗的后裔布尔尼发动了一起并不成功的叛乱，清朝废除察哈尔的札萨克王公制度，改为八旗总管直接管理的体制。

② 蒙语博格达有高山或天的意思，彻辰则有聪慧之意，与皇太极使用的“天聪”“崇德”年号意思相近。

林木中人：卫拉特、准噶尔的崛起

卫拉特，即明代史书里的瓦剌，元朝时期的斡亦剌部，蒙古语意为“林木中的百姓”，盖因卫拉特蒙古的主系源自蒙古高原北部、贝加尔湖东西两侧的森林，从事采集和狩猎的部族。根据《蒙古秘史》的记载，斡亦剌部原本活动于贝加尔湖以东的色楞格河流域的森林地带。1201 年，斡亦剌部支持扎木合与成吉思汗对抗，扎木合被成吉思汗和王汗的联军击败后，为了避免被清算，斡亦剌部在首领忽都合别乞的率领下，离开色楞格河，西迁至库苏泊以西、小叶尼塞河流域的“失黑失惕”之地。1207 年，已经统一蒙古高原的成吉思汗派长子术赤率军征讨“林木中的百姓”各部。忽都合别乞见术赤军势大，便主动投诚，还协助术赤收降其他“林木中的百姓”部落。成吉思汗将额尔齐斯河以东的森林部落分封给开国功臣豁尔赤，设置八邻万户，忽都合别乞又积极配合豁尔赤开展工作。此后，斡亦剌部被划分为郭勒明安、依克明安、扎合明安、茂明安等四个千户，其中，依克明安千户为忽都合别乞的本部。

1217 年，豁尔赤因向属下秃麻部强行索取 30 名女子为妻妾，引发秃麻部的叛乱，

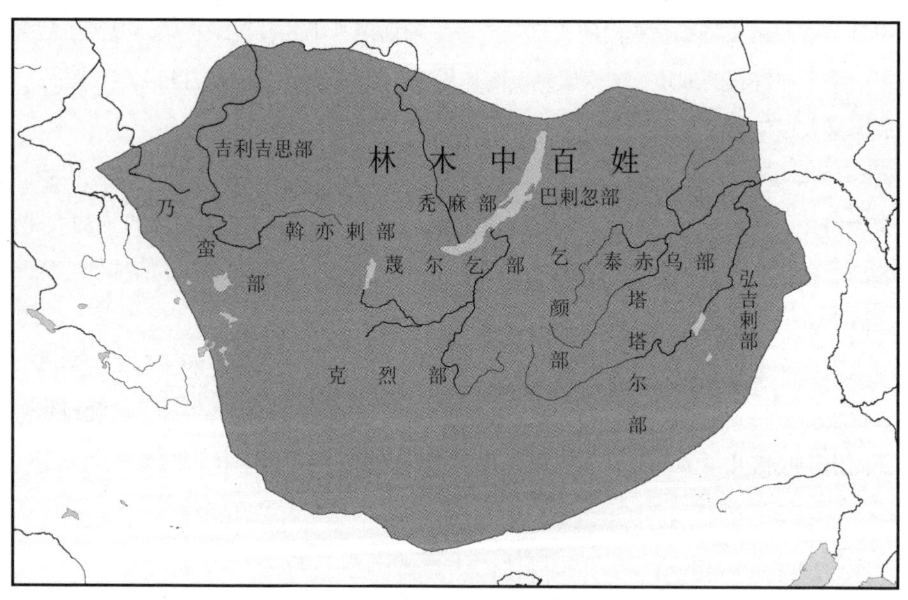

▲ *成吉思汗统一前夕的蒙古草原各部，何俊宏绘（参考自《中国史稿地图集》下册，中国社会科学院主编，中国地图出版社1990年版）*

豁尔赤被秃麻部扣押。忽都合别乞闻讯亲自赶往秃麻部解救豁尔赤，也被秃麻部俘虏。秃麻部虽然伏击打死了前来镇压的蒙古大将博尔忽，但最终被接替博尔忽的将领朵儿伯朵黑申所败。考虑到忽都合别乞自归附后忠诚于蒙古，为了表彰他，成吉思汗特意将秃麻部首领塔尔浑的夫人赐予忽都合别乞，成吉思汗本人还和忽都合别乞结为儿女亲家。斡亦剌部借机兼并了秃麻部，势力逐渐壮大了起来。在元朝初期阿里不哥和忽必烈争夺汗位的风波中，斡亦剌部支持阿里不哥。阿里不哥失败后，拥有四千户建制的斡亦剌部分化为两支，一支以茂明安千户为主体，东迁至贝加尔湖以东的色楞格河和石勒喀河地区，成为科尔沁部的附庸；另一支则以斡亦剌部其他三个千户为主体，从小叶尼塞河流域迁往西南的阿尔泰山山麓，融合了克烈部等游牧部族，过上了游牧生活。

元朝末年，斡亦剌部的首领权威已经被源自郭勒明安千户的“绰罗斯”家族取得。时值天下大乱，趁着元朝在中原内地忙于扑灭各路汉族起义军、无暇北顾的空档，在绰罗斯家族的带领下，斡亦剌部逐渐摆脱“黄金家族附庸”的地位，迅速崛起为漠北一大政治势力，并以“瓦剌”之名出现在汉文典籍中。他们自称“都尔本[①]蒙古”，而称呼东部蒙古草原各部为“都沁[②]蒙古”，开始与元廷对抗。

其间，朱元璋在南方建立明朝，徐达、常遇春等明朝大将率军北伐，攻占大都，将元朝皇室赶回塞外。随后，明朝又对北元皇室施以不间断的军事打击，结合诱惑其他蒙古部落等手段，挤占北元朝廷在漠南、辽东、河西走廊的生存空间。明成祖继位之后更是五次亲征出塞，重点打击北元朝廷的中枢。瓦剌部绰罗斯家族的马哈木、太平、巴图博罗等三位封建主借机自称太师，先后推举阿里不哥的后裔也速迭儿、坤帖木儿等称汗，篡夺北元朝廷继承权。自1388年至1438年，蒙古草原走马观花一般地换了多位君主，忽必烈所定的“大元”国号变回了成吉思汗时代的“大蒙古”，“皇帝”也变回了“可汗”，东西蒙古同时出现了汗庭。最后，出身瓦剌部的绰罗斯·脱欢太师挟持阿里不哥裔的可汗，战胜了东部蒙古，统一了蒙古草原各部。

脱欢的儿子也先比其父走得还要远，他把瓦剌的势力延伸到东起女真、西至哈密、北达贝加尔湖、南临长城的广袤地域。又趁明朝内部出问题的工夫，发起攻势，在土木堡之变中大败明军，俘虏了御驾亲征的明英宗朱祁镇。

① 都尔本在蒙语中即四万户之意，旨在表示从成吉思汗时代到元朝灭亡这一百余年的时间里，斡亦剌部的人口获得了大幅的增长。

② 都沁在蒙语中为四十万户之意。

不过，也先在建立了他的父祖也不能企及的功勋后，就走了一步昏着：他打破“唯有黄金家族嫡系才能做全蒙古大汗”的规矩，于 1453 年夏自立为天圣可汗。他这个天圣可汗做了不过一年，就在 1454 年下半年被反叛者所杀。他死后，绰罗斯家族被他的两个儿子瓜分，长子博罗纳哈勒的部众成为杜尔伯特部，次子额斯墨特达尔罕的部众发展成了后来的准噶尔部。再算上 15 世纪初期就迁徙到西蒙古的和硕特部、克烈部的一支发展出来的土尔扈特部，以及蒙元时期的依克明安千户发展起来的辉特部，明末清初的卫拉特几大主要部落并立的局面初步形成。

由于辉特部这时已是杜尔伯特部的附庸，因而史书一般只把准噶尔、和硕特、杜尔伯特、土尔扈特并称为“卫拉特四部”以代指整个卫拉特人群体，辉特部被排除在外。和硕特部的博尔济吉特氏首领成为卫拉特四部当之无愧的“达尔扎”（盟主）。不过，即使是拥有黄金家族血统的和硕特也不能做到一统卫拉特各部。再次陷入分裂的卫拉特，已不能重现也先等人纵横整个蒙古草原的伟绩。这时便轮到以黄金家族嫡系为首的蒙古大汗领导下的东蒙古发起反击了。

同样出身于绰罗斯氏的东蒙古女强人满都海哈屯，收拾起自己的远亲部族来毫不留情。1481 年，她率军亲征，在蒙古西部的塔斯博尔图大败卫拉特四部，迫使卫拉特诸部的封建主们接受了冠缨不得过四指、居常许跪不得坐的屈辱条件。

▲ *也先画像*

▲ *满都海哈屯像*

1496—1510 年，东蒙古达延汗亲政后多次起兵攻击卫拉特四部，将卫拉特四部的势力从漠南西部驱逐出去。达延汗之后，漠北地区负责对卫拉特作战的任务先后由兀良哈万户和喀尔喀万户承担。16 世纪末期，漠南蒙古的土默特、鄂尔多斯等部频频向卫拉特发难，西方的哈萨克人也趁机蚕食卫拉特的西部牧地。卫拉特部被喀尔喀阿巴岱汗击溃，并短暂向喀尔喀称臣；阿巴岱汗死后，卫拉特即恢复独立，但并没有扭转被动挨打的局面。到 17 世纪初，卫拉特四部的领地被压缩到了额尔齐斯河、鄂毕河中上游和叶尼塞河上游地区。由于牧地有限，卫拉特四部之间不断内讧，根本无法一致应对外部的敌人。1606 年，卫拉特人被迫和外喀尔喀右翼的札萨克图汗签署和约，承认自己臣服于札萨克图汗部，札萨克图汗部首领赉瑚尔派遣堂兄弟硕垒乌巴什统治今天蒙古西部和南西伯利亚地区。硕垒乌巴什击走卫拉特后，降服了居于唐努山、阿尔泰山和萨彦岭之间的兀良哈万户后裔（唐努乌梁海、阿尔泰乌梁海、阿尔泰淖尔乌梁海三部），建立了“阿拉坦汗王朝”，此后卫拉特人就成了阿拉坦汗王朝的属民。

▲ *17世纪初天山北路卫拉特各部形势略图，何俊宏绘（参考自《中国史稿地图集》下册，中国社会科学院主编，中国地图出版社1990年版）*

在外敌频繁入侵的当口，卫拉特各部终于在准噶尔部首领哈喇忽拉的号召下暂时摒弃前嫌，组成了统一战线。1620 年，哈喇忽拉率领准噶尔部首先打响了反抗阿拉坦汗王朝的第一仗。1623 年，卫拉特四部组成联军与阿拉坦汗王朝作战，打死了阿拉坦汗硕垒乌巴什。自此，卫拉特人不仅摆脱了阿拉坦汗王朝这个宗主，还把叶尼塞河流域原属阿拉坦汗管辖的吉尔吉斯人收为自己的属民。

在反抗阿拉坦汗王朝的斗争中，哈喇忽拉以其战功为准噶尔部在卫拉特四部中赢得了极大的威望，即使是由黄金家族领导的和硕特部也被准噶尔部盖过了风头。1629 年，哈喇忽拉联手和硕特部再次击败阿拉坦汗王朝，将版图扩张到伊犁河流域，占领了天山以北的全部草原地带。

但是，哈喇忽拉对外开拓疆土的速度远赶不上卫拉特各部人畜繁衍的速度。虽然首领们试图通过定期召开“丘尔干”（又称扎尔固，蒙语会议的意思）协商划分好各自的游牧地，但各部为了争夺草场仍时有冲突。最终结果是土尔扈特部大部及杜尔伯特、和硕特、辉特等各一部，共约 5 万户 20 万部众，在土尔扈特部首领和鄂尔勒克的率领下西迁到伏尔加河流域，建立了著名的土尔扈特汗国；和硕特大部在首领顾实汗的率领下远征青海、西藏，建立了和硕特汗国。而杜尔伯特部与辉特部已然衰落。这样一来，原先由卫拉特四部共享的天山以北和额尔齐斯河、鄂毕河流域及其以南的广阔草原，就只剩下准噶尔部一家独大了。

1634 年，哈喇忽拉去世，他的长子和多和沁继位，号巴图尔珲台吉[①]。巴图尔珲台吉在继位前就已经显示出过人的才干，1616 年他与其父分家，驻牧于额尔齐斯河以东，协助其父收服阿尔泰山及唐努山一带各部族，又向西攻入哈萨克草原，降服锡尔河上游的布鲁特部，向南频繁掠夺叶尔羌汗国。他通过建立军功累积了人望，而 1620 年对中亚富庶之地布哈拉的洗劫，又令他富有。巴图尔珲台吉的过人之处并不仅限于领兵作战，即位之后，他在政权建设和外交方面的成就和他的对外武功一样耀眼。1640 年，巴图尔珲台吉在今新疆的和布克赛尔蒙古自治县境内修筑了一座名为和布克赛尔（别名霍博克塞里）的石城作为自己的驻地。当时卫拉特蒙古各部亦和其他蒙古势力一样皈依了藏传佛教格鲁派，所以和布克赛尔石城内设有一座喇嘛庙以供祭祀礼佛之用。石城的周围是星罗棋布的定居点，从中亚和内地各处掳掠而来各族民众被安置在这一区域，从事农耕和手工业生产。他还鼓励对外

① 珲台吉，蒙古贵族头衔，相当于辅佐蒙古大汗的“副汗”，其地位要高于“小汗”。

贸易，积极发展和沙俄、清朝等大国的商贸关系。这些措施，一定程度上改变了准噶尔部经济结构单一的状况，促进了准噶尔部社会经济的发展。

在卫拉特和喀尔喀蒙古长期的军事冲突中，作为卫拉特四部中最有实力的准噶尔部，每次战事都充作主力，因而人畜损失也最大。以 1620 年哈喇忽拉对阿拉坦汗王朝的首战为例，虽然打出了准噶尔的威风，但也付出了沉重的代价：哈喇忽拉的后方被硕垒乌巴什偷袭，妻妾和大批牧民、牲畜均被俘虏。种种前车之鉴让巴图尔珲台吉意识到，连年和喀尔喀蒙古人之间的征伐对准噶尔部的社会发展极为不利。另一方面，从西伯利亚向南扩张的沙皇俄国，也成为全体蒙古人必须共同面对的敌人。在出身和硕特部且又常年活动于喀尔喀和卫拉特牧区的宗教活动家咱雅班第达大师的帮助下，巴图尔珲台吉周旋于各路蒙古王公之间，做了大量工作。最终，他初步使厮杀了数十年的卫拉特四部和喀尔喀蒙古达成和解。

1640 年 9 月，卫拉特四部的重要头目和包括阿拉坦汗王朝统治者鄂木布额尔德尼在内的喀尔喀蒙古王公，在塔尔巴哈台的乌兰勃勒其尔举行会晤。远在伏尔加河流域的土尔扈特汗国的和鄂尔勒克汗与青海和硕特汗国的顾实汗也列席了会议。这次大会的重要成果就是颁布了《蒙古—卫拉特法典》，该法典内容涉及了政治、经济、宗教、社会生活和道德风俗等各个方面，作为处理各部间种种社会矛盾的法律典章，得到了长期有效的实施。

在蒙古族的文化艺术宝库里，有一部号称是中国三大少数民族史诗之一的英雄史诗，它就是著名的《江格尔》。这部规模宏大、脍炙人口的说唱文学作品产生于阿尔泰山脉一带的蒙古族聚居区，讲述了一位名叫江格尔的可汗领导奔巴部落的勇士和牧民们为了保卫家园和入侵者斗智斗勇的故事。关于它的起源向来众说纷纭，唯一能确定的是它的主要部分大概成型于明朝末年，这一时期正是蒙古族的两大部落集团——漠西卫拉特和漠北喀尔喀三部频繁征战的年代。是以笔者大胆揣测，《江格尔》史诗极有可能就是在反映这一时期的历史，因为它诞生的地方，就是当年卫拉特的游牧地之一。

▲*新疆和布克赛尔县的江格尔汗雕塑*

之后的 1644 年是极不平凡的一年。在东亚，清朝从东北进入山海关内，击溃了刚占领北京不久的李自成率领的农民起义军；在东欧草原，土尔扈特汗国的和鄂尔勒克汗与他的几个儿子在攻打沙俄阿斯特拉罕城堡时，丧命于炮火之下。对于巴图尔珲台吉而言，由于前一年（1643 年）征讨哈萨克扬吉尔汗时吃了大败仗，为了养精蓄锐，1644 年准噶尔部对外暂时偃旗息鼓。这一年，已经生育了 5 个儿子的巴图尔珲台吉再添一子，这个孩子就是日后大名鼎鼎的噶尔丹。

血染僧袍：博硕克图汗剑指四方

对于那些颇负盛名的历史人物，史家往往不惜笔墨地描绘他们出生前后的异象奇景，这一套无论是中原王朝还是游牧政权都运用得炉火纯青。噶尔丹出生之前，正值西藏格鲁派高僧温萨三世活佛在准噶尔部弘扬佛法。这位温萨三世活佛在卫拉特牧区传教多年，深得一众卫拉特首领的信任。在塔尔巴哈台的卫拉特—喀尔喀大会上，他就是首席大喇嘛，作为宗教界的代表人物全程参与了《蒙古—卫拉特法典》的制定工作。传言，温萨三世活佛完成了在准噶尔部的阶段性传教任务后，于 1643 年准备启程返回拉萨，却被巴图尔珲台吉的妻子尤姆哈噶斯拦住马头，这位

▲*噶尔丹画像*

已经生育了一个孩子的首领夫人虔诚地要求温萨佛爷再赐予自己一个儿子，遭到拒绝后，尤姆哈噶斯退而求其次：“既然您作为僧人不能赐予我儿子，能否答应来世降生为我儿子呢？”面对如此恳切的请求，温萨三世无法拒绝，只好答应了下来。

回到拉萨之后不久，温萨三世活佛就圆寂了。过了一年之后，尤姆哈噶斯果然产下一子，众人纷纷传说这个孩子就是温萨三世的转世。这个婴儿被取名为“噶尔丹”。噶尔丹，在蒙古语里又称“甘丹”，据言这个名词来源于藏语“兜率天”，在佛教中指的是具有欢喜的安乐世界。或许巴图尔珲台吉心中，已经有了把自己这个儿子培养成宗教界人士的想法，让这个孩子长大后，像咱雅班第达这种政治活动家那样，为准噶尔部的利益服务。西藏教廷也投其所好地派出使者承认了小噶尔丹转世灵童的身份，册封他为温萨四世活佛。

1652 年，巴图尔珲台吉去世，准噶尔部珲台吉之位由噶尔丹的同母哥哥僧格继承。1656 年，12 岁的噶尔丹就离开准噶尔远赴拉萨学习佛法。噶尔丹在西藏游学期间，先是师从四世班禅，四世班禅圆寂后他又转投到五世达赖的门下。但是清人梁份在《秦边纪略·卷六·嘎尔旦传》中谈到噶尔丹的学习表现时，用了这么一句话：“不甚学梵书，唯取短枪磨弄。”遁入佛门的清苦生活没有消磨掉噶尔丹的尚武之气，周围的喇嘛见他日夜以驰射为乐，都讽刺他作风不端正，噶尔丹却付之一笑说：“你们怎么知道我以后不会凭着这些本领成为本教的护法呢？”（“安知护法不成今日？”）而五世达赖目睹噶尔丹的这些不符戒律的妄行后，不仅没有加以惩罚，反而日益器重他。

五世达赖不仅是一位道行高深的佛学家，更是一位眼光老辣的政治家。17 世纪 30 年代，西藏教派斗争加剧，形势日趋恶化，年仅 18 岁的五世达赖果断和老师四世班禅联名向卫拉特四部求援，最终借助和硕特汗国的马刀巩固了格鲁派的地位。初步统一西藏、建立政教合一的甘丹颇章政权之后，他又接受清政府邀请，于 1652 年前往北京朝见顺治皇帝，获得了清朝对自己地位的承认。他的众多弟子中，有来自漠南蒙古的章嘉活佛、漠北蒙古的哲布尊丹巴活佛、清朝北京的班第札萨克喇嘛——伊拉古克三活佛等等，可谓桃李满天下。五世达赖就是通过这些来自各地的门徒来施加自己的影响力，甚至暗中操控各处政局来为自己谋取利益。对于五世达赖来讲，一个保持尚武秉性的噶尔丹绝对要比一个一心向佛不闻外事的噶尔丹有价值得多。他深知噶尔丹虽然身披袈裟，但志向并不在此。在他的言传身教下，噶尔丹成了一个工于心计而又阴险好斗的人。倘若时机成熟，五世达赖将毫不犹豫地派噶尔丹返回准噶尔部去做他该做的事情。当然，这个时机很快就成熟了。

此前的一些史料，如《秦边纪略》和《蒙古溯源史》都宣称噶尔丹返回准噶尔的时间在僧格遇刺后。但是学者蔡家艺在《噶尔丹与五世达赖关系刍探》一文中，经过考证后认为，这些说法“俱系讹传”，噶尔丹返回准噶尔的时间应为1666年左右，而他回到故乡的目的则是帮助调解准部上层贵族之间的矛盾。

▲五世达赖唐卡像

继承了巴图尔珲台吉权位的僧格并非庸主，但是他的行事作风过于刚猛急切。对于不断蚕食准噶尔北部属民的沙俄，他毫不犹豫地大打出手。1667年，阿拉坦汗王朝因为插手宗主喀尔喀札萨克图汗部的内部事务，招致札萨克图汗部出兵讨伐。身为塔尔巴哈台会议的发起方，僧格所代表的准噶尔部此时却扮演起极不光彩的角色。他非但没有依据《蒙古—卫拉特法典》的规定，出面调解阿拉坦汗王朝和札萨克图汗部的冲突，反而伙同札萨克图汗部，出兵消灭了阿拉坦汗王朝，并且残酷地虐待被俘的末代阿拉坦汗王朝可汗额磷沁罗卜藏。巴图尔珲台吉苦心营造的和平氛围被他破坏得荡然无存。1668 年，僧格甚至派遣军队越过天山南下，试图通过策划宫廷政变的方式来征服叶尔羌汗国……

总之，无论是对外还是对内，僧格处理问题的方式简单而直接——诉诸武力。这一来就引发了准噶尔部内部的动荡。在巴图尔珲台吉的弟弟楚库尔乌巴什的暗箱操作下，僧格的长兄车臣和二哥卓特巴巴图尔与僧格爆发内战。这场冲突连德高望重的咱雅班第达亲自出面都未能调解。根据《五世达赖喇嘛传》的记载，五世达赖令噶尔丹返回准噶尔部，明里要他规劝冲突的双方和解，暗里却对他面授机宜，指示他如何利用眼前准噶尔部内乱的机会成就自己。

从后来的历史发展走向来看，噶尔丹的确按照老师教导的去做了。返回准噶尔部之后，他借助自己温萨四世活佛这个身份，在四年多的时间里四方奔走，以讲经颂福的名义暗中发展自己的势力。1670 年，僧格被车臣和卓特巴巴图尔暗杀。噶尔丹果断打出五世达赖的旗号，纠集自己和僧格的旧部众千余人对拥众万余的车臣和卓特巴巴图尔发起斩首行动，并成功擒获车臣，卓特巴巴图尔则逃亡青海。就这样，这两个叛变者还没来得及享受自己的胜利果实就遭遇了失败的命运。前苏联历史学家兹拉特金在《准噶尔汗国史》中感叹道："异常迅速的、几乎是闪电般的对付方法。"

打完胜仗后，噶尔丹遵照游牧民族的收继婚传统，和僧格的遗孀阿奴夫人结婚，继而宣布自己继任为准噶尔部的珲台吉，完成了从活佛到君主的华丽蜕变。当时游牧在天山北路卫拉特草原的，不单有准噶尔部，还有杜尔伯特部、辉特部、部分土尔扈特部和部分和硕特部。至于准噶尔自身内部，此时最大的贵族就是僧格遇刺事件的幕后主使者楚库尔乌巴什。为了统一卫拉特草原，噶尔丹开始了为期五年整顿内部的工作。1673 年，经过长时间的准备，噶尔丹出兵突袭楚库尔乌巴什的部众。这时楚库尔乌巴什远在西藏礼佛未归，他的长子巴噶班第留守准噶尔，结果噶尔丹斩杀巴噶班第，并将楚库尔乌巴什的部众"连同耕地和属民全部摧毁了"（兹拉特金《准噶尔汗国史》）。楚库尔乌巴什请求五世达赖调解未果，最终客死西藏。这样一来，噶尔丹既报了哥哥僧格被杀的仇，又消灭了准噶尔内部影响自己集权的最大障碍。之后，杜尔伯特部的阿勒达尔台吉、和硕特部的贵族丹津珲台吉等纷纷投诚到噶尔丹帐下。

和硕特大部被顾实汗带去青海之后，和硕特在伊犁河流域的老营由顾实汗的侄子鄂齐尔图车臣汗把守。这位鄂齐尔图车臣汗的身份相当特殊：他是阿奴夫人的祖父。换句话说，他是噶尔丹的岳祖父。在噶尔丹出兵攻打楚库尔乌巴什之前，鄂齐尔图车臣汗一直以长者的身份协助噶尔丹聚敛部众，双方关系一度极为密切。而促使他们合作破裂的导火索就是噶尔丹攻打楚库尔乌巴什之战。楚库尔乌巴什一向以鄂齐尔图车臣汗的密友和支持者自居，因而噶尔丹攻灭楚库尔乌巴什的行为被鄂齐尔图车臣汗视为公开向自己挑战的信号。

1674 年，鄂齐尔图车臣汗首先向噶尔丹发难。他亲自率领大军收降已经归附噶尔丹的杜尔伯特、和硕特及土尔扈特部众，并把他们强迁到塔尔巴哈台。这位耄耋老人可能没有料到自己的孙女婿会毫不犹豫地向自己出手。1675 年夏天，噶尔丹发兵攻打鄂齐尔图车臣汗，双方在库尔喀喇乌苏、图古勒湖、哈拉塔拉等地展开三次会战。鄂齐尔图车臣汗所部被打得大败，部众四散逃走。鄂齐尔图车臣汗本人走投无路，于 1676 年 10 月向噶尔丹投降，噶尔丹看在阿奴夫人的面上也没有杀掉自己的岳祖父，只是把他安置在博尔塔拉让他安度晚年。

就这样，从西藏回到准噶尔部后，通过十年左右的努力，噶尔丹终于统一了天山北路的卫拉特四部。而为了表示对得意门生的肯定，1678 年五月，五世达赖遣使前往准噶尔，册封噶尔丹为“丹津博硕克图汗”——在也先之后，绰罗斯家族终于涌现出第二位可汗。也就是从这一年开始，“准噶尔部”“准噶尔珲台吉国”升格为“准噶尔汗国”。

为了巩固自己的汗权，噶尔丹首先把汗国的统治中心迁到刚征服未久的伊犁。相对旧都和布克赛尔，伊犁的气候条件更优越，适宜耕牧，更重要的是远离准噶尔旧贵族的领地，可以在一定程度上减少汗国推行新政的阻力。完成迁都之后，1678 年，噶尔丹发布第一号敕令，第一项内容涉及政治制度：汗国以黄教为国教；最高权力属于大汗；汗庭内另设数名“图什墨尔”帮助大汗处理国中军政要务；汗庭以下的各级行政单位被重新划分，委任相对等级的大小官员担任管理者；没有大汗的批准，各行政单位的牧民不得随意变更牧地，违者重罚；各级行政单位都设置有一个叫丘尔干沁的机构负责处理民事诉讼，汗庭的大丘尔干沁则负责裁决重大案件。发展生产的措施方面，“相土宜，课耕牧”，奖励农商，以利于赋税的定期征收……就这样，一个崭新的游牧国家出现在天山北路。

噶尔丹的崛起，离不开五世达赖在他背后的支持，因而准噶尔汗国的外交首先

噶尔丹时代准噶尔各级行政单位及行政官员名称简表

行政单位	行政官员
兀鲁思（万户）	诺颜（洪台吉、台吉）
鄂托克（千户）	宰桑、德木齐（检察官）、舒楞阿（税务官）
爱玛克（百户）	爱玛克长
阿尔班尼（十户）	阿尔班尼阿哈

把搞好和西藏喇嘛教廷的关系作为重中之重。自从取得“博硕克图汗”汗号后，噶尔丹以每年两次的频率派遣亲信进藏熬茶，给五世达赖进献各种珍贵礼物。例如击败鄂齐尔图车臣汗之后，为了向五世达赖报喜，噶尔丹就派出使团入藏向五世达赖进献了从汉地和俄国采购的价值至少三千两白银的金丝缎和玻璃工艺品，令五世达赖高兴不已。

对于东方的强邻清帝国，噶尔丹仍然秉持着自巴图尔珲台吉以来的和睦政策。1646 年，巴图尔珲台吉联名和硕特顾实汗等 23 名卫拉特首领遣使清朝，是为准噶尔和清朝的首次接触。1647 年，清朝摄政王多尔衮以顺治帝的名义，派侍卫乌尔滕回访准噶尔。到了 17 世纪 70 年代，清廷和准噶尔部已经建立起了较为密切的政治联系和经贸往来。1672 年正月，噶尔丹遣使清朝通报自己继承准噶尔首领之位的经过，得到清政府的确认。此后，噶尔丹每年都向清朝遣使通好，并且通报本国的重大事宜，以维持和清朝的睦邻关系，进而实现提高双方贸易量的目的。

为了专心对付哈萨克和天山南路的叶尔羌汗国，避免北部边疆不稳，噶尔丹改变了历代准噶尔领导人对沙俄的强硬态度，他对已经被俄国实际控制的领地和属民不再提出主权要求。而沙俄为了诱使噶尔丹臣服，也多次遣使准噶尔汗国对噶尔丹进行拉拢。值得注意的是，虽然噶尔丹的对俄政策比较温和，但涉及严重的主权冲突时，“博硕克图汗”也不会任由俄国人摆布。1672 年，沙俄派出哥萨克深入准噶尔境内抢掠，噶尔丹立刻调兵五千北上向沙俄施加压力，最终迫使俄方惩办肇事者。

在稳定了和周围主要大国的关系后，噶尔丹开始了对外扩张。1679 年，在五世达赖的授意下，噶尔丹利用叶尔羌汗国内部伊斯兰教教派白山派、黑山派争斗日趋激烈、国家动荡的机会，以护送投奔五世达赖的白山派头目阿帕克和卓回国为名，出兵 3 万攻占了叶尔羌汗国东部要地哈密、吐鲁番，占领了叶尔羌汗国的半壁河山。

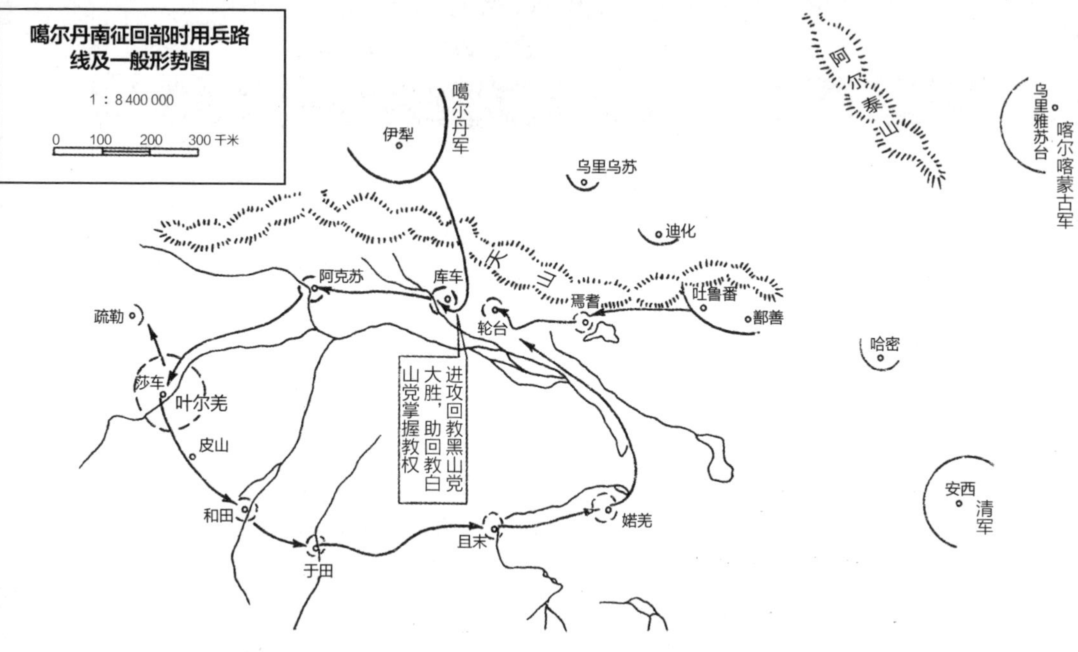

▲ *噶尔丹南征回部*

1680 年，准噶尔汗国 12 万大军从阿克苏、乌什等地分兵三路南下，在白山派教徒的策应下高歌猛进，攻克喀什噶尔和叶尔羌城。发源于察合台汗国、占据天山南路 160 多年的叶尔羌汗国灭亡，天山南北至此都为准噶尔汗国所有。考虑到天山南路的宗教信仰和社会形态各方面都和准噶尔汗国不同，噶尔丹并没有把天山南路各处纳入直接统治区，而是扶植白山派的阿帕克和卓和吐鲁番的统治者阿卜都里什特等担任代理人，通过建立傀儡政权的方式来确保对这一地区的控制。噶尔丹只要求他们选派贵族子弟前往伊犁做人质，每年贡献一定的税收，并征调仆从军参与准噶尔汗国的对外战事。

征服天山南路后的下一个目标就是西部的哈萨克了。其时的哈萨克统治者是头克汗，他的父亲扬吉尔汗曾和巴图尔珲台吉交手，甚至一度战胜过巴图尔珲台吉，但英勇的扬吉尔汗最终还是不敌准噶尔铁骑而战死沙场。如今两位冤家的儿子再次交手，继续上演着和父辈们当年的故事几乎相同的戏码。1682 年初，噶尔丹举兵攻打哈萨克控制下的重镇赛喇木城。为了给哈萨克人赢得集结军队的时间，头克汗巧施缓兵之计，遣使到噶尔丹军中，伪称愿举国向准噶尔投降、纳税、改宗藏传佛教，大意的噶尔丹被头克汗诱入赛喇木城中，集结在赛喇木城内外的哈萨克人里应

▲ *俄国画家笔下身背火绳枪的哈萨克武士*

外合对准噶尔人发起突袭，准噶尔军大败，噶尔丹狼狈率残部逃脱。第二年，整顿好兵马的噶尔丹再次攻入哈萨克，终于一雪前耻，大败头克汗。他不仅占领了哈萨克控制下的塔什干、赛喇木等重要城市，还俘虏了头克汗的儿子……

到了 1686 年，准噶尔汗国的疆域不仅包括天山南北，还往西延伸到了富庶的中亚。来自撒马尔罕、布哈拉、乌尔根奇这些商业城市的贡赋，源源不断地送入噶尔丹的大帐中。

每次战事结束，噶尔丹都会照例遣使送两份礼。一份给拉萨的老师五世达赖，一份给北京的清朝康熙皇帝。《五世达赖喇嘛传》记载："（1681 年）藏历正月初二，噶尔丹把包括叶尔羌为主的一千五百座城镇、两百万户人口（的图册）奉献给我（五世达赖）。"这一消息还被五世达赖在新年宴会上当众宣布，其得意之情溢于言表；整个西藏喇嘛教廷都为噶尔丹对外扩张的成果弹冠相庆。与之形成强烈对比的，是清朝政府的冷漠态度。1677 年，噶尔丹将击败鄂齐尔图车臣汗时所掳获的兵器和战俘献送清廷，但清朝拒绝收纳。1678 年，噶尔丹晋位"博硕克图汗"时，曾向清廷通告消息，并要求清政府承认和授以汗印，又被清朝方面拒绝。

其实，对于逐渐壮大的准噶尔，清朝一直抱有相当程度的戒心。这从康熙皇帝不承认噶尔丹的汗号和清朝一直坚持拒绝准噶尔献上战利品的举动就可以看出。虽然此时的清朝无力顾及西北边疆的情势，但依然坚持在原则上向周边部族表示这样一个态度：清国不会承认也不会鼓励准噶尔对其周边势力的扩张行为。

表面上，清朝和准噶尔的关系是一团和气，而实际上在这种友好氛围下双方也有不少的摩擦。之前的1651年，巴图尔珲台吉因为收容了曾侵扰清朝漠南蒙古归化城的阿拉坦汗王朝封建主，而受到了清廷的责难。噶尔丹统一天山北路卫拉特各部之时，正值清朝政府被三藩之乱搞得焦头烂额，这让噶尔丹有了趁机出兵骚扰清朝边境的想法。但五世达赖对清准双方的实力有明确的估量，他认为以准噶尔汗国的国力并不足以和清廷一较高下，是以遣使劝阻了噶尔丹。因为青海的和硕特汗国收容了谋杀僧格的卓特巴巴图尔，1678年3月噶尔丹曾计划出兵青海。康熙皇帝针锋相对地命令甘肃提督张勇等人在甘州、凉州边外增兵戒严，同时敕谕噶尔丹：“坚立信誓，不许骚扰人民。”（《清圣祖实录》康熙十七年三月）噶尔丹被迫取消了攻击青海的计划。

1682年，三藩之乱平定，康熙皇帝派遣内大臣奇塔特出使准噶尔。这一则为了解决河套以西阿拉善地区的卫拉特部落归属，以及准噶尔商人格楚尔挟持清朝商人巴朗一案的处理等问题；二则为了搜集准噶尔汗国最新的内部情报，探听虚实。虽然双方总体上谈得很融洽，但与会者谁都明白，清朝和准噶尔这两个东亚大陆上的强权迟早会爆发激烈的碰撞。那根触发炸弹的导火索，很快就会在漠北喀尔喀点燃了。

山雨欲来：喀尔喀蒙古的内部倾轧

漠北外喀尔喀蒙古和漠南内喀尔喀五部联盟均出自达延汗时代分封的喀尔喀万户，因为分布于呼伦贝尔草原的喀尔喀河（今称哈拉哈河）一带而得名。河东的部众由达延汗第五子阿尔楚博罗特统领，河西的部众由达延汗的幼子格埒森扎统领。达延汗去世后，阿尔楚博罗特所部逐渐南迁，脱离喀尔喀万户，形成了内喀尔喀联盟；格埒森扎所部则留居故地，后西进到克鲁伦河流域。1524—1538年，当时的蒙古大汗阿剌克四次发兵攻打反叛汗庭的兀良哈万户，格埒森扎积极参与其中。兀良哈万户败亡后，大部分部众被蒙古汗庭和右翼三万户瓜分，漠北留下大片无人占据的真空地带，格埒森扎遂趁机鸠占鹊巢，夺下了杭爱山的原兀良哈万户牧场。格埒森扎死后，他的 7 个儿子将父亲的部众瓜分，形成了外喀尔喀七部。

在很长的一段时间里，外喀尔喀七部一直替蒙古汗庭和卫拉特四部作战，并在这个过程中把自己的势力扩充到了整个漠北草原。格埒森扎的孙子、外喀尔喀左翼长阿巴岱（出自格埒森扎第三子）更是从 14 岁起就领军和卫拉特人作战。1580 年，阿巴岱因为战功卓著而被漠北各部公推为“赛音汗”，成为外喀尔喀第一位可汗。1588 年阿巴岱死后，外喀尔喀因汗位继承人问题发生内部冲突，格埒森扎的曾孙、外喀尔喀右翼长素巴第（出自格埒森扎长子）趁机自立，被其支持者拥戴为“札萨克图汗”。阿巴岱的部众则继续盘踞杭爱山以东，到阿巴岱的孙子衮布继位时，自号“土谢图汗”。到 17 世纪初，由于漠南蒙古在后金的持续攻略下陷入乱局，不少部众逃到漠北克鲁伦河，使留守克鲁伦河故地的格埒森扎第四子阿敏都剌勒的后裔硕垒实力大增。1630 年，硕垒被部下拥戴为“共戴马哈撒嘛谛车臣汗”简称“车臣汗”。漠北外喀尔喀三部并立的局面就这样形成，因三部首领俱有汗号，固又有“漠北三汗”之称。其中以土谢图汗牧地最广，实力最强。1639 年，土谢图汗衮布 5 岁的儿子札那巴札尔被漠北诸汗王认定为长期在喀尔喀传教的高僧多罗那他转世，并被西藏教廷确认为第一世哲布尊丹巴活佛。这以后，连续几代哲布尊丹巴活佛都出自土谢图汗家族，更加突出了土谢图汗部在外喀尔喀三部的地位。

外喀尔喀三部形成之时，后金正把林丹汗打得节节败退。对于尊奉红教的蒙古大汗，皈依黄教的外喀尔喀三部不但没尽臣属的本分给予接纳，反而作壁上观。只

▼ *喀尔喀蒙古发祥地——哈拉哈河流域*

有一位绰克图台吉响应林丹汗。此公为了效忠林丹汗竟不惜背叛黄教信仰，并且身体力行地率部南下青海，协助林丹汗联络青海土默特部、康区白利土司及西藏的藏巴汗，组成反黄教联盟，但他最后被进入青海的和硕特部击斩。

不过，不支持林丹汗并不意味着外喀尔喀三部就会倒向清朝。相反，亲眼见证了内喀尔喀联盟同胞的命运之后，漠北蒙古对清廷更加警惕。1640 年，漠北喀尔喀三部选择和卫拉特人握手言和，其中一个很重要的原因就是想集中精力应付清朝可能发起的军事行动。但意识到入关后的清朝正全力对付南方的明朝残余力量时，喀尔喀的王公们就不再满足于守株待兔了。1646 年，外喀尔喀策动漠南蒙古苏尼特旗右翼旗首领——叟塞郡王滕吉思反清，并组织联军协助滕吉思作战。1646 年五月，清摄政王多尔衮以其弟豫亲王多铎为扬威大将军，率清军大举出击，于该年十月大破喀尔喀—苏尼特联军，使外喀尔喀不敢再轻撄兵锋。顺治皇帝亲政后，对外喀尔喀采取军事威慑、政治分化和经济制裁等多管齐下的手段，迫使喀尔喀三部于 1655 年遣使北京向清朝称臣。清廷以开放对漠北的贸易为条件，换取了喀尔喀三部每年向清朝进献“九白之贡”[①]。清朝在外喀尔喀设立了左右两翼八札萨克，从此确立了和外喀尔喀的宗藩关系。虽然清廷没有触动外喀尔喀内部的政治体制，也无力干涉外喀尔喀的内外事务，但至少在名义上，清朝皇帝也是漠北草原的主人了。

由于漠北三部向清朝称臣，和西边的卫拉特各部也已相安无事多年，没有了一致对外需求的外喀尔喀又开始因为牧地、人畜的归属等问题陷入内讧。前文提及的札萨克图汗部和藩属阿拉坦汗王朝的纠葛，就是这一时期的典型案例。外喀尔喀的内乱让强邻准噶尔看到了插手的机会。

1666 年，札萨克图汗部贵族成衮在准噶尔部珲台吉僧格的支持下登上了汗位。这成为准噶尔正式介入外喀尔喀内部事务的开始。成衮上台之后，仗着有准噶尔部撑腰，公然向土谢图汗部索要在本部战乱期间逃到土谢图汗部的属民，土谢图汗部不愿意放掉吃进嘴里的肥肉，所以成衮的要求遭到了拒绝。加之土谢图汗一直不承认成衮的汗号，导致土谢图汗部和札萨克图汗部本就不睦的关系裂痕更加明显，连五世达赖出面都未能调解。此时外喀尔喀的宗主清朝正值鳌拜专权，内部权力斗争激烈，根本无暇顾及漠北屏藩内部的钩心斗角，这就给了准噶尔继续向外喀尔喀施

① 即以八匹白马和一峰白骆驼为贡品。皇太极在位期间就已向喀尔喀三部提出此纳贡称臣的要求，未果。

▲ *位于蒙古国布尔干省达欣其楞县的城堡遗址，该城堡便是由绰克图台吉主持修建*

加自身影响力的机会。到了噶尔丹上台之后，札萨克图汗部在事实上已经全面倒向准噶尔。等到 17 世纪 80 年代，清朝终于完成了对内部各种势力的整合、准备开始处理北方边境的各种事务时，主政的康熙皇帝才发现：作为漠北喀尔喀三部宗主国的清廷，地位几乎被边缘化。

1685 年，清朝在东北对沙俄发起反击作战的同时，也开始积极介入漠北喀尔喀的内部事务。清廷要求西藏教廷派遣使节前往外喀尔喀，与清朝理藩院尚书阿喇尼一起参加会盟。1686 年八月，喀尔喀三部的各路王公贵族和调解方代表齐聚土谢图汗部境内的库伦伯勒齐尔举行会盟。由于札萨克图汗成衮已经于 1685 年去世，札萨克图汗部的与会代表变成了成衮的儿子、新任札萨克图汗沙喇，跟随他来的还有准噶尔汗国的使者。清朝代表阿喇尼、西藏代表噶尔亶席勒图、喀尔喀哲布尊丹巴活佛一世组成了调解团成员。不过，土谢图汗察珲多尔济坚决不愿交出已经吞并的札萨克图汗部属民，而哲布尊丹巴一世也偏袒土谢图汗部；西藏代表噶尔亶席勒图则在准噶尔使者的暗示下，煽动札萨克图汗沙喇在会场上起哄。最后，在阿喇尼的极力斡旋下，土谢图汗勉强答应和札萨克图汗签订和约。但事后土谢图汗没有完全履行承诺，只归还了向札萨克图汗承诺的一半人畜。于是，战争只有一步之遥。

1687 年，札萨克图汗和噶尔丹在三赫格尔举行会盟，相约一同进攻土谢图汗部。土谢图汗察珲多尔济不顾康熙皇帝“勿复兴兵端”的警告，决定先发制人。1688 年正月二十五日，土谢图汗部 1 万骑兵突袭攻灭了札萨克图汗部，杀死了沙喇。更严重的是，派驻在札萨克图汗部的准噶尔代表、噶尔丹的亲弟弟多尔济扎布和 400 名准噶尔骑兵也尽数死在了乱军之中！噶尔丹闻讯大怒，立即调集大军于漠北西部的科布多河，做好了武装干涉外喀尔喀问题的准备。恰好收拾完札萨克图汗部的土谢图汗率军北上楚库柏兴，和沙俄争夺布里亚特属民，土谢图汗部的老营只有少量部队留守，这给了噶尔丹发动突然袭击的好机会。

1688 年 5 月，噶尔丹以伯勒齐尔会盟期间土谢图汗和哲布尊丹巴一世对西藏教廷发布不敬言论为由，亲统 3 万人的准噶尔军团分兵两路东进，一路上摧枯拉朽一般地歼灭了土谢图汗的留守部队。他随后又趁势杀入了克鲁伦河流域的车臣汗部，将车臣汗默多克击败。察珲多尔济闻讯亲率主力从楚库柏兴回击噶尔丹，双方会战于鄂罗多诺尔。开始时胜负难分，后来噶尔丹改变战术，发起夜袭，击溃了土谢图汗军。大势已去的察珲多尔济，只好会合车臣汗默多克和在车臣汗部避难的哲布尊丹巴一世，收拢残余部众十余万退到漠南蒙古苏尼特旗边境，寻求清朝的保护。

这场突如其来的大乱导致原本定于色楞格河展开的中俄边境谈判被迫延迟。1688 年 9 月，清朝政府开始收容外喀尔喀残余部众入境并给予物资赈济。噶尔丹向清朝提出交出土谢图汗和哲布尊丹巴一世，遭到康熙皇帝的拒绝。噶尔丹本欲兴兵继续追剿喀尔喀人，但最后却停止了军事行动——准噶尔汗国大后方出现了内乱。

当时被羁押在伊犁的叶尔羌汗国贵族发动暴乱，噶尔丹不得不回师平叛。然而

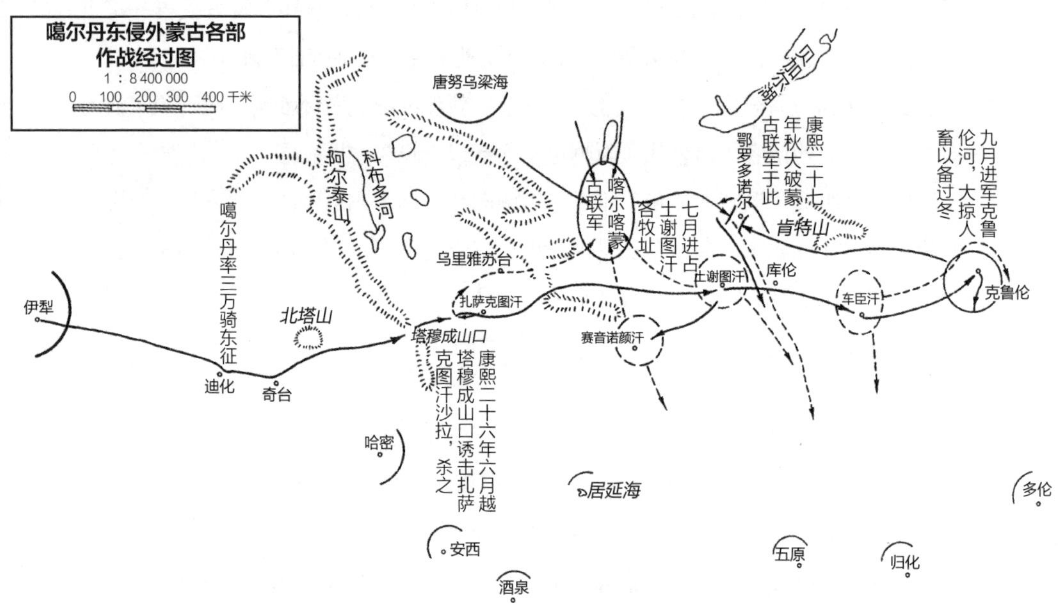

▲噶尔丹攻打喀尔喀蒙古示意图

他刚回到科布多，伊犁方面就传来消息，叛乱已被噶尔丹的侄子策旺阿拉布坦平息。不过这个捷报却使噶尔丹开始猜忌这个表现果敢的侄子。原因在于策旺阿拉布坦是僧格的长子，如果按照正常的接班情况，僧格死后准噶尔部的首领应是策旺阿拉布坦。然而僧格死时策旺阿拉布坦只是个 7 岁的孩子，这才使噶尔丹能够越俎代庖执掌权柄。如今策旺阿拉布坦已经 24 岁，难道他会甘心让叔叔占据本应属于自己的位置？再加上身边的亲随不断传播谣言，终于使噶尔丹走了一步昏着：他遣人下毒，企图毒死策旺阿拉布坦，不料毒酒竟然错被策旺阿拉布坦的弟弟索诺木阿拉布坦饮下。之后，事情很快败露。

1689年春，策旺阿拉布坦联合父亲的旧部5000人出走，并且在乌兰乌苏地区（今新疆沙湾县境内）击败了噶尔丹的追兵，阿尔泰山以西的准噶尔地区都被策旺阿拉布坦控制。准噶尔汗国刚刚达到鼎盛期，就在噶尔丹的错误决断下走向了分裂。噶尔丹只能与部众 2.5 万人滞留在科布多地区。

准噶尔的内部变动使清朝有了足够的时间按部就班地采取行动。中俄边境谈判以极快的速度完成，双方签订《尼布楚条约》，清廷稳住了沙俄，同时得到沙俄官方绝不支持噶尔丹军事物资的保证。另外，康熙皇帝深知要维持漠北地区的稳定和秩序，噶尔丹的态度相当重要，此时正可以趁机向噶尔丹施加压力。

1689 年八月初七，理藩院尚书阿喇尼奉康熙旨意前往科布多的噶尔丹大帐，通告清朝的态度：清朝方面承认土谢图汗和哲布尊丹巴一世历年来侵吞札萨克图汗部众的行为是导致喀尔喀内乱的原因，清朝会以宗主国的身份对外喀尔喀问题采取必要的处理措施，但在此之前，准噶尔人必须退出喀尔喀三部的土地，“噶尔丹倘不奉诏，则绝尔等每年进贡贸易之路，厄鲁特人（卫拉特的异称，这里仅指准噶尔）众必大失利矣”[温达《圣祖仁皇帝亲征平定朔漠方略·卷五》（以下简称《亲征平定朔漠方略》）]。这相当于是对噶尔丹下了最后通牒。噶尔丹的回答是：“尔等口奏圣上。向由相和者，可变为相攻者，而由相攻者亦可为相和者。兵甲无常，孰能保无事。”（《清内阁蒙古堂档》）很明显，为了保住在外喀尔喀的既得利益，博硕克图汗不惜要和大清皇帝兵戎相见！

噶尔丹敢于叫板清朝的底气，来源于手头的枪杆子。他所率领的军队，不但具有轻骑兵骑射、重骑兵集群突击等游牧民族传统军事优势，更是草原上火器装备率最高的武装力量！由于某些历史原因，一直以来主流史学界都认为准噶尔军队所装备的枪炮火药等全为俄国人提供，然而事实却并非如此。

根据学者张建先生在《火器与清朝内陆亚洲边疆之形成》中的考证，以火绳枪为代表的近代火器传入卫拉特四部的时间大约是17世纪初。当时为了对付喀尔喀、哈萨克等众多外部敌对势力，卫拉特封建主们积极通过走私贸易等途径四处搜罗各式火药武器，但这些火器的主要来源并不是俄国，而是中亚地区。

16世纪初，奥斯曼帝国的火器部队加尼沙里军团（即土耳其新军）在恰尔迪兰会战中大败强悍的萨菲波斯“红头军”，在中亚掀起了一股“火器化”风潮。来自奥斯曼帝国的枪炮制作者，将火器制作工艺传入中亚各地。莫卧儿帝国的建立者巴布尔的麾下就有一支成建制装备火绳枪和火炮的新军。撒马尔罕一带的昔班尼汗国为了对抗萨菲波斯也向奥斯曼帝国请求火器增援。1542年，奥斯曼苏莱曼大帝为牵制萨菲波斯，一次就派遣500名加尼沙里军团士兵，携带相当数量的火绳枪和轻型火炮前往昔班尼汗国。到了17世纪初叶，撒马尔罕和布哈拉等城市的火器工匠已经能仿制火绳枪和轻型火炮，安集延、塔什干就是当时著名的火器走私贸易中心。这些情况不可能不被经常骚扰中亚各城的卫拉特人所知。

卫拉特四部中以准噶尔的巴图尔珲台吉最为重视火器部队的建设。根据《俄蒙关系历史档案文献集》的描述，准噶尔的都城和布克赛尔内布设有4门通过走私途径获得的火炮。1637年，和硕特部远征青海时，卫拉特各部都起兵相助，巴图尔珲台吉竟然一次就派遣了700名火绳枪兵支援和硕特部！

17世纪70、80年代，准噶尔汗国加剧版图扩张，其军队对热兵器的需求更为迫切。根据清人梁份在《秦边纪略·嘎尔旦传》中的记载，噶尔丹在统一卫拉特以后，曾“取沙油汁，煮土成硫黄，取泻卤土煎硝”，制作火药；征服了天山南路信奉伊斯兰教的叶尔羌汗国之后，准噶尔人“又使回回教火器，教战，先鸟炮，次射，次击刺。令甲士持鸟炮短枪，腰弓矢佩刀。橐驼驮大炮，出师则三分国中，人相更番，远近闻之咸慑服”。这时的准噶尔占据了大部分中亚地区，拥有自产枪炮的能力。在噶尔丹历年进献给清朝的礼品里就有“厄鲁特鸟枪”。

▲ *行军中的莫卧儿骆驼炮兵*

准噶尔军所用的火器，最有特色的就是“赞巴拉克”轻型炮和“沙图纳尔”骑兵用火绳枪。“赞巴拉克”轻型炮全长约 2 米，口径最大者可达 20 多厘米。炮身中段有炮耳，可以使用普通木质炮架和可转动射击的回旋式炮架搭载，该炮的有效射程可达200步左右(相当于约300米)。“沙图纳尔”骑兵火绳枪全长介于80厘米—1 米之间，口径在 9—15 毫米之间，长度适中，极为轻便。相比之下，准噶尔军中天山南路回部步兵用的火绳枪就相对长些。其枪身全长可达 1.6—2 米，形制上沿袭了中亚地区火绳枪的风格，有的在枪身下方还有木质或铁质的叉子状支架。

1643 年，被哈萨克的扬吉尔汗以 600 名火绳枪兵击败之后，巴图尔珲台吉希望从枪炮犀利的俄国获得枪支等军需物资，毕竟俄国人的枪炮质量要优于中亚那些城邦的产品。在《俄蒙关系历史档案文献集》下册第 68 号中，保存了 1644 年巴图尔珲台吉给沙皇的信，其中就有“请赐优等枪炮”的内容，但是沙俄方面拒绝了这一请求。

为了维护本国的利益，减少在西伯利亚地区扩张时的阻力，沙俄官方一直严禁向喀尔喀、卫拉特、哈萨克各部走私火器，沙皇甚至在 1620 年颁布了严禁向蒙古人输出火器的法令。噶尔丹上任后一改历代准噶尔领导人对俄国的强硬态度，其中一个原因就是希望能促使俄国放开关于火器贸易的禁令。但熟知游牧集团首领习性的俄国人，根本不理会这一点，只是象征性地给了噶尔丹一些奢侈品和少量华而不实的火枪作为馈赠物品搪塞过去。虽然部分俄国官员（比如戈洛文）依然希望通过武装噶尔丹来牵制清朝，但是俄国上层普遍认为噶尔丹的利用价值不大。1689 年《尼布楚条约》签订后，为了维护能从清朝获得的长远贸易利益，沙俄更是彻底断绝了对噶尔丹的走私通道。尽管如此，根据张建先生的估算，噶尔丹在科布多的两万多军队中仍至少拥有一万名以上的火器兵，和同时代萨菲波斯的皇家禁卫火枪兵数字基本相当！

▲ *准噶尔单兵用火绳枪实物*

手里有这么一支装备精良、久经沙场的虎狼之师，即使兵力不多，在清朝边境上制造麻烦也算是足够了。其时，噶尔丹的恩师五世达赖已经于 1682 年圆寂，这时西藏教廷的当家人是五世达赖的门生之一——第巴（藏语意为头人，此处特指和硕特汗国的行政官）桑杰嘉措。这位精于权术、野心极大的西藏贵族为了保持自己的权位，向外界和藏区内部隐瞒了五世达赖去世的消息，只对外宣称佛爷闭关修炼。就这样，桑杰嘉措一直以五世达赖的名义处理各种事务，包括噶尔丹在内的政要都不清楚这一内情。倘若五世达赖尚在，依他老辣的政治手段和稳重的做派，恐怕不会让噶尔丹这么轻易地开罪清朝这个庞然大物。

桑杰嘉措的眼光远不如五世达赖。1689 年年底，康熙皇帝派遣总管北京城喇嘛庙的班第札萨克喇嘛——伊拉古克三活佛前往西藏，希望西藏教廷出面劝阻噶尔丹。但伊拉古克三活佛和桑杰嘉措既是同学又是政见相同的密友，结果是两人一见面就商讨好要唆使噶尔丹武装扩大事态，康熙的旨意则被抛到了九霄云外。

12 月，伊拉古克三活佛前往科布多传达“达赖喇嘛”的谕旨，要噶尔丹立即领兵东征，逼迫清朝交出土谢图汗和哲布尊丹巴一世。伊拉古克三活佛甚至还信誓旦旦地表示，自己在北京的一众弟子可以为噶尔丹充当间谍，刺探清廷军事情报。

对于噶尔丹而言，时局已经极其不利，但他却选择放着背叛的策旺阿拉布坦不管，忽视与富庶中亚地区联系的隔断所造成的赋税、兵员、军火物资等供应链断裂的严重性，孤注一掷地选择“先外后内”的方略。

喋血驼城：乌兰布通峰的硝烟

外喀尔喀三部被噶尔丹吞并时，清朝就已经做好军事行动的准备。1688 年 9 月，在收容赈济外喀尔喀残部的同时，由领侍卫内大臣佟国纲国舅、费扬古、内大臣明珠、理藩院尚书阿喇尼统率的上三旗骁骑营、下五旗先锋护军进驻张家口待命。漠南蒙古苏尼特、茂明安、鄂尔多斯等旗每旗集结 2000 兵丁，加强本境守备。归化城的京师八旗 1000 充作机动部队，山东、山西、直隶各省的八旗绿营也开始拨出精锐部队北上待命。为了给作战部队配足所需的马匹，康熙下令：“每佐领马各以十四交兵部委官监视，牧养肥壮，以待有事之用。如本兵有所差遣，仍取原马骑用，至不用之时，仍各缴还兵部。”（《亲征平定朔漠方略·卷八》）又令：“满洲、蒙古、汉军各佐领下拴马一半，给草豆钱粮喂养。”（《亲征平定朔漠方略·卷十五》）1690

年四月，清朝使臣到达伊犁会见策旺阿拉布坦，传达康熙皇帝希望与策旺阿拉布坦联合夹击噶尔丹的意愿，这时离噶尔丹第二次东征仅有一个月的时间了。

五月初三，经过数月准备，噶尔丹留兵5000人守科布多大营，他自己亲率2万兵力沿克鲁伦河、乌尔扎河、喀尔喀河一线前进，侵入清朝境内呼伦贝尔草原。当年寄居此地的阿鲁科尔沁部众早已南迁，噶尔丹得以长驱直入。

六月二十一日，准噶尔军进入哲里木盟境内的乌尔会河，击溃了清理藩院尚书阿喇尼临时征调的2万满蒙官兵，取得了清准战争第一仗的胜利。随后，噶尔丹一边撒着“我攻我仇喀尔喀尔，不敢犯中华界”（《清圣祖实录》康熙二十九年六月）的弥天大谎，一边率军击溃各旗蒙古兵丁的抵抗，攻占漠南蒙古锡林郭勒盟北部草场，杀到乌珠穆沁左翼旗境内，胁迫当地蒙古王公进献牛羊充实军资。

七月，准噶尔军兵临乌兰布通，距离北京仅700里！

乌兰布通，在蒙古语中意为红色的山包子，是位于昭乌达盟克什克腾旗境内的一块高地。其主峰所处的位置是东北—西南流向的西拉木伦河上游支流萨里克河的河源，山峰南面正对着高凉河。此地水草丰美，噶尔丹驻兵于此，一来可以休整部队，二来可以对近在咫尺的北京施加压力，迫使康熙皇帝交出土谢图汗和哲布尊丹巴一世，承认准噶尔对喀尔喀三部的实际控制权。后世史家多认为噶尔丹意图连清朝漠南蒙古一并夺取，“建立一个以黄教为国教的大帝国”（班布尔汗《最后的可汗》）。这一说法实有言过其实之嫌。虽然噶尔丹确实放话“圣上君南方，我长北方”（《平定朔漠方略·卷七》），但那不过是为了夸大己方实力、增加对敌威慑。可惜，他这次面对的敌人不再是中亚那些小邦之主，而是一个大帝国的强权君王。

▼描绘康熙皇帝亲征噶尔丹的绘画作品

噶尔丹率军占据乌兰布通的消息传到北京后，北京全城戒严，京师八旗每牛录调出8名鸟枪手以备调遣。北京城内人心惶惶，米价竟一日内上涨数倍。康熙皇帝见局势险恶，为稳

定军心大局，力排众议着手准备御驾亲征。1690 年七月初二，康熙命裕亲王福全为抚远大将军，与皇长子胤禔统兵出古北口为西路军，前往乌兰布通处正面迎击噶尔丹军；以恭亲王常宁为安北大将军，与和硕简亲王雅布统兵出喜峰口为东路军，负责包抄噶尔丹的临时补给基地乌珠穆沁；康熙皇帝自领一军为中路，总率全局。

按计划，七月初六，东西两路军应全部启程；七月十四日，康熙亲率中路军离京北上。三路大军包括此前调集的京师禁旅八旗、察哈尔八旗、八旗汉军火器营等部队在内，算上后勤人员，总兵力达 10 万人，浩浩荡荡出塞迎击噶尔丹。

与此同时，为策应正面战场，东北的盛京、宁古塔、科尔沁各处驻防八旗兵纷纷出动，只待集结完毕后就向常宁兵团靠拢，威慑噶尔丹侧翼。在平定三藩之乱中立下赫赫战功的康亲王杰书，也奉命率大同和宣府绿营兵 3100 名驻守归化城，统一指挥驻防八旗及鄂尔多斯、茂明安等各旗兵丁，准备在噶尔丹战败西逃时对其残部进行堵截。西安将军尼雅汉统率满汉官兵 3000 人前往宁夏，负责策应归化城清军作战。为保证一劳永逸围歼噶尔丹，康熙皇帝严令："大兵陆续前进，朕亦亲往，姑勿与战，以待各路军至齐发，毋致失利。"（《清圣祖实录》康熙二十九年七月）

但计划赶不上变化快。首先是七月初七，康熙接到报告，盛京、宁古塔、科尔沁的驻军未能按时到达预定地点，加上前方侦察人员报告准噶尔军有后退的迹象，是以康熙决定常宁兵团暂缓进兵。等到七月十六日，康熙皇帝查明噶尔丹已经率军退到乌珠穆沁放牧之后，才又谕令常宁继续按原计划行动。就在这一天，康熙皇帝率中路军抵达滦河以东的黄姑屯（今河北隆化）时，由于连日备战过度焦虑而犯疟疾病倒，御医多方调治病情仍未好转。虽然康熙依旧强撑着要继续前进，但臣下文武均力劝其返回北京调养，康熙无奈地对臣僚们说："朕来此地，本欲克期剿灭噶尔丹，以清沙漠。今以朕躬抱疾，实难支撑，不获亲灭此贼，甚为可恨。"（《清圣祖实录》康熙二十九年七月）

在命令随驾的汉军火器营和前锋护军等精锐部队挑选最健壮的战马驰赴福全兵团后，康熙皇帝返回北京，一场帝国君主和草原汗王硬碰硬的精彩对决就这样抱憾而止。这样一来，原计划聚歼噶尔丹的三路清军，就只剩下福全兵团向乌兰布通继续前进。后世的不少历史作品中，均以为乌兰布通之战中清军以 10 万大军对阵噶尔丹的两万军队，试图从兵力对比悬殊的角度、以及乌兰布统之战的结果，论证清军战斗力的低下。而实际上，真正与噶尔丹交手的清军，只有福全兵团。遗憾的是，福全兵团的清军兵员数量具体是多少，至今仍无文献可以查证。

对于清军的动向，噶尔丹早已通过此前就秘密布设在漠南蒙古及北京各处的喇嘛间谍网大概得知。虽然康熙皇帝为了麻痹噶尔丹，也不断派遣使者前往准噶尔军营，做出要举行谈判的姿态，试图影响噶尔丹对形势的判断，但噶尔丹显然没有被这种低级的障眼法糊弄过去。1690 年七月底，奉命抵达大兴安岭一带的清军安北大将军常宁派出一部袭击乌珠穆沁，却被准噶尔军击败，未能达成扰乱准噶尔军后勤补给地的作战目标。得胜的噶尔丹再次大举南下，重新兵临乌兰布通。八月初一黎明时分，福全兵团前锋悄然抵达乌兰布通萨里克河以南。清军首先发现准噶尔军后，立即整队“设鹿角枪炮，列兵徐进”（《亲征平定朔漠方略·卷八》），走在清军队伍前面的，是清一色手持火绳枪的八旗汉军火器营官兵。

1683 年，康熙皇帝下旨组建八旗汉军火器营。营内设总管、协领、参领、操练尉、骁骑校等各级军官。至于兵员数目，据房兆楹先生的考证，以 1683 年有 255 个汉军佐领，每佐领抽调 22 名马甲（指八旗骁骑营之着甲士兵）来计算的话，这支新组建的汉军火器营共有兵 5610 名，占汉军马甲总数的 3/5。如此大规模地增添鸟枪马甲，别立一营，谕以“严加操演，以裨实用”，目的就是培养能与准噶尔军火枪兵抗衡的劲旅。

汉军火器营初设时仅有鸟枪营，1690 年初，为了应对即将爆发的战事，又扩充了火器营的规模，将其升格为“汉军火器营兼练大刀衙门”，以满足协同作战的需要。营制和官制也相应发生了变化，学者张建先生在《火器与清朝内陆边疆之形成》一文中提到：“参加乌兰布通之战的火器营官兵序列包括：一、放炮、放鸟枪交战之人，即鸟枪披甲、炮手；二、执纛之人，即持火器营纛者；三、带小旗领催；四、押炮披甲。此外，还有挽车步甲、棉甲人（即穿棉甲抬鹿角木者）、抬鹿角木之跟役等苦差。”

火器营的单兵火器全系被称为“鸟枪”的火绳枪，清初火绳枪按形制大体分 3 类。一是日本种子鸟铳，源自葡萄牙人在南亚使用的“麻六甲”（Cingalese-Malayan）式火绳枪，枪身较短，枪托下端弯曲，这种设计使得种子鸟铳可以贴腮射击，这种火绳枪在壬辰倭乱中有相当部分被明朝和朝鲜军队缴获，也是满人最早接触到的火绳枪。二是鲁密铳（奥斯曼式火绳枪），因土耳其人在中亚被称为鲁密（rumi）而得名。此枪于万历年间传入北京，枪身比较长，接近 2 米，枪床前部设支撑架。枪托直而狭长且略向下倾斜，可以抵肩射击。以上两种都是 16 世纪末 17 世纪初明军曾采用的制式火绳枪。三是来自欧洲的荷兰造火绳枪，特点是拥有直而长的枪身、较宽的枪托，可以抵肩射击，16 世纪末 17 世纪初为荷兰步兵的制式火绳枪，后来被荷兰东印度公司带往远东，部分因战争或其他途径落入台湾郑氏军队之手。另外，荷兰造火绳枪也曾被沙俄引进仿制，列装部队，所以侵扰黑龙江流域的哥萨克也装备过此枪及衍生型号。清朝统一台湾、收复雅克萨之后，也获得了一批这样的火绳枪。至于康熙年间这几种火绳枪在清军中装备情况如何、哪一种是主要型号，目前尚不清楚。

清准战争以前，经过三藩之乱实战考验的清军已经摸索出了一套自己的火器战术。三藩之乱中，吴三桂的军队为了抵御清军骑兵的冲锋，将深埋于地的防材鹿角木与火枪手混合编组，这一做法被负责汉军火器营训练的佟国纲吸收并加以变通，创制出“连环本栅”战术。

学者张建先生在《火器与清朝内陆边疆之形成》一文里，援引《清实录》和《起居注》里的相关记录，还原了康熙二十九年前“连环本栅”战术的运作过程。作战时，每两名身穿棉甲的鹿角兵或夫役组成一组，负责扛抬鹿角木，排列于军阵前。每架鹿角木后面站着一名手执小红旗的低级军官“领催”，鸟枪手在鹿角木十步后列队，排成九行，每行一队，每一队士兵前后间隔十步的距离。号角手吹螺号三次，身处鸟枪手最后方的炮兵闻号则发炮三次。火炮射击完毕，第一队鸟枪兵进至鹿角木后，视领催小旗、听口号齐射，其余各队依次前进十步。第一队射击完毕，全队右转向后走，在队尾重新排列，清膛装药。紧接着，抬鹿角木的鹿角兵、夫役及第二队鸟枪手复进十步，第二队鸟枪手照旧于鹿角木后听令齐射。如此各队依次放枪九次，称为九进。至第十进，就算完成一连环。这就是著名的

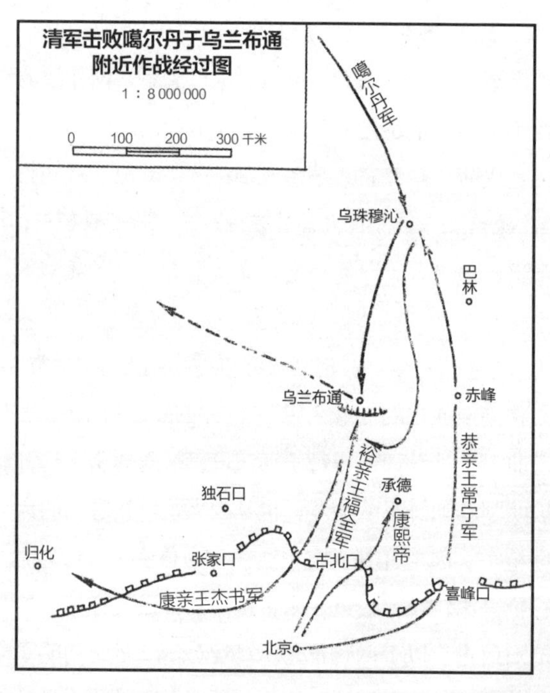

▲ *乌兰布通之战*

九进十连环战术。

1690年八月初一下午，清军完成部署，和准噶尔军隔着萨里克河以火器对射的形式揭开了乌兰布通之战的序幕。不过此时双方距离较远，加之前装滑膛枪炮精准度有限，所以这一阶段双方都没有大的伤亡。在使用单筒千里镜观察一番敌情之后，清军统帅福全发现，准噶尔军在乌兰布通峰南坡“于林内隔河高岸相拒，横卧骆驼，以为障壁”（《亲征平定朔漠方略·卷八》），摆了一个极为奇特的阵势迎战清军：依托地势，将军中骆驼集中起来，面向敌人排成数排横队，四足以绳索裹缚，卧于地上，驼背装载木箱等物，以此掩护士兵射箭、放枪，这就是著名的“驼城”战术。这一战术并非是噶尔丹的原创，在此之前早有施行者。

16—17世纪，中亚各国在学习奥斯曼火器制作技术的同时，也吸收了奥斯曼军队的火器战术。在莫卧儿开国皇帝巴布尔所写的《巴布尔回忆录》中，有这样的一段记载：“我命令所有的士兵都应提供车子——每个人按其境况提供。结果总共送来了七百架车子。阿里·库利师傅奉命仿照鲁姆（奥斯曼土耳其）的惯例，用生牛皮制的绳索代替链条，把车子绑在一起；在每两架车子之间安五六个挡箭牌，射手们就站在车子和挡箭牌的后面发射火绳枪。”

▼俄罗斯画家笔下的准噶尔军队，其中乘马免冠者即噶尔丹

这段文字讲述的是1526年巴布尔在攻打德里苏丹的帕尼帕特之战中，采纳奥斯曼军事顾问的建议布设火器阵形的事迹。巴布尔的这一阵法名为“圆阵”，它的原型是奥斯曼军队著名的“恰尔迪兰阵”，恰尔迪兰阵则最早来源于胡斯战争中的“车堡阵”。这种阵形的精髓在于步、骑、车协同作战，哪怕让敌方的骑兵突破侧翼，敌军也无法越过连在一起的车子，己方以大车为掩护的火枪手却可以从容地向敌人射击。莫卧儿的圆阵除了火枪兵以外，还有由奥斯曼雇佣兵操作的

轻重火炮部队协同作战，火力极其强大。

和莫卧儿帝国相比，中亚的布哈拉等国虽然也仿效了奥斯曼帝国的火器战术，把骑兵和步兵分开编组，但火力配置上则寒酸得多。虽然16—17世纪，中亚地区已能自产枪炮，但受制于生产力和生产规模，中亚的小国们没有能力像奥斯曼和莫卧儿那般单独组建数量庞大的火器兵种。于是他们采用了以骑兵为主、乘马的火器兵为辅的做法，火枪手、弓箭手、炮手混合编组，迎敌时列于大队前方，与敌军对射，当敌军混乱时后方的骑兵就投入战斗，扩大战果。为了保持高机动性，中亚各国以驮载木箱的随军骆驼代替了莫卧儿的大车充当防御掩体。准噶尔人在长期和中亚各国作战的过程中也学习并掌握了这种战法。

如今，在乌兰布通这个战场上，噶尔丹也希望用这一战术重创清军。他与精锐卫队在乌兰布通峰北坡立下大营，以骑兵分左右两翼驻扎于驼城工事后被树林隐蔽的高地处，然后放心大胆地等着清军冲上来送死。却不料清军并不急着过河杀敌，清军火器营的鸟枪手进抵河岸后，忽然集体左转向西行进，鸟枪手后面赫然是正在装填火药和炮弹的清军炮兵！这是由侍卫内大臣马思哈指挥的从属汉军火器营的炮队，他们所装备的火炮有行营信炮、子母炮、铁心铜炮等。除了用来施放各种信号的行营信炮，其余两种均是实战火炮。在清军炮火的轰击下，噶尔丹的驼城很快被轰为两段，一片血肉模糊，木屑纷飞。激战到傍晚，福全命令炮兵停止射击，同时派出调整队形完毕的火器营分成左右两翼发动进攻。

努尔哈赤长子褚英的后裔、满洲正白旗都统苏努（此君是位基督徒）所统帅的左翼清军，从战场西面泅渡萨里克河后，随即向准噶尔军防线的缺口冲击。以领侍卫内大臣佟国纲与其弟佟国维率领的汉军八旗火器营部队，此时正隶属左翼清军的作战序列，佟国维率领的部分清军甚至一直杀到距离噶尔丹中军大营很近的地方架炮轰击，但由于清军进军仓促，部队阵形毫无章法拥作一团；加之是从下往上仰攻，准

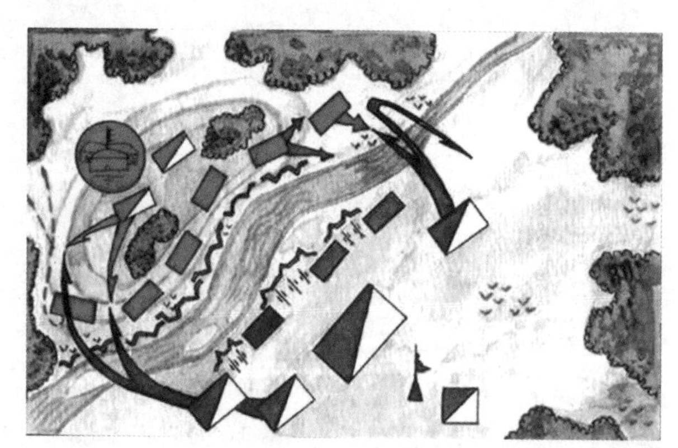

▲ *俄国彩色地图：乌兰布通之战战场态势，蓝方表示清军，红方表示准噶尔军*

▲俄罗斯画家笔下的准噶尔重装步兵及火绳枪手

噶尔军依托地利、居高临下地用火绳枪、轻型火炮或弓箭向清军射击，随后部署在这一方向的准噶尔骑兵也加入了战团，清军渐渐不支而退。撤退途中，佟国纲及营总韩大任等多名将官中枪身亡。左翼清军进攻受挫的同时，曾经指挥第一次雅克萨之战的正红旗满洲副都统彭春，正率领右翼的清军已经沿着萨里克河溯流而上，在河流最窄处泅渡过河。很不幸的是河的对岸是一片泥沼，于是乎刚上岸的清军没行进多远，就陷入泥沼中，前进不能后退不得。

在准噶尔军的弹雨下，右翼清军的处境更加被动。战斗中，清军镶白旗前锋参领格斯泰骑着康熙皇帝御赐的白鼻骏马，“直入贼营，左右冲击，出而复入者再”，最终阵亡。不过他一个人的英勇挽救不了整支队伍的溃败。截止到当日夜幕降临，清军除了给予敌军一定的杀伤外，并没有取得什么重大战果，己方反而伤亡大批官兵，福全只好命令收兵退回萨里克河以南。清军和准噶尔军就此隔着萨里克河对峙了两日。

此时的准噶尔军虽然给清军以极大杀伤，但自身也遭受了一定的作战伤亡和弹药损耗，更为严重的是，大批随军驼马、牛羊等牲畜在战斗中毙于清军炮火之下，使准噶尔军既无力组织从乌珠穆沁到乌兰布通的军需物资运输，也再难保证军中士兵肉食来源。清军虽然伤亡重大，但凭借火炮数量多的优势和较为稳定的后勤运输补给，拖垮准噶尔军不成问题。面对现实，噶尔丹不想再做无谓的消耗，开始为组织撤退争取时间。

八月初三，噶尔丹派遣正在军中的伊拉古克三活佛前往福全的大营假意求和。福全虽然明知噶尔丹已经势穷，但是前日（八月初一）一场激战令他对准噶尔军的战斗力印象深刻。为了先稳住噶尔丹，等常宁的东路军从乌珠穆沁赶回再发起进攻，福全答应停战，并连夜上书康熙皇帝询问方略。但当晚噶尔丹就率领准噶尔军撤离乌兰布通，并向西北方向的锡林浩特狂奔而去。等福全发现上当准备追击时，已经太晚了。不久，在乌珠穆沁一无所获的常宁也率军返回乌兰布通。常宁和福全两部会合后，清军即班师回朝。

乌兰布通之战就此结束，双方真正交战的时间只有八月初一这一天，作战双方都没能达到自己的预定战役目标。康熙皇帝虽然表面上不得不向海内外宣告大捷，但是心里也明白这不过是面子上的胜利。除了战死的佟国纲、格斯泰等将官得到优恤褒扬，参与乌兰布通战事的所有指挥官，包括主帅裕亲王福全在内，无一人不受罚；曾一度攻入敌阵的火器营左翼官兵则因功受奖。不管怎么说，乌兰布通之战还是带给了清朝极大的收益——漠北喀尔喀各部的王公见识到了宗主国的力量，确信康熙皇帝可以成为他们强有力的保护者。

1691 年五月初一到五月初六。清朝、喀尔喀蒙古及漠南蒙古在四道河畔的多伦诺尔厅举行会盟。康熙皇帝特意调拨 81 门各式火炮大搞射击演练。隆隆炮声中，喀尔喀蒙古各部王公起誓日后将无条件遵行清廷的法令；土谢图汗察珲多尔济等人具疏请罪，札萨克图汗部从土谢图汗部中再次独立出来，喀尔喀蒙古内部纷争得以结束。清朝废除了喀尔喀三部旧有的济农、诺颜等名号，相应授各级王公以汗、亲王、郡王、贝勒等爵位；将顺治时代的左右两翼八札萨克改为左中右三路三十二旗，实行和漠南一样的盟旗制度；不过，出于笼络喀尔喀上层贵族的需要，清廷允许漠北蒙古的札萨克盟旗长保留世袭。这又与非世袭札萨克制的漠南蒙古相有所不同。值得注意的是，虽然此后归降清廷的漠西蒙古各部，也被纳入外扎萨克蒙古的体制，但清代官方文件中的“外藩蒙古”，通常情况下仍多被用于泛指漠北蒙古各部。就这样，准噶尔人和清廷第一次交锋的结果，就是彻底地把漠北蒙古推向了清廷一方。

铁色森林：金鼓齐鸣昭莫多

▲ *俄罗斯画家笔下的昭莫多之战*

其实，乌兰布通之战对准噶尔军造成的伤亡，远没有回师撤退的路上爆发的瘟疫和饥饿导致的减员那么大。同时，策旺阿拉布坦趁着噶尔丹远征的时机引兵偷袭科布多，留守噶尔丹大本营的阿奴夫人和丹津鄂木布以下大批部众被俘。1691 年初，当噶尔丹率领仅剩的数千残兵败将，历尽千辛万苦终于回到科布多大本营时，映入他眼帘的是一片残破的景象。

所幸，河套以西阿拉善地区的部分准噶尔、和硕特部落还倾向噶尔丹。西藏教廷在桑杰嘉措的主持下，瞒着清廷偷偷将从青海征集的粮食、牲畜等各种物资源源不断地送到阿拉善，再由阿拉善送到科布多。除此之外，桑杰嘉措还不断地派遣使者调停噶尔丹和策旺阿拉布坦之间的矛盾，最终使二者暂时握手言和签下协议，约定双方各守疆界互不侵犯，策旺阿拉布坦将扣押的阿奴夫人和部分人畜送还噶尔丹。

在稳定了西部和获取大量物资之后，噶尔丹重整旗鼓，派遣部众分驻在科布多境内土壤较肥沃的乌兰固木、空奎等地屯田，储存战备物资。表面上噶尔丹屡屡遣使向清朝认错，甚至恢复了对清朝的“朝贡”，但实际上他已经做好再次和清朝开战的准备。

清朝方面，自从乌兰布通一战后，康熙皇帝也开始为再次和噶尔丹作战精心准备。

新的战场必然是在漠北地区。1691—1695 年间，为躲避噶尔丹侵扰，外蒙古左、中、右三路的札萨克图汗部、土谢图汗部、车臣汗部的部众仍滞留于漠南，清朝不能立即经营漠北，只能先尽力完善漠南到内地的各项基础设施建设。康熙皇帝加强了自齐齐哈尔、沈阳到山西右卫城、内蒙古归化城等北方沿线各战略要地的驻军增派、武备配置和后勤保障的工作力度。截至1692年，清朝在内蒙开辟了五条官道以利战时运输，每条官道所经各处要地设置大小不同的驿站，长城内驿站由满、汉官兵驻守，长城外驿站由蒙古族官兵驻守。五条官道所经之地及驿站数量情况如下:

1. 喜峰口—科尔沁—昭乌达盟—哲里木盟—扎赉特旗，总长2000里，驿站18个；

2. 古北口—热河—承德—昭乌达盟—乌珠穆沁旗，总长1600里，驿站16个；

3. 独石口—察哈尔左翼—多伦诺尔—昭乌达盟—哲里木盟—浩齐特部，总长1800里，驿站15个；

4. 张家口—归化城—察哈尔左翼—苏尼特旗—哲里木盟—济尔哈图，总长1500里，驿站18个；

5. 杀虎口—归化城—伊克昭盟—鄂尔多斯草原—阿拉善—乌兰察布盟乌拉特旗，总长1300里，驿站12个。

1691年，康熙皇帝按照先前设立八旗汉军火器营的做法，在满洲八旗中也抽调官兵组建了兵员总数达七千八百多人的八旗满洲火器营。营内分设马上鸟枪兵(由鸟枪护军、骁骑营合编）和炮兵，每旗配属子母炮五门；战时则与汉军火器营混合编组作战。乌兰布通之战中，清军阵形过于密集，导致部队在准噶尔军的枪炮轰杀下伤亡极大，康熙皇帝为此特别指示火器营各级军事主官对原有的“连环本栅”战术做出变革：1. 以鸟枪兵居中，炮兵排列于两侧，改变鸟枪手和炮兵分别列阵的传统，将鸟枪手、炮手整合为一阵；2. 强调满洲、汉军火器营配合，八旗满洲的马上鸟枪手分列汉军火器营两翼，使用刀矛弓箭等冷兵器的骁骑营押后阵；3. 细化指令，鸣角吹海螺后击鼓，以鼓声响起的次数来指示大队前进的步数，以鸣锣的方式指示枪炮射击的方向，提高命中率；4. 连环射击完毕后，开鹿角为门，骁骑营陆续驰出，逐队而出，列阵冲锋。这一结合了火器威力和骑兵冲击力的新战术很快就有机会在战场上体现其作用。

1695年，经过几年的准备，噶尔丹率领好不容易集合起来的两万多兵马，再度东侵。这一次噶尔丹吸收了1690年孤军深入的教训，采取了新的策略。他一边对外宣称自己请来了六万俄国枪兵，一边派出多名使者前往漠北及漠南

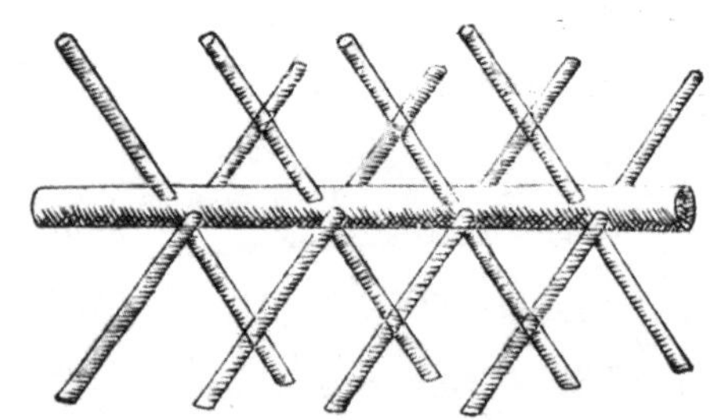

▲《皇朝礼器图式》中汉军火器营的鹿角木

各蒙古王公处搞策反工作。对于清朝派往策旺阿拉布坦处的使者，则毫不留情地予以截杀。

根据后来被俘的准噶尔军官招供："他（噶尔丹）懊悔自己深入到乌兰布通并同清军开战。他想，如果驻扎在克鲁伦河和土拉河附近，用语言和计谋去影响、策动喀尔喀和内蒙古的话，可以使清廷处于首尾不能相顾之境地。到那时，我们可以完成自己的大业。如果满洲听到而派少量军队前来，我们就同他们战斗；如果派大军前来，我们就退走，把地盘让出去。当满洲退走时，我们就可以蹑踪而上。这样不用几年，他们便会军饷告罄而疲惫不堪。他们这样想，并来到了这里。"（《亲征平定朔漠方略·卷二十五》）

以离间拉拢蒙古各部为目的的噶尔丹使者，甚至连清朝的钦定国戚科尔沁人都不放过。于是，康熙皇帝将计就计。1695 年八月，康熙皇帝密令科尔沁亲王沙律遣使噶尔丹处，伪语"我科尔沁十旗俱附尔矣，尔可前来，我等当从此处（指哲里木盟）接应"云云，旨在引诱噶尔丹东侵深入，以便清廷大军将其堵截围歼。噶尔丹接信后果然发兵东侵。为防止间谍给噶尔丹派送情报，清朝对漠南和北京各处喇嘛庙大加搜查，将噶尔丹苦心经营的间谍网络扫清。

从 1695 年年底开始，康熙皇帝即着手编组三路远征大军，准备再次出击。

东路军：统帅黑龙江将军萨布素，率东北驻防八旗兵六千，另有后勤保障人员三千，任务是越过呼伦贝尔草原至索岳尔济山堵截噶尔丹的东侵之路。

中路军：统帅康熙皇帝，统京师禁旅八旗前锋兵、护军、骁骑兵、汉军火器营兵、炮兵、棉甲兵、左翼察哈尔蒙古兵、宣化府及古北口绿营兵、盛京兵、宁古塔

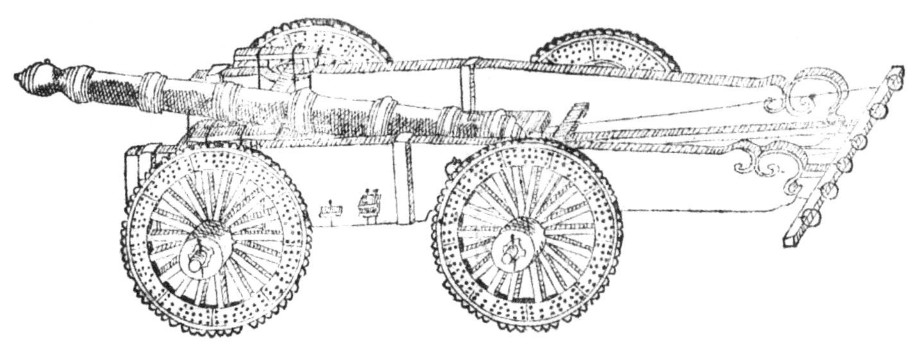

▲《皇朝礼器图式》中的铁心铜炮

兵、黑龙江兵、喀喇沁蒙古兵及内蒙古各盟兵丁，总兵力 4 万左右，另有后勤保障人员 1.7 万。计划出北京后，经魁屯布拉克、插汗七老山，压向克鲁伦河。

西路军：统帅抚远将军费扬古、振武将军孙思克。其中，费杨古部包括山西右卫驻防八旗、京师补调八旗、大同绿营、察哈尔和土默特两部的蒙古兵，总共 13500 人，有后勤保障人员 1 万余，取道归化城北上。孙思克麾下为陕西、甘州、凉州、宁夏等四镇绿营兵及西安驻防八旗兵共计 1 万，有后勤保障人员七千余，出宁夏北上。两军会师于漠北翁金河（德勒格尔杭盖）地区后，再合军一处前往库伦以南的昭莫多集结待命。

三路大军算上作战部队及后勤人员，总计约十万人。

乌兰布通之战，由于战场距离内地较近，所以后勤保障的问题并不突出，清军以 1250 峰骆驼轮番驮载 1500 石粮食，再就地征用一些牛羊就解决了问题。此次用兵漠北却是路途遥远，后勤工作非同小可。康熙皇帝特意拨出专门款项打造七千多辆运粮大车，增购 2 万头骡马备以分拨各军。这些军需骡马主要有三个来源：一是北方各省官府所养的马匹，仅山西一地就至少有 3 万匹；二是国库拨款直接从牧区添购的马匹，比如 1695 年康熙皇帝一次就从内蒙四十九旗和外蒙车臣汗部总共购得 7000 匹马；三是通过茶马贸易、以货易货的方式从甘肃等地少数民族处获取的马匹，这一途径获取的马匹，数量少则 500、多则数千。三路远征大军运输、作战用的马匹总共达到了 30 万匹！相当于每个作战部队的士兵或后勤工作人员可以配备 3 匹马！这是为了应对一人数马配置、机动性极强的准噶尔军团所采取的必要措施。

另一方面，为了进一步减轻官方后勤运输体系的压力，康熙皇帝还特别允准内地商家承运军需物资随军同行，行军驻扎时将这些随军商贩运输队安置在离军营一里外专门设置的“买卖营”。著名旅蒙商号“大盛魁”创始人、晋商王相卿就是依靠在买卖营中随军做生意所得的本钱而发迹。与清朝皇室有着深厚渊源的晋商群体，从此开始在清廷经略漠北的舞台上崭露头角……康熙帝在肃清噶尔丹所安插谍报系统的同时，也紧锣密鼓地搜集着噶尔丹的动向情报。在侦知噶尔丹已经开始东侵的消息之后，清廷方面立即按部就班的启动了用兵计划。

1696 年二月，西路军首先行动起来；三月，中路军和东路军先后出发。行程最短的东路军很快按原定计划到达指定位置，而中路军由于准备充足，加之由康熙皇帝亲自指挥，一路上也是进展顺利，沿途还在各地留下相当数量的物资以便归途中采用。在路上，康熙皇帝不时派出传令兵以求和东西两路大军随时保持联络，便于协调指挥。这时萨布素的东路军已经离开索岳尔济山奔向克鲁伦河下游，唯独西路军已失联近一个月。四月二十一日，康熙皇帝终于在进军途中接到费扬古急报，要求暂缓进兵，原因是西路军在进军途中遭遇了意想不到的困难。

1696 年二月十八日，费扬古部最先启程。二十二日，孙思克部也自陕西定边出发。两部本约定一个半月后会师于漠北的翁金河，却不料孙思克部在途经阴山一带时遭遇大雪，骡马大量冻死倒毙。无奈之下，孙思克只能挑选精锐士兵两千余人骑乘军中所能挑出的强壮马匹，携带可供一月之用的粮秣先行北上追赶费扬古部。费扬古部在行进中也遇到了不少麻烦。探知西路军行踪动向的噶尔丹先发制人，派出小分队将西路军必经之地——库伦及土拉河以南的草原焚烧殆尽。此举令费扬古部到达当地后因马匹无草可食而被迫改变原定的路线，绕道而行。

战场情况瞬息万变，任何事情都有可能发生，康熙皇帝考虑再三，同意了费扬古的请求，并对行动计划再做调整。他令费扬古、孙思克必须于五月初四抵达昭莫多。为保持协调，中路军的行军速度也适当放慢。五月初一，中路军进抵距离克鲁伦河仅有 230 里的拖陵布拉克，康熙皇帝随即向正在克鲁伦河流域活动的噶尔丹派出使者，告知噶尔丹自己亲征的消息。为了稳住噶尔丹，康熙皇帝还在信中表示双方应该进行必要的沟通。噶尔丹开始时还将信将疑，在听取了自己的侄子、前锋丹济拉的禀报后才确认康熙亲征的真实性。

▲《皇朝礼器图式》中的清军火器营战鼓

五月十一日，当康熙亲自率军抵达噶尔丹在克鲁伦河曾驻扎过的克勒和硕后，发现随地都是被丢弃的辎重物品——噶尔丹又跑了。不过，令康熙皇帝略感欣慰的是，五月初四，费尽周折的西路军已经抵达昭莫多。但为了减少粮食损耗，费扬古、孙思克在翁金河会师后前往昭莫多的途中，又再次精简了兵力，编制内的四万大军实际只有一万四千余人到位，且行程已经耽误了将近半个月，人马疲惫不堪。

这些情况尽被噶尔丹掌握，他之所以在克鲁伦河扔下带不走的辎重急急忙忙西走，就是为了避开拥有兵力优势的中路军而专门打击严重减员的西路军。这显然并非如同清朝官方史书所宣称的“而竟逃窜，怯懦显然”。1696年五月十三日，中路军兵临战略要地托诺山，仍不见敌踪，而此时大军随身携带的干粮已经告罄。康熙皇帝派出领侍卫内大臣马思哈率2000名骑兵继续追寻，自己则率中路军主力暂时后撤以等候左都御史于成龙督运的粮草。就是这一天上午，清军西路军和噶尔丹军在昭莫多遭遇，两军随即展开了异常惨烈的厮杀。

昭莫多，在蒙古语中意为大森林，根据学者黑龙的描述，“其地位于土拉河以北，肯特山以南，汗山以东。山下是广约数里平川，林木茂荟，河流穿梭其间。森林之南，有一座马鞍形小山横卧，右连南山”（黑龙《康熙帝首次亲征噶尔丹与昭莫多之战》）。明朝时，这里叫忽兰忽失温，15世纪初明成祖北征时，就是在此地以火器和骑兵结合的战术大破瓦剌联盟的权臣马哈木所部。现在，这块老战场又要见证一场载入史册的对决。

志在必得的噶尔丹先发制人，下令所有士兵上马，布阵冲击：两翼的准噶尔轻骑兵或手持短火绳枪，或持弓箭在快速奔驰中交替射击；阵中的重骑兵平端长矛一往无前，意图冲破西路军的正面防守。此时的清军西路军已到达昭莫多十日之久，留在后方的部队相继赶到。同在军中的宁夏镇总兵殷化行对周边地形加以勘查，并协助费扬古和孙思克制定了作战计划。战斗一打响，西路军各部开始按部就班、各司其职。满洲正白旗前锋统领硕岱、蒙古正黄旗都统阿南达率领部分清军骑兵率先出击与噶尔丹军交锋，两军甫一接触，清军就摆出一副且战且走的架势，向西面山林地带撤退。为了吃掉眼前这股清军，噶尔丹亲率部队紧追不舍。未几，清军骑兵分作两路“逃散”，出现在准噶尔骑兵面前的，是已经按照变革后的“连环本栅”战法在高处密林列阵完毕的振武将军孙思克部。

乌兰布通之战后，清军炮兵总结出一个教训，那就是在山地战或野战中，全重达110斤（清制单位，下同）的铁心铜炮虽然威力很大，但运输比较困难；而全重85—95斤的子母炮虽然在威力上较为逊色，但它的优点在于炮身轻便，无论是使

① 戴梓所仿制过的西洋臼炮“冲天炮”因为可以发射原始的霰弹，因而也有“子母炮”之称。但冲天炮全重180斤，更适合用于攻城战。同样是戴梓的作品，相比起因工艺不成熟、制作成本过高而无法大规模列装的“二十八发连珠铳”，冲天炮因其实用性而成为清军精锐炮兵的制式火炮之一。

用四轮炮车还是骡马或骆驼承载都颇为便利，可以满足清军在野战或山地战中保持高度机动性的需要。子母炮的前身就是明朝中后期从西方引进的后膛装填“佛郎机”火炮。清朝初年，西洋传教士汤若望等曾协助清朝改良佛郎机：不改变原有的子铳、母铳结构，而将炮身统一改用熟铁铸造，在保持炮身长度基本不变的前提下缩小口径。这一做法虽然使得清代子母炮的威力与它的原型明朝佛郎机炮相比大打折扣，但随着倍径的加长，子母炮的炮口初速远超过佛郎机，能获得比明朝佛郎机更大的射程。子铳、母铳、后膛装弹的设计使子母炮可以获得比前装火炮高得多的射击频

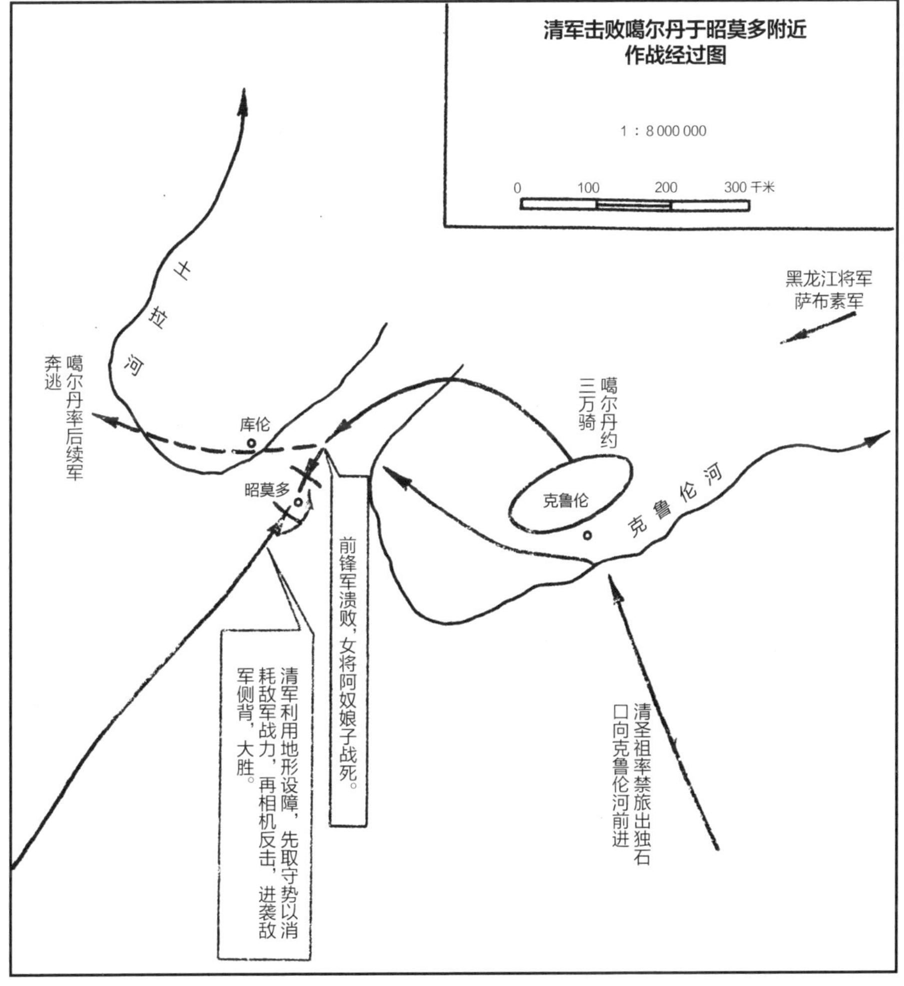

▲昭莫多之战

率，这在野战中对付高速运动的骑兵尤为得力。康熙初年著名的火器专家戴梓也曾经参与监造子母炮的工作。[①]

▲噶尔丹的妻子阿奴可敦画像

1695年，西路军编组演练时，军中就配备了相当数量的子母炮和其他各型火炮，但费扬古很快又向康熙皇帝上奏请求再拨给一批子母炮，康熙皇帝便将北京景山炮厂新造的子母炮24门和江南各省解送的子母炮55门拨给西路军。1696年二月，西路军出发前夕，康熙皇帝又从当年新造的48门子母炮里拨出8门给费扬古。后来西路军因遭遇恶劣天气进军困难，费扬古把军中的将军炮留在途中留兵看守，空出200峰骆驼来驮载军中的子母炮。战事的发展很快就证明，他的选择是对的。

当年在乌兰布通战场，是清军先向噶尔丹发起攻击，被准噶尔军借助地利打退下来；如今在昭莫多，情况却恰好相反：噶尔丹亲率骑兵向高地密林处的清军孙思克部发起攻击，孙思克镇定地指挥清军士兵迎敌，一片锣鼓声中，清军的鸟枪和子母炮发出阵阵轰鸣，战场上一片硝烟弥漫，从下往上的仰攻削弱了准噶尔骑兵的冲击力，许多人被清军的炮弹或枪弹击中跌落马下。面对这一情况，噶尔丹命令部下下马，意图以分散队形冲入清军阵中进行肉搏。孙思克果断命令打开鹿角门，手持刀盾的汉军藤牌兵自后冲出。双方从五月十三日早上杀到当天下午，难分难解……

孙思克率部和噶尔丹主力激战的同时，费扬古采纳殷化行的献策，亲率完成诱敌任务的硕岱、阿南达两部骑兵包抄到了噶尔丹的后方，把只有少量精锐卫队的噶尔丹后方大营搅得天翻地覆。负责留守准噶尔军后营的阿奴夫人不敌费扬古，便率卫队前去和噶尔丹会合，正好碰到孙思克部的藤牌兵和噶尔丹军混战在一起的场面。此后，战局已经发展到清军不得不把骑兵也改作步兵投入步战的地步。

与孙思克一起指挥部队作战的殷化行，后来在他的回忆录《西征纪略》戊集续编第八卷里如是写道："……时日已将申，颇晴和，而气色甚惨淡。余见贼势不可遏，恐人心散乱，遂令士卒皆下马，以一兵并牵五马，余兵皆出步战。发上颁皇炮及自制子母炮垒击之，噶尔丹及其嫂阿努娘子（即噶尔丹弑兄所夺之嫂）等，亦皆冒炮矢，舍骑而斗，锋甚锐不可败，击伤颇相当，胜负未决。"

"硕皙敢战，披铜甲，佩弓矢"的阿奴夫人加入战团并没有为噶尔丹扭转战局。相反，由于她本人的穿戴和坐骑都非常显眼，很快就成了清军鸟枪手和炮兵绝佳的射击目标。清军士兵纷纷向这个四十多岁的中年妇人开火，丝毫不顾及这样做可能会伤到正在前方投入白刃战的藤牌兵同袍。一片枪炮声响过之后，阿奴夫人殒命沙场。

阿奴夫人嫁给噶尔丹二十余年，两人感情极深。她常追随噶尔丹身边出谋划策，甚至和丈夫一起冲锋陷阵。可以说她的阵亡对噶尔丹的打击相当大。此时已近傍晚，在噶尔丹后营打完秋风的费扬古从准噶尔军背后杀到，腹背受敌的噶尔丹终于支持不住逃离战场。历时一天的昭莫多之战就此结束。

此役噶尔丹除付出了两千多人阵亡、三千多人被俘的代价外，还有大批的甲胄兵器以及六万多头牲畜被清军缴获。得胜的西路军于五月十五日和一直在搜索噶尔丹的中路军马思哈部会合，之后向东前进，准备顺着中路军的行军路线班师。五月十五日到十八日，康熙皇帝先后收到马思哈和费扬古发出的捷报。他不禁大喜过望，亲率随军文武大臣以三跪九叩的礼节感谢上天，而后宣布班师回朝。

1696 年六月初九，康熙皇帝返回北京，持续数月的第二次征讨噶尔丹的军事行动就此结束。

枭雄末路：最后的博硕克图汗

侥幸逃出生天的噶尔丹，不仅失去妻子阿奴，其重臣戴巴图尔宰桑、博罗特和硕齐等也战死沙场。无奈的噶尔丹收容了不足 5000 人马的残部，流窜于科布多西部的塔米尔河流域一带，惶惶不可终日。他陷入了"困穷已极，粮粮庐帐皆无，四向已无去路，狼狈不堪，目下掘草根为食"（《亲征平定朔漠方略·卷三十》）的悲惨局面。其时，作为准噶尔统治中心的伊犁河流域已被策旺阿拉布坦占据，噶尔丹自然不可能再回去。往北通往俄国的道路又被明安特、帖良古特等与准噶尔为仇的部族所遮断。而在南方的吐鲁番、哈密地区，昔日由噶尔丹一手扶持起来的实际统治者阿卜都里什特，很早便通过一位名叫沙和卓的回回商人和清朝取得联系。昭莫多之战后不久，阿卜都里什特就带着儿子克苏尔唐一起亲赴北京。自称“回回国王”的阿卜都里什特向清朝表示，愿意留儿子在北京做人质，然后“亲往吐鲁番，以圣上威德宣谕属下众回子”（《清圣祖实录》康熙三十五年八月），为清朝堵截噶尔丹出力。甚至就连同属卫拉特四部之一的青海和硕特汗国和阿拉善的卫拉特人，在清朝陈兵边境的巨大压力下，也不得不和噶尔丹划清了界限。

万般无奈的噶尔丹只好打算远走西藏，投奔自己那位已经成为西藏地区实权人物的老同学——第巴桑杰嘉措。桑杰嘉措也有意接受老同学的避难请求，然而事与愿违，在昭莫多被俘的准噶尔军将领丹巴哈什哈，以及和硕特汗国派驻噶尔丹处的官员罗垒厄多齐，向清朝方面透露了噶尔丹意欲逃奔西藏的计划。不仅如此，这两位降人还透露了一个足以让大多数当时的上层政要都感到石破天惊的消息：“达赖喇嘛（五世达赖），殁已九年矣！”（《清圣祖实录》康熙三十五年八月）尽管他们所提供的五世达赖去世的时间并不准确，但这已经不重要了。1686年伯勒齐尔会盟上，西藏喇嘛教廷使者不再扮演清朝、准噶尔、喀尔喀三方势力的平衡者和传信人的角色，全面倒向了准噶尔一方，这种一反常态的做法曾经引起康熙皇帝的猜测：年事已高的五世达赖是否出现了什么意外？不过形势的紧迫使康熙皇帝只能暂时搁置心中的疑问，全力备战，没想到如今准噶尔俘虏的招供竟然确认当初的猜测是事实。恼怒的康熙皇帝迅速采取了行动。1696年9月6日，清朝使臣带着康熙皇帝的敕谕赶赴西藏，面见桑杰嘉措。（谕旨原文见《清圣祖实录》康熙三十五年八月甲午。）

桑杰嘉措看到的，是一道长达数千字、满篇散发着浓浓火药味的谕旨。在这道谕旨里，康熙皇帝开门见山地揭穿了桑杰嘉措隐瞒五世达赖死讯，阴谋鼓动噶尔丹东侵的累累罪行，“朕思达赖喇嘛若存，决无此等事”，指出清朝和准噶尔交战以来西藏教廷种种对清廷阳奉阴违的举措，“明系达赖喇嘛亡后，尔私指达赖喇嘛，诳噶尔丹也”，要求桑杰嘉措“遣之使来”向清朝谢罪，“朕仍前待尔以优渥之礼”；否则的话，清廷“必问尔诡诈，欺达赖喇嘛、班禅胡土克图，助噶尔丹之罪。发云南、四川、陕西等处大兵，如破噶尔丹之例。或朕亲行讨尔，或遣诸王大臣讨尔”。这就是说，如果桑杰嘉措执迷不悟，敢收留噶尔丹的话，清廷将不惜诉诸武力，清算西藏教廷。在谕旨的最后，康熙皇帝还不忘以强者的姿态嘲讽桑杰嘉措一把：“尔向对朕使言，四厄鲁特为尔护法之主。尔其召四厄鲁特助尔，朕将观其如何助尔也。尔其速办此事，及正月星速来奏，否则后悔无及矣。”被揭穿了阴谋的桑杰嘉措不敢再招惹清廷，只能断绝了接纳噶尔丹的念想。至此，噶尔丹已陷入走投无路的境地。

即使面对如此困境，噶尔丹依然没有反思自己指挥的失误。根据被清廷俘获的准噶尔降人所供，于昭莫多战败后，在一次军事会议上噶尔丹对其部下说：“此行非我意，乃达赖使言东行大吉，是以深入，盖达赖喇嘛杀我，我杀尔众矣。”（《清圣祖实录》康熙三十五年八月）他将战败归咎于自己听信了西藏教廷使者的“吉言”。这一番鬼话显然不能服众，更多的部下向清军投诚。甚至噶尔丹的侄子丹津鄂木布和杜噶尔阿拉布坦也率领部众叛走，噶尔丹身边只剩三千余人。

昭莫多之战结束后，喀尔喀三部陆续返回漠北地区，车臣汗部将境内的达里冈爱草原（今蒙古国苏赫巴托尔省）奉献给清廷作为畜养马匹的牧场。清朝开始在漠北择要地驻扎军队，囤积战备物资，准备再次攻击噶尔丹。1696 年 10 月，噶尔丹令其侄子丹济拉率军两千南下，直趋杭爱山麓的翁金河，意图抢掠清军粮草以缓解缺粮窘境。10 月 24 日，这支部队在进犯翁金河上游的阿尔拜赫雷时，将恰在此处担负督运粮草任务的镶黄旗汉军副都统祖良璧所部数百名官兵包围。尽管身边兵微将寡，但作为明末清初一时虎将祖大寿的后裔，祖良璧并不惊慌。根据时任川陕总督吴赫的奏报，祖良璧先是沉着指挥部队杀出敌军包围圈，而后列阵迎击，“排列

▲ *反映准噶尔军和清军交战的绘画作品*

子母炮鸟枪，令仆从俱执枪棍，并力近战”。准噶尔军中虽有鸟枪，但因为长期的后勤补给困难，以至于“药少，发来无力”，最终不敌清军火力猛烈而向西北方溃逃。祖良璧率部追击二十余里，斩获准军百余级，己方则损失不大，“军粮米什物并未尝被贼劫去”。这次行动的失败迫使噶尔丹决定亲自出马南下去哈密抢粮食，但依然没有成功。这时的噶尔丹不仅缺粮，连展开游击战所需的马匹和军械都已经不够了，这迫使他不得不依靠打猎为生。那些外出打猎的人往往会因为落单、走得太远而被俘获或斩杀。噶尔丹的长子色布腾巴勒珠尔，就是在临近哈密的巴尔库尔山附近狩猎时，被急于报效清廷的哈密伯克——额贝都拉达尔罕擒获后送往北京的。

洞悉噶尔丹窘境的康熙皇帝做着发起新一轮军事打击的准备。他采用宣传、政治攻势双管管齐下的方针。1696 年九月，他谕令侍卫内大臣苏尔达等人：“于黑龙江六百兵内，选前锋二百，新满洲兵四百，察哈尔兵一千。全用肥健马驼，充足米粮进剿，趁其穷困，可一举灭之。”（《清圣祖实录》康熙三十五年九月）其意在组建精干部队，等探知噶尔丹的所在后立即犁庭扫穴。十月，康熙皇帝拨款，将昭莫多之战被俘后没作奴隶的噶尔丹军妇孺军士三千多人尽数赎出，“使其父子夫妇兄弟完聚”，以彰显清廷的优待政策。同月，康熙皇帝西巡至归化城，谕令费扬古密切注意噶尔丹的动向，相机行事。同月，昭莫多之战中被俘的准噶尔将领曼济、阿旺丹津受命携带康熙皇帝亲笔谕旨，前往科布多一带规劝噶尔丹投降。

1697 年正月初二，曼济和阿旺丹津经过长期寻找，终于在科布多的萨克萨特呼里克附近找到了噶尔丹。在破败不堪的帐篷里，曼济和阿旺丹津绘声绘色地向噶尔丹报告了自己和其他被俘人员如何受到大清皇帝陛下的优待，俘虏中有身份的还被皇帝授予侍卫、内大臣等各种官职，大谈投降的好处。噶尔丹虽然山穷水尽，态度却依然强硬，于是乎，曼济和阿旺丹津被轰了出去。

二月，康熙皇帝西巡至宁夏，亲自部署对噶尔丹最后一战的相关事宜。正当人到中年的康熙皇帝在宁夏射猎垂钓、意气风发的时候，噶尔丹却因长期风餐露宿的颠沛生活，加之对形势的绝望而患上重病。二月十四日，清朝员外郎博什希、笔帖士閰寿奉康熙皇帝之命，再次前往噶尔丹驻地萨克萨特呼里克，面见噶尔丹，还是为了劝降。十四日傍晚，噶尔丹在一块荒野处召见了博什希和閰寿。这位 53 岁的老人，不愿意被敌国使臣看到自己病势沉重的样子，于是便远远地背对着清朝使臣。听完翻译传达的话后，坐在岩石上的噶尔丹只是回复了一些毫无实质内容的客套话，之后便将清朝使臣打发走了。

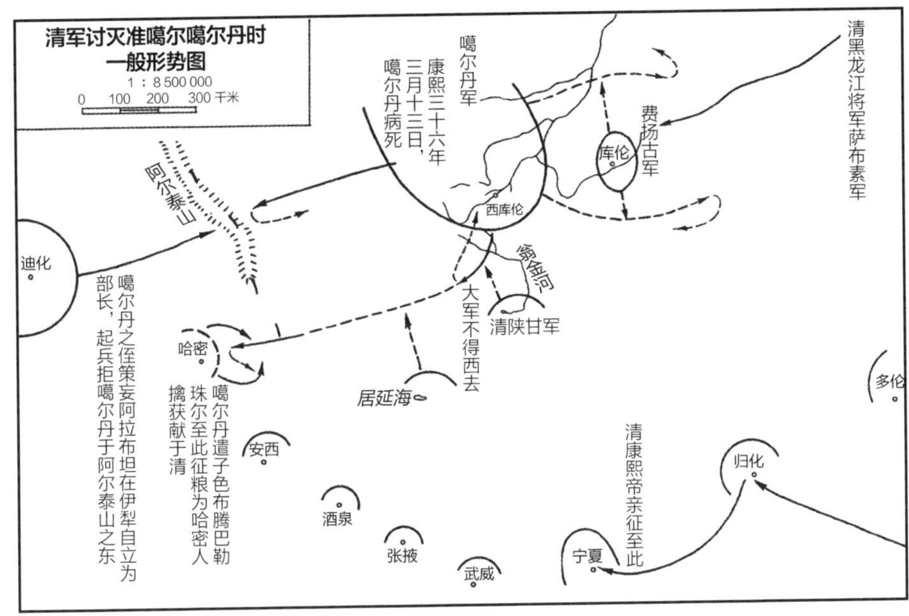

▲追剿噶尔丹残部作战

噶尔丹既不投降，又拿不出有效的方法带领部下走出缺衣少食的困境，令部下甚为不满。他的亲信吴尔占扎布气愤地说：“我辈自去年冬以萨克萨特呼里克兽多，故居于此。今兽已骇散矣。如往降圣上，则往近之；如不降，当另图一策。首鼠两端而待毙乎？且尔欲扶法门之教，致四厄鲁特、七旗喀尔喀已略尽矣。尔国已破，父子夫妻离散，究无补于法门之教，反造罪业而已。”（《清圣祖实录》康熙三十六年三月）面对这样直白的指责，噶尔丹哑口无言。

逆境中绝不屈服的气节固然是可嘉，但是仅凭借精神上的强大无法改变残酷的现实。噶尔丹可以保持自己作为一个汗王的尊严，但是他那些饥寒交迫的部下们却没有他这样的骨气。截止到 1697 年二月底，带着部众赶到漠北清军驻地投降的准噶尔头目越来越多，这里面就包括噶尔丹的亲信格垒沽英和吴尔占扎布等人。最后，噶尔丹的身边，除了女儿钟济海以外，就只剩下阿拉尔拜、格隆诺颜两位军官，“余下不及百人，其有余者，人各有马驼二三，而只有一马者为多，无马者近三十人，牛羊则全无，捕兽而食，不获兽则杀马驼以食……”（《文献丛编第六辑——康熙时关于噶丹文书》，厄鲁特达席口供）“居无庐，出无骑，食无粮”，曾经威震中亚的“博硕克图汗”，即将走到生命的尽头。

1697年三月，失去耐心的康熙皇帝命费扬古领兵进击，送噶尔丹上路。四月初九，费扬古率军行至萨奇尔巴尔哈孙时，见到丹济拉派出的使者，得知噶尔丹已经于三月十三日病死的消息。噶尔丹死后，其遗体被丹济拉火化，之后丹济拉就带着噶尔丹女儿钟济海和噶尔丹身边最后的一批部众投降清朝。噶尔丹的死讯传出后，策旺阿拉布坦趁机出兵意图收取噶尔丹的旧部，于是就在丹济拉率残部前往清军大营投降的路上发起袭击，将伊拉古克三活佛、钟济海等人截留，噶尔丹的骨灰也被抢走。

为了获取噶尔丹的骨灰，以宣示清朝才是这场持续7年的战争的胜利者，1697年六月开始，清廷多次遣使伊犁向策旺阿拉布坦索要噶尔丹的骨灰。策旺阿拉布坦虽然答应并遣返了伊拉古克三活佛等重要战俘，但仍然试图用噶尔丹的骨灰做筹码，要求清廷将吴尔占扎布等噶尔丹旧臣部属归还自己。直到1698年八月，策旺阿拉布坦才将噶尔丹的骨灰交给清廷。根据《清圣祖实录》记载：噶尔丹的骨灰一送到北京，就被康熙帝下令“置京城外，悬挂示众”。

不过，对于这个仇敌的儿女后裔，康熙皇帝还算相对宽仁。1701年策旺阿拉布坦遣人将噶尔丹的女儿钟济海送到清朝，这时噶尔丹的长子色布腾巴勒珠尔正担任一等侍卫，两兄妹在北京城相依为命。色布腾巴勒珠尔后来与镇国公觉罗长泰的女儿成婚，做了倒插门女婿；钟济海嫁给了哥哥的同事、二等侍卫蒙古旗人沙克都尔，兄妹俩在中原内地落地生根。其余在历次作战中被俘的噶尔丹部众，一部分被化整为零地编入察哈尔八旗，设置牛录，由清方派遣侍卫或散秩大臣出任佐领；其余的分散安置于漠北草原设札萨克旗管理。丹济拉被封为辅国公，后于1708年病故。至于为噶尔丹东侵出谋出力的伊拉古克三活佛，则被康熙皇帝下令凌迟处死。

在和噶尔丹的较量中，清朝虽付出极大代价，却也开疆拓土。除了将漠北纳入版图外，阿拉善、额济纳地区的和硕特、土尔扈特一部也归附清朝，康熙皇帝分别设置了阿拉善旗、额济纳旗进行统治。算上已经归附的哈密地区，清朝的西陲从嘉峪关向西扩展。此外，清朝还通过封王赐爵，使青海的和硕特贵族领地成为清朝的羁縻地区。

1708年，康熙皇帝谕令出身满洲镶黄旗的文华殿大学士温达主持，将历年对准噶尔战事史实编为《亲征平定朔漠方略》一书，康熙皇帝亲自为该书撰写序文。在序文的最后，他如是写道：

“朕仰凭天道，俯惬人情，以万不得已而用兵之意，乘刻不容缓而灭寇之机；

立拯边境之毒痛，永底中原于清晏；昭告郊庙，适契成谋，使非虑出万全可轻言师旅哉，兹前后用兵本末、具载卷中览是编者尚能喻朕心焉。”

不过，说“立拯边境之毒痛，永底中原于清晏”还为时尚早。1718年，清朝和准噶尔两国烽烟再起，而这一次的战事，却是在青藏高原……

▲ 和硕特汗国第一代汗王顾实汗画像

雪域阴霾：风起卫藏，高原奇兵

在噶尔丹几次对外扩张当中，以五世达赖为首的西藏喇嘛教廷一直在推波助澜。17世纪90年代噶尔丹东侵时，五世达赖已经去世，西藏教廷的实际掌权者第巴桑杰嘉措与和硕特汗国一直在幕后支持噶尔丹。这些情况，康熙皇帝是清楚的。当然，就算没有桑杰嘉措的怂恿，随着准噶尔汗国版图的扩大，最终也必然会走上与清朝兵戎相见的道路。噶尔丹这个心腹大患一死，康熙皇帝就开始将目光转移到青藏高原，关注着和硕特汗国和西藏喇嘛教廷的一举一动。1697年，康熙皇帝派遣自己的亲信、漠南蒙古的藏传佛教僧人商南多尔济喇嘛移驻西宁，借着搞宗教活动的便利搜集情报，密折上奏。

这时的和硕特汗国汗王，是第一代“持教法王”顾实汗的孙子达赖汗（1671—1701年在位）。他的祖父在位时是拥有青、藏、康三区最高统治权的“全藏三区之王”，如今汗位到了他达赖汗手里，汗国统治者所能掌控的却只剩下军权了。自顾实汗去世，继任的和硕特汗王们在权术方面再也不是五世达赖的对手。高寿而终的五世达赖，生前一点一点地从“持教法王”手里夺走权力。在他死后，西藏喇嘛教廷实际掌权人第巴桑杰嘉措凭借宗教权威，通过任命藏人贵族担任重要职务的方式，不断架空和硕特汗庭的最高统治权。1693年，权力欲望极大的桑杰嘉措甚至越过达赖汗，直接借五世达赖的名义上书清朝康熙皇帝，请求清廷册封自己做“土伯特国王”。康熙皇帝给了他“掌管佛法传教之王”的封号，这样一来就令桑杰嘉措身价倍增。面对这种状况，“被人忘却，死气沉沉”（意大利藏学家伯戴克语）的达赖汗束手无策，他需要桑杰嘉措这种干才帮助他管理汗国复杂的行政事务。1701 年，达赖汗去世，其长子旺札勒台吉继位。1703 年，达赖汗的次子拉藏鲁巴勒台吉毒死旺札勒，夺取了汗位，史称拉藏汗。

精力充沛的拉藏汗力图恢复曾祖父顾实汗时代的一切权势，因而他首先拿大权在握的桑杰嘉措开刀。在五世达赖身死的真相被揭露后，1697 年，桑杰嘉措认定一位 15 岁的门巴族年轻人为达赖喇嘛转世，这位法名仓央嘉措的少年就是著名的六世达赖。六世达赖在历史上一直以擅长创作情诗而闻名，对宗教事务并不热心，却喜好亲近女色。他甚至为了过上世俗人士的自在生活，而拒绝老师五世班禅向他授的比丘戒。六世达赖这些违背戒律的行为让拉藏汗找到了整治桑杰嘉措的机会。拉藏汗上书康熙皇帝，认为六世达赖并非真正的达赖喇嘛转世，要求康熙皇帝派人认证。通过否定六世达赖的合法地位，他就可以追究桑杰嘉措亵渎宗教权威的罪过。康熙皇帝对拉藏汗这种借题发挥之意自然清楚，于是立即派了一位精于相面者前往拉萨给六世达赖看相，最后得出了结论：“这位大德是否为五世佛祖的转世，我固然不知，但作为圣者的体征则完备无缺。”（《六世达赖秘传》）

拉藏汗将这一结论视为康熙皇帝并没有认同仓央嘉措是五世达赖转世灵童的重要信号，借机向桑杰嘉措发难。桑杰嘉措虽然不是省油的灯，但拉藏汗使出这种手段也让他感到慌乱。1703 年，桑杰嘉措宣布辞去第巴的职位，指定自己的长子阿旺林钦代理第巴一职。桑杰嘉措本人退居幕后从事颠覆拉藏汗的活动。他先是买通拉藏汗的内侍，在拉藏汗的饭菜中下毒试图毒死他，但这次谋杀行动失败了，拉藏汗经过嘉木样活佛的调治后恢复了健康。1705 年正月，桑杰嘉措在拉萨的佛事传召大法会上，向与会喇嘛们提出要展开斩首行动，派人逮捕拉藏汗。不过他这个计划因为反对的声浪很大而没有得逞。这次大会成为桑杰嘉措和拉藏汗的矛盾公开化的标志，双方随即爆发武装冲突。

1705 年夏，拉藏汗回到青海集结军队，桑杰嘉措也在西藏中部、阿里和康区等地招兵买马，最后是拉藏汗占得先机。1705 年七月，拉藏汗的军队在拉萨以北的郭拉山口和桑杰嘉措的武装展开激战，桑杰嘉措被打得惨败。桑杰嘉措本人在逃亡途中被俘虏，和硕特汗国的贵族们对专权二十余年的桑杰嘉措恨得入骨，皆欲杀之而后快。七月十九日，桑杰嘉措被处死，得年 53 岁。

处死桑杰嘉措之后，拉藏汗唯恐清朝怪罪，急忙通过商南多尔济上奏康熙皇帝，禀明攻打处死桑杰嘉措的前因后果，声称：“第巴将吾彻底置于绝境，迫不得已方才如此行事。”（中国历史第一档案馆馆藏商南多尔济满文朱批奏折，康熙四十四年八月）康熙皇帝早对桑杰嘉措极为不满，得此奏报顿感欣喜。1705 年九月十三日，商南多尔济收到康熙皇帝的批复：“若拉藏已击毙第巴事确属实情，汝宜急遣人员，以理应将达赖喇嘛及第巴送抵陛下处，并具奏情由。其等若留彼地（拉萨），必成汝日后之忧患，终将悔恨等语，晓谕利害。”康熙皇帝随后还要商南多尔济向拉藏汗传达以下话语：“第巴虽系封王之人，然陛下唯以汝征讨第巴，合乎情理，绝不责难。”表明清朝方面对既成事实的默认态度。由于拉藏汗上台之后一直积极和清朝修好，1706 年清朝册封拉藏汗为“翊法恭顺汗”。

桑杰嘉措死后，拉藏汗借故罢免了其子阿旺林钦的第巴职务，将他押往北京。从此以后，和硕特汗庭不再设立第巴一职，由汗王直接总揽汗国的大小事务。获取了世俗最高权力的拉藏汗得寸进尺，想插手西藏教廷的内部事务，通过政教合一巩固自己的权威。要做到这一点，最直接的方式就是由拉藏汗自己指定宗教领袖达赖喇嘛的人选。“情僧”六世达赖再次沦为政治斗争的牺牲品。1706 年六月，拉藏汗声称六世达赖是假达赖，派遣卫队将六世达赖绑架并押往北京。这一冒进的做法在宗教意识至高无上的西藏引起轩然大波。六世达赖刚被押送到拉萨西郊五公里的哲蚌寺，就被该寺的僧侣强行带进寺内保护起来。拉藏汗闻讯亲自带兵包围哲蚌寺，六世达赖很清楚手无寸铁的喇嘛对抗武装到牙齿的军队会是什么样的结局。这个年轻人奋发出了此前从未表现过的作为出家人应有的慈悲和献身精神，他主动走出哲蚌寺，落入拉藏汗手中。1706 年 12 月，六世达赖在被押送到青海西宁时神秘失踪。次年，拉藏汗扶立拉萨甲披日寺的喇嘛阿旺益西嘉措，声称他才是真正的“六世达赖”。

▲ *17—18世纪的西藏贵族与和硕特汗国官兵*

拉藏汗随意废立达赖喇嘛的行为，引起了藏区僧俗各界的强烈反感。青海地区的和硕特贵族也对拉藏汗的做法表示不满。作为和硕特汗国军队大本营的青海，是顾实汗的八个儿子的后裔们为首的世袭封地，号称“青海八台吉之地”。拉藏汗大权独揽触及了和硕特贵族们的利益，政治成见和宗教狂热使青海台吉们和西藏的僧俗人士联合了起来。拉藏汗没有达到将政权神权集于一身的目的，反而扩大了自己的对立面。1710 年，青海八台吉中实力最强的罗布藏丹津、察罕丹津根据六世达赖生前的一首诗里有“把双翅借给我，不会远走高飞，到理塘转转就回”的句子，派遣喇嘛在康区理塘找到了仓央嘉措的转世灵童格桑嘉措，将其拥立为七世达赖喇嘛。虽然拉藏汗手里的六世达赖得到了清朝的正式册封，但却不能服众。在这种混乱的局面下，康熙皇帝开始直接介入和硕特汗国内部的事务。1710 年，康熙皇帝派遣吏部左侍郎赫寿赴拉萨协助拉藏汗管理西藏事务；1715 年，康熙皇帝又派遣使臣阿齐图到青海和青海和硕特诸台吉会盟，要求他们交出格桑嘉措；1716 年，察罕丹津等被迫将格桑嘉措送到塔尔寺居住。清朝对拉藏汗的大力支持没能改变拉藏汗日益孤立的处境。1714 年，拉藏汗为转嫁矛盾，发动攻打不丹的战争，结果以失败告终，使和硕特汗国的内部矛盾更加尖锐。这时，已经在和硕特汗国北方虎视眈眈十年之久的准噶尔，终于亮出了自己尖尖的獠牙。

噶尔丹死后，策旺阿拉布坦成为准噶尔唯一的统治者。此前出于对付噶尔丹的需要，策旺阿拉布坦和清朝的关系一度十分紧密。康熙皇帝与策旺阿拉布坦通信遣使，往来甚是频繁，策旺阿拉布坦也一直遵循康熙皇帝的意志行事。为了避免树大招风，策旺阿拉布坦放弃了汗号，恢复“珲台吉”的旧称，颇得康熙皇帝好感。不过，这并不代表准噶尔臣服于清朝。策旺阿拉布坦需要时间整合噶尔丹留下的残局，重振准噶尔的声威。

1700—1716 年间，策旺阿拉布坦对内积聚人口畜群，强行把叶尼塞河流域的吉尔吉斯人和巴尔喀什湖以南的布鲁特人迁入伊犁河流域，他还将从土尔扈特汗国叛逃到准噶尔的阿玉奇汗之子桑扎布的一万户属民兼并，从而把噶尔丹时代 12 个鄂托克、5 个集赛的社会基层组织增加到 24 个鄂托克和 9 个集赛。噶尔丹时代，对被征服的天山南路地区采取“执其酋，收其赋”的做法，缺乏一套系统而严格的制度。策旺阿拉布坦对此加以完善，他派遣官员常驻于天山南路各城邦，监督登记户籍，按户收税，强化了对这些被征服地区的管理。为了给新增的人丁和牲畜扩展牧地，策旺阿拉布坦多次和自己远在伏尔加河的岳丈土尔扈特阿玉奇汗联兵，攻入哈萨克草原，原本完整的哈萨克汗国腹背受敌、实力大损，陷入大、中、小三玉兹割据的局面。准噶尔汗国的势力重新越过额尔齐斯河，向西延伸到了锡尔河的下游。

▲*披挂锁子甲的中亚武士*

就连枪炮犀利的俄国人也在策旺阿拉布坦手里栽了跟头。1715 年年底，沙俄步兵团上校布赫戈尔茨率领两千九百多名俄军，侵入准噶尔在额尔齐斯河上游的亚梅什盐湖领地修建要塞。策旺阿拉布坦当即派遣九千精锐将侵略者团团围住，经过半年的围困，俄军弹尽粮绝，只剩七百多人逃出。这是准噶尔在它和俄国百余年的武装斗争中取得的最大胜利……

一系列的文治武功使准噶尔又恢复了噶尔丹时代的声势，这让策旺阿拉布坦很快就做出了和叔叔噶尔丹生前一样的选择——叫板清王朝。但是，策旺阿拉布坦没有出兵攻略已经成为清朝大军屯集地的漠北，而是于 1715 年三月出兵两千袭扰了清军兵力薄弱的哈密地区。清军在哈密回人的配合下据城反击，使准噶尔的这次军事行动以失败告终。康熙皇帝火速派出吏部尚书富宁安出镇甘州，募兵屯田，这迫使策旺阿拉布坦做出了新的战略调整。

噶尔丹与清朝为敌，固然有其实力增强带来的野心滋长这一主观因素，更多的还是客观上西藏喇嘛教廷的不断唆使。策旺阿拉布坦却是完全自发地要挑战清朝的强权。有鉴于噶尔丹对西藏喇嘛教廷偏听偏信，最终导致战败身死的血泪教训，策旺阿拉布坦不愿意听任西藏喇嘛教廷的摆布。他要通过控制西藏喇嘛教廷来增强自己的威信，号令蒙古各部，这样才能让自己有足够的力量和清朝对抗。和硕特汗国的内部矛盾正给了策旺阿拉布坦机会。

策旺阿拉布坦对青藏的关注丝毫不亚于康熙皇帝。1701 年七月，策旺阿拉布坦曾上书康熙皇帝："若第巴（桑杰嘉措）尚存，则如众人所知，其终将对佛教政治施以不好之影响。然若因一人之恶而擅动兵戈，则涉地甚广，众生忧劳，故而或以捕送第巴，其余悉如从前等因委青海之台吉为宜。若疑（青海之台吉等）是否不从为之，吾将亲为助力。若如此，免使众生罹难，（第巴）亦可捕获。"（《清内阁蒙古堂档》第十六册）表面上摆出一副殷勤的态度，为康熙皇帝对付桑杰嘉措出谋划策，但一句"亲为助力"就暴露了他企图借机出兵西藏的真实想法。当时，康熙皇帝是绝不可能给策旺阿拉布坦这个机会的，是以清朝极力支持拉藏汗。只是形势的发展已经超出了清朝所能控制的范围了。

策旺阿拉布坦对原属卫拉特联盟的各个汗国、部落都采取联姻手段以增强互相之间的联系，他先后迎娶和硕特汗国达赖汗和土尔扈特汗国阿玉奇汗的女儿为妻。所以，算起来策旺阿拉布坦还是拉藏汗的姐夫（或妹夫）。1715 年，策旺阿拉布坦代自己的女儿向拉藏汗的长子、和硕特汗位继承人噶登丹衷提亲，请求拉藏汗把噶登丹衷送到准噶尔完婚，待他们完婚后再送他们回和硕特。拉藏汗显然明白策旺阿拉布坦是想以和硕特未来的汗王为质，所以不肯答应。没想到噶登丹衷对这桩婚事很有兴趣，坚持要去完婚，无奈的拉藏汗只好将噶登丹衷送去准噶尔。噶登丹衷到了准噶尔后确实如愿以偿地抱得美人归，但其人身自由也被限制起来。一年后，这一桩充满阴谋的婚事就为策旺阿拉布坦出兵西藏提供了契机。

1716 年十月，策旺阿拉布坦经过周密的准备后，挑选出精锐部队 6000 人，以护送噶登丹衷夫妇回国的名义向西藏进发。这支部队的统帅是策旺阿拉布坦的堂弟大策零敦多布。此人虽然在中国历史上名声不显，却堪称当时准噶尔汗国头号战将。考虑到策旺阿拉布坦此时已经是 52 岁的中老年人，大策零敦多布想必也不是什么少年将军。由于史料缺乏，大策零敦多布早年的生平事迹已经晦暗不明。迄今为止，历史学者们只知道，这位戎马一生的军队统帅，曾经以泽仁顿珠的名字在西藏日喀则学习过。在远征西藏前，他在和俄国人进行的亚梅什湖要塞一战中担任准噶尔军的总指挥。面对依托要塞和火力优势负隅顽抗的俄军，大策零敦多布采取了围点打援的战术，凭借自身的兵力优势，以主力部队将亚梅什湖要塞团团包围的同时，抽出部分兵力重创从其他据点前来支援的俄军。这场半年多的围困战可谓准噶尔军和俄国人的武装冲突史上绝无仅有的一役。巴图尔珲台吉等先辈面对俄国人的要塞也只是无可奈何地袭扰一番，从来没有采取过这种长时间围困敌人的作战方式。从这一点上也能看出，大策零敦多布身上确实具备一个优秀的军事统帅所应有的钢铁意志。只有这样的指挥官，才能率领部队对气候条件极其严酷的青藏高原发起远征。

大策零敦多布所部6000人，从天山北路的伊犁出发，经阿克苏、叶尔羌、和田等地补充了足够的给养后，翻过昆仑山，踏上了青藏高原。准噶尔军离开天山南路没多久，和硕特汗国驻守在阿里地区的噶伦（藏语：地方行政官）康济鼐，从过往的回部商人口中得到了准噶尔军即将进攻西藏的情报。康济鼐急忙一边集结麾下部队待命，一边请示拉藏汗。

拉藏汗此刻却正在拉萨以北的当雄草原休养。当康济鼐的急报送到拉萨后，并

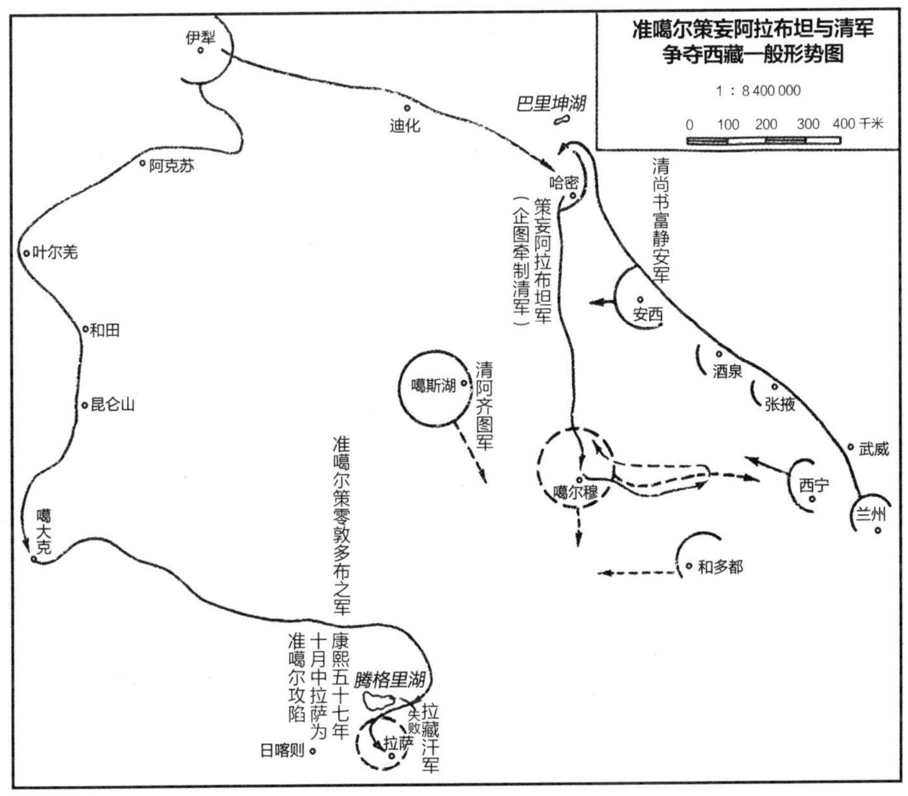

▲ *大策零敦多布远征西藏*

没有引起重视，和硕特汗国就这样放弃了把敌人拒于国门之外的最后机会。

1717年六月，大策零敦多布的人马忽然出现在当雄西北的纳木错湖附近。当地藏族人看到的，是一支“身穿皮子、羊毛和牛毛毡缝制的破烂衣裳，戴着像半截衣袖的布套子一样的高帽，手执长矛、火枪、弓箭、大刀、短剑等各种兵器，骑着尾巴打结的高头大马，浩浩荡荡而来”（阿音娜《清代游记中的准噶尔扰藏始末——以〈德西迪利西藏纪行〉为中心》）的军队。没有人知道大策零敦多布是如何把他的军队建制完整地带到这里的。

大敌当前，拉藏汗手足无措，赶忙集结部队抵抗。在接下来的几个月里，和硕特军和准噶尔军几番交战，互有胜负。大策零敦多布明白打拉锯战准噶尔军没有优势可言，于是他派出信使散布谣言说，准噶尔军此次远征西藏的目的并不是要消灭拉藏汗，而是为了顺应藏区僧俗人士的要求，把在青海塔尔寺的灵童格桑嘉措接回拉萨。虽然派去劫持格桑嘉措的准噶尔军300人小分队很快被清军全歼，但大策零敦多布的策略依然奏效了，藏区的僧俗人士成群结队地投效准噶尔军。

在骗取了民心之后，1717年10月，大策零敦多布才向拉藏汗发起进攻，两军在当雄草原展开决战。拉藏汗手下的藏族士兵无心恋战，致使拉藏汗败退回拉萨。11月21日，准噶尔军和被他们煽动起来的藏族民间武装将拉萨团团围住，走投无路的拉藏汗向清朝发出奏报，请求派兵支援。但奏报发出没多久，11月30日，拉萨城就被攻破，退守布达拉宫的拉藏汗也于12月3日突围时战死，其妻室子女都被大策零敦多布押往伊犁，和硕特汗国对西藏维持了近八十年的统治就这样终结了。因一己之私招致国破家亡的拉藏汗长子噶登丹衷被准噶尔人关进了大牢，后来以烹刑处死。青海的罗布藏丹津和察罕丹津等贵族本就和拉藏汗不和，加上清朝方面一直没有下达明确的指示，是以拉藏汗兵败时，青海的和硕特贵族没有及时支援。等到拉藏汗被杀的消息传出时，已经为时太晚。

大策零敦多布是一位优秀的军事统帅，却缺乏必要的政治才能。披着护法外衣攻进“圣城”拉萨的准噶尔人，立即暴露出强盗嘴脸，布达拉宫和众多寺庙遭到准噶尔军的洗劫。西藏的贵族和喇嘛们终于发现，所谓的“护送格桑嘉措回藏”只是一个谎言而已，但在大策零敦多布的铁骑和马刀下，藏族民众还是得服服帖帖地承担繁重的赋税和徭役。由藏族民兵组成的仆从军，即将在大策零敦多布的指挥下，投入到和清军厮杀的战场。

冲雪缒险：“驱准保藏”始末

大策零敦多布进军西藏时，清朝还在谋划攻取准噶尔的属地吐鲁番、乌鲁木齐等城。等到 1717 年 9 月，康熙皇帝才从驻守巴里坤的靖逆将军富宁安的奏折里，得悉大策零敦多布进军西藏的消息。但对于准噶尔人此番出兵的目的究竟是“征取拉藏，收取西边地方”，还是“帮助拉藏侵犯青海”，清朝方面刚开始时并不清楚，可见对极力笼络的拉藏汗清朝也并不完全信任，这也导致清朝方面的备战工作进行得缓慢而拖沓。1717 年 11 月底，罗布藏丹津在给康熙皇帝的奏报中报告了准噶尔军和拉藏汗交战的情况，康熙皇帝才搞清楚事情的真相。清廷朝野震动，谁都明白，青藏高原一旦全部落入准噶尔人的手中，清朝的西部边陲将陷入怎样的被动局面。

1715 年策旺阿拉布坦袭击哈密之后，清朝方面便开始再次向西北集结重兵，组建了北路军、西路军两大野战兵团。北路军以振武将军傅尔丹为主帅，作战兵员 12000 人，后勤部队 13000 余人，驻兵于阿尔泰；西路军以靖逆将军富宁安为主帅，总兵员 33500 人，驻兵于哈密巴里坤。在毗邻青海的甘肃西宁镇，清军驻有绿营兵 7 个营 3600 人。1717 年十月，康熙皇帝令内大臣策旺诺尔布、西安将军额伦特和侍卫色楞率满洲八旗兵进驻西宁；四川方面，提督康泰等也增派 3000 兵力入驻松潘、打箭炉等处加强守备。1718 年正月初二，清军驻守青海的侍卫阿齐图在柴达木带队巡逻时，遇到了侥幸从拉萨逃出的拉藏汗次子苏尔扎的妻子一行，确认了拉藏汗兵败被杀、西藏已落入准噶尔手中的结局。事态的严重，迫使清朝方面仓促地做出了武力解决西藏问题的决策。1718 年三月，康熙皇帝命色楞与额伦特等“统率军兵征剿西藏”。

入藏作战并不是一件简单的事情，大策零敦多布是一个可怕的对手，但比他更可怕的是雪域高原那令人难以忍受的极端气候。从内地通往青藏高原的艰险道路，给清军的后勤运输带来了巨大的压力。大体上，从清朝统治区入藏的路线有两条：北线从西宁出发，经日月山、木鲁乌苏河、唐古拉山口、藏北那曲等地到拉萨，总路程 3700 里；南线由四川成都出发，经打箭炉、理塘、巴塘等地入藏到拉萨，总路程 5645 里，道路漫长而崎岖。是以清朝方面的文武大臣对入藏用兵多有异议。

1718 年三月，驻守阿尔泰的振武将军傅尔丹即上奏朝廷，建议由自己和富宁安分别统领北路军和西路军出阿尔泰山、巴里坤，直捣乌鲁木齐，威胁准噶尔在伊犁的大本营，迫使大策零敦多布从西藏回师，以收围魏救赵之功。康熙皇帝认为此举过分冒进，而且动用北路军和西路军的数万大军所需的粮草军械，比从青海方向入藏的数千清军所需花费更加巨大。万一几万大军攻下伊犁时，却发现策旺阿拉布坦已经率军马入藏，岂不是成了笑话？几番权衡之下，康熙皇帝认为，还是遣兵从青海讨伐西藏的准噶尔军更保险。此时额伦特的部队尚在由西安到西宁的途中，但是先到达青海边境的色楞却已迫不及待了。

色楞带领满洲八旗、绿营等官兵共 2400 名组成先头部队，于 1718 年三月下旬出发，五月十三日到达木鲁乌苏河（今通天河）以北。进军途中，他们遭遇大雪，损失了一些运输用的驮马。额伦特此时又派斥候送来书信，建议色楞到达木鲁乌苏河之后，“往察罕丹津处令伊遣人将准噶尔之兵诱来，俟所遣之人回信，然后进兵”（《清圣祖实录》康熙五十七年六月）。但色楞仍旧固执地率部继续孤军深入，他的理由冠冕堂皇：“准噶尔残害西藏，彼处人民悬望我师如望云霓，岂能刻缓？”（《清圣祖实录》康熙五十七年六月）大策零敦多布手上那支百战精锐，在色楞笔下成了一群“散处无纪”的乌合之众。他认为准噶尔军的战术“不过暮夜袭营、偷盗马匹而已”。他根本就没把额伦特的建议放在心上，反而担心额伦特抢了自己的头功。所以色楞所部抵达木鲁乌苏河后，一路沿河岸向西行进，最后在木鲁乌苏河上游的拜图渡河，出唐古拉山口，继续朝藏北那曲的喀喇乌苏（那曲河）方向挺进。途中，他又吸收了当地和硕特贵族卓里克图台吉博音马松等人率领的马队，兵员的增多令清军粮秣供应紧张，进军的脚步也慢了下来。1718 年七月二十日，色楞在抵达喀喇乌苏河中游的那曲后，便停止前进。他一边指挥部下就地修筑石墙、壕沟等

▲ *反映清军入藏作战的绘画作品（一）*

防御工事；一边派人侦探额伦特的动向，等候额伦特军赶到再合兵进取当雄草原。额伦特所部此时也正在寻找色楞的部队。

1718年六月十八日，额伦特率领清军后续部队四千余人从集结地木鲁乌苏河上游出发。七月十六日，清军抵达喀喇乌苏河源一带，开始和准噶尔军小股部队发生交火。额伦特从俘虏口中得悉，正有四千多准噶尔军从拉萨往喀喇乌苏河开来。他一面遣人送信给驻兵于青海的内大臣策旺诺尔布，请其出师接应；一面率军渡过喀喇乌苏河后自西向东绕道，向唐古拉山口方向行进，以图和色楞会合。七月二十八日，额伦特终于在那曲营地和色楞所部会合。但是会师后的额伦特和色楞二人并没有精诚合作的气氛，反而为了该在何处设营拒敌争吵起来。

根据学者赵书彬的考证，清准喀喇乌苏之战的主战场，位于今天的西藏自治区那曲地区那曲县那玛切乡北的年扎村。此地所在的尼热山平均海拔4580米，由南北两座山丘组成，南山高，北山低，相对高度差约为50米。蜿蜒曲折的喀喇乌苏河就从两座山丘中穿过。尼热山东面为那曲河及河滩草地，南面为开阔的山间草地，西边沿山体有一条季节性小河流，四周开阔。色楞扎营的位置就处于较低的北山。额伦特见色楞部近河设营处仅据小山，四面受敌，提出不如还军渡喀喇乌苏河，营于对面山上；但额伦特的合理建议并没有被采纳。而侦知清军具体动向的大策零敦多布已经率准噶尔军主力悄然逼近。

1718年七月二十九日，四千准噶尔军与万余藏族士兵进至喀喇乌苏河南岸。大策零敦多布深知，清军虽然拥有子母炮等野战武器，但远道而来，粮秣供应不足，所以他并不急于强攻，只是派兵在喀喇乌苏河南岸那座高出清军营地约五十米的南山筑起炮台，白天发枪炮射击，夜间则遣军偷袭清军营地，盗取马匹，借此削弱清军的进攻力量。两军隔河对峙月余之久，清军多次击退准噶尔军的袭扰，但士卒伤亡甚重，粮弹也消耗殆尽。

坐镇清军后方的内大臣策旺诺尔布，在额伦特、色楞两支部队行进之时，本应做好侦察和后勤运输工作，但他却待在西宁无所事事。直到1718年八月，他才派出清军洮州土司杨如松部，押运粮草弹药前去寻找额伦特等人。这支运粮队伍在行进途中，被负责截断清军粮道的准噶尔骑兵击溃。与此同时，本应策应额伦特部行动的松潘方面清军却因四川提督康泰统兵不力而发生哗变……

就这样，额伦特等人翘首以盼的援军和后勤物资再也无法到达。

1718年闰八月初一到初七，准噶尔军与藏族武装大举渡河。根据额伦特最后的奏报，“贼众大至，筑垒放枪以犯我军，我军粮乏，与贼固守，事在危急”（《平定准噶尔方略·前编·卷五》康熙五十七年三月癸亥至十二月庚午），缺粮少弹的清军陷入准噶尔军重围中，被迫杀马充饥，大批清军死于饥寒和疾病。就这样双方又对峙了月余。额伦特劝说色楞举兵向北突围出去，但色楞却固执地选择坐守死地待援。

无奈之下，额伦特只好亲率数百兵士于九月二十八日突围北撤。二十九日中午，这支残军被准噶尔军追上，额伦特战死，幸存的清军士兵抬着他的尸首逃回那曲营

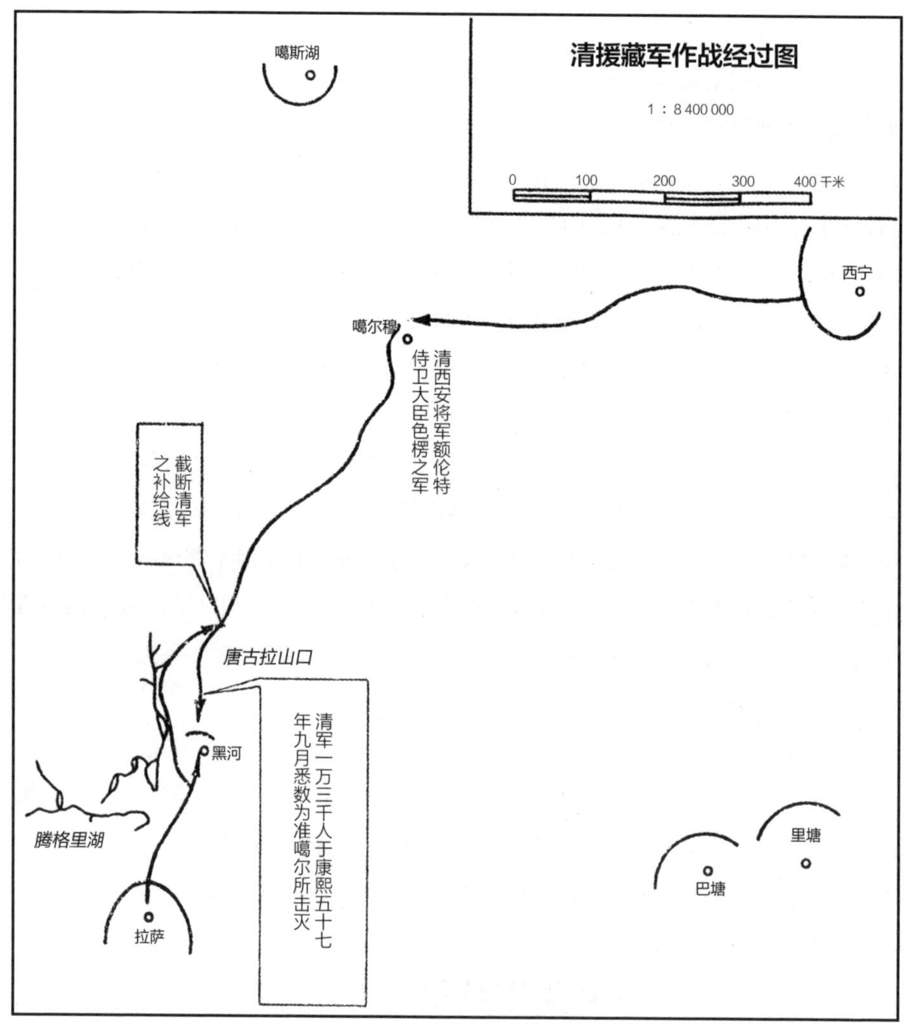

▲ 额伦特兵团入藏作战地图

地。随后大策零敦多布假意停战议和，将包括色楞在内的清军指挥官诱骗到准噶尔军大营里扣了下来，迫使群龙无首的清军士兵投降。这时那曲营地里的残余清军仅剩下不到千名而已，他们全部沦为战俘。这些战俘除了集中关押的428人在班禅的斡旋下，被遣返回清朝外，其余包括色楞在内的大多数人都因冻饿致死。与之形成鲜明对比的是，准噶尔军在此过程中付出的伤亡代价不过区区数百人。另一方面，四川提督康泰在进军过程中被投诚准噶尔人的藏族喇嘛诱杀，全军尽溃。清朝第一次入藏作战，就这样以失败告终。

开战前夕，青海台吉罗布藏丹津等奏报："策零敦多布等之兵，自远路冲雪前来，士卒冻馁、马驼倒毙，沿途食人犬，俱徒步而行。三千兵内，厄鲁特之兵少，吴梁海之兵多，到者只二千五百，其余五百兵丁皆疲极不能同到。"（《清圣祖实录》康熙五十六年十月，下同）受到这一错误情报的误导，康熙盲目乐观地做出了"策零敦多布等之兵，疲敝已极。除阵亡病死外，未必满二千"的主观推断，甚至夸下海口："二百余人，便可破之（准噶尔军）矣！"而过分的乐观情绪必然会在军事行动部署中有所体现。

不得不说，第一次入藏作战失败，康熙皇帝实在难辞其咎。按说早年有过带兵经历的康熙皇帝，应该明白领军作战号令统一的重要性，然而入藏作战这么大的军事行动，他竟然没有明确指定统兵主帅人选。无论是坐镇后方的策旺诺尔布，还是在前线直接领兵的额伦特、色楞，都没有获得统一指挥全军的授权。康熙皇帝部署失误的恶果很快就在整个第一次入藏作战的过程中显示了出来：清军前线部队和后勤保障部队的行动完全脱节；前线将领额伦特、色楞失和。从北京"空降"到前线的色楞毫无作战经验，却又贪图战功，无视后勤运输难以跟进的现实一味深入冒进；颇有作战经验的额伦特几次极有可能改变战局的战术调整，都因为色楞拒不配合而没有得到实施，致使入藏清军惨败。

清军兵败那曲营地的消息传回北京时，已是1718年十月初左右。败报令清朝内部反战派更加甚嚣尘上，但是康熙皇帝并不打算就此善罢甘休，这位65岁的老人表示："西藏屏蔽青海、川、滇，若准夷盗据，将边无宁日。且贼能冲雪缒险而至，何况我军？策凌敦多布闻我师至，自必望风远遁。俟定立法教后，或暂留守视，或久镇其地。唐古特众皆为我兵，准夷若再至，以逸待劳，何难剿灭？安藏大兵，决宜前进。"（赵汝巽《清史稿·列传三百十二》）坚持要把入藏征讨准噶尔的战事进行到底。

有鉴于第一次入藏作战失败的教训，这一次入藏作战决不能再以偏师孤军深入了，军力规模必然要和二十多年前征讨噶尔丹时等量齐观，而且要指定军事主帅，统一指挥、协调各路参战清军的行动。按照康熙皇帝年轻时的作风，这样的对外战事他是必然要御驾亲征的，但年老体衰的他已经不可能再跨上战马了，他那些久经沙场的兄弟，如福全、常宁、杰书等亲王们也早已去世。那么谁又能替他率军远征呢？答案很快就揭晓。1718 年十月十二日，康熙皇帝任命自己的儿子胤祯为“抚远大将军王”，领兵出征西藏。

爱新觉罗·胤祯（雍正皇帝即位后为避讳而改名允禵）生于 1688 年 2 月 10 日（康熙二十七年正月初九），是康熙皇帝第十四子，与四阿哥、后来的雍正皇帝胤禛均为德妃吴雅氏所生。如同康熙皇帝的其他儿子一样，胤祯自幼就受到严格而系统的皇家贵胄式教育，文武双全，才华出众。在康熙皇帝的众多皇子中，其他人或是年长体弱，或是不受信任，都难以胜任鞍马劳顿之苦，备受荣宠而又年富力强的胤祯显然是“代父出征”的最佳人选。

1718年十二月十二日，胤祯率领京师八旗兵一万余人从北京正式启程西行。《清圣祖实录》中记载了这位“抚远大将军王”率军出征的浩大场面：“出征之王、贝子、公等以下俱戎服，齐集太和殿前。其不出征之王、贝勒、贝子、公并二品以上大臣等俱蟒服，齐集午门外。大将军胤禵上殿跪受敕印，谢恩，行礼毕，随敕印出午门，乘骑出天安门，由德胜门前往。诸王、贝勒、贝子、公等并二品以上大臣俱送至列兵处。大将军胤禵望阙叩首行礼，肃队而行。”（《清圣祖实录》康熙五十七年十二月）

▲ 清军第二次入藏的最高统帅，“大将军王”胤祯

为了提高胤祯在军中的威信，康熙皇帝特许他用正黄旗的军旗仪仗，这就意味着胤祯所到之处，如同皇帝亲临。可能是担心年轻的胤祯压制不了以罗布藏丹津为首的青海和硕特贵族们，康熙又降旨给罗布藏丹津等人说：“大将军王是我皇子，确系良将，带领大军，深知有带兵才能，故令掌生杀重任。尔等

或军务，或巨细事项，均应谨遵大将军王指示，如能诚意奋勉，既与我当面训示无异。尔等惟应和睦，身心如一，奋勉力行。”

胤祯引军出发后，沿途经过直隶、山西、陕西、宁夏、甘肃等地，一路上抚慰地方官民。1719 年三月十一日，胤祯到达西宁。根据康熙皇帝的指示，他将在这里坐镇，展开为期一年的备战工作。除了筹措粮饷、调拨各路军队，剩下的就是对青海的和硕特贵族们和边区的藏民进行笼络。

五月十四日，胤祯赴青海会见罗布藏丹津等举行会盟，商议出兵的具体事宜。他语气严厉地要求他们必须认真做好粮草、军械、马匹等物资的筹备工作，消极怠慢者将以军法严惩。之后，他又重申了康熙此前在谕旨中对青海和硕特贵族们做出的承诺：“清除逆贼，恢复尔等祖父顾实汗所立之黄教。”（中国第一历史档案馆，康熙朝满文朱批奏折全译）

这一番软硬兼施之后，罗布藏丹津等人开始改变清军第一次入藏时那种迟疑观望的态度。七月，胤祯派出使者瑚毕图等前往西藏，借和大策零敦多布会晤的机会，刺探西藏地区准噶尔军的情报。九月，瑚毕图返回西宁，报称受准部控制的藏族僧俗人士虽然迫于高压政策屡屡参与大策零敦多布对清军展开的军事行动，但他们本

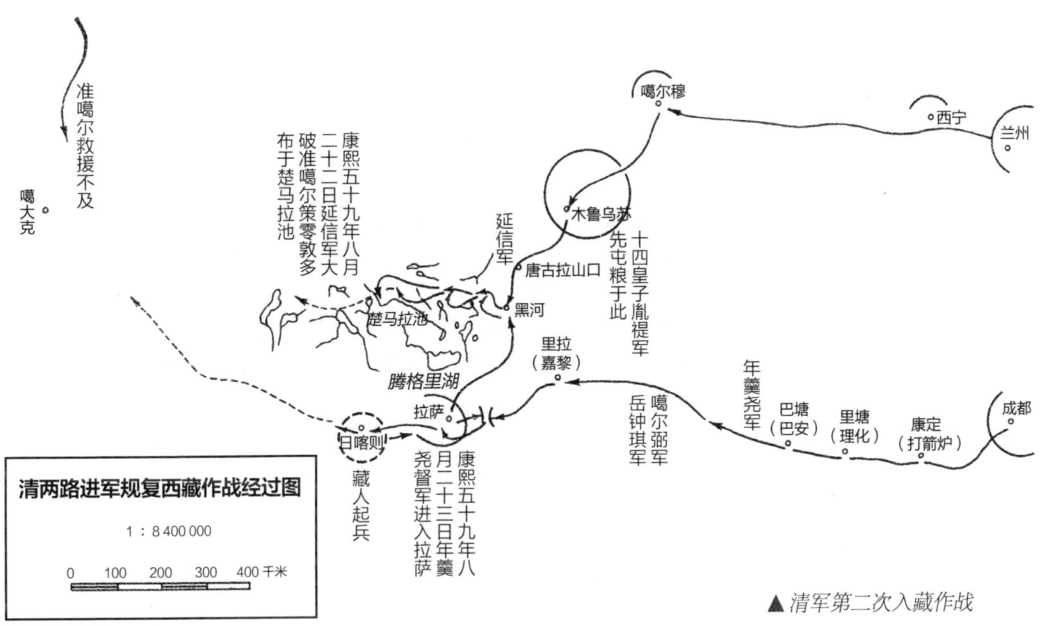

▲清军第二次入藏作战

身并没有与清为敌的意愿。瑚毕图的报告被送到北京，康熙皇帝认识到："令土伯特（按：藏人）之众诚心归向，则策零敦多卜自畏势逃遁。"（《清圣祖实录》康熙五十八年十二月）在青海塔尔寺被长期监禁的转世灵童格桑嘉措，终于被再次推到历史的舞台上。

1720 年二月，颇受藏人期许、拥护的格桑嘉措被清朝正式册封为达赖喇嘛，择日由官兵护送入藏。这实在是一步好棋，当初大策零敦多布就是打着迎奉格桑嘉措的旗号进军西藏的，现在清朝这一举动使得无论是准噶尔人还是藏人都失去了抗拒清朝大军的理由。

同月，清朝制定了青海、川滇两路大军入藏进击的计划。青海方面的北路军12000 人由胤祯和平逆将军延信统率，川滇方面南路清军 7000 人由护军统领噶尔弼、都统法喇统率，两路出兵，齐头并进。在他们的后方是数量将近五万的预备队和后勤保障人员。

三月，为策应入藏清军作战，西北的傅尔丹、富宁安两部也有所行动。富宁安部西路军自哈密出击，频繁攻击乌鲁木齐等地，吐鲁番地区的回部头目额敏和卓率众脱离准噶尔控制，投降清朝。傅尔丹所部北路军更从布尔干翻越阿尔泰山，在额敏河上游的格尔额尔格、乌兰呼济尔等处大破准噶尔军，焚毁准噶尔军大批粮草物资。他们成功吸引了策旺阿拉布坦的注意力，使准噶尔汗国不能出兵支援西藏的大策零敦多布。同时，川滇方面的南路清军在噶尔弼的率领下，离开松潘西进，意图和北路清军会师于拉萨城下。

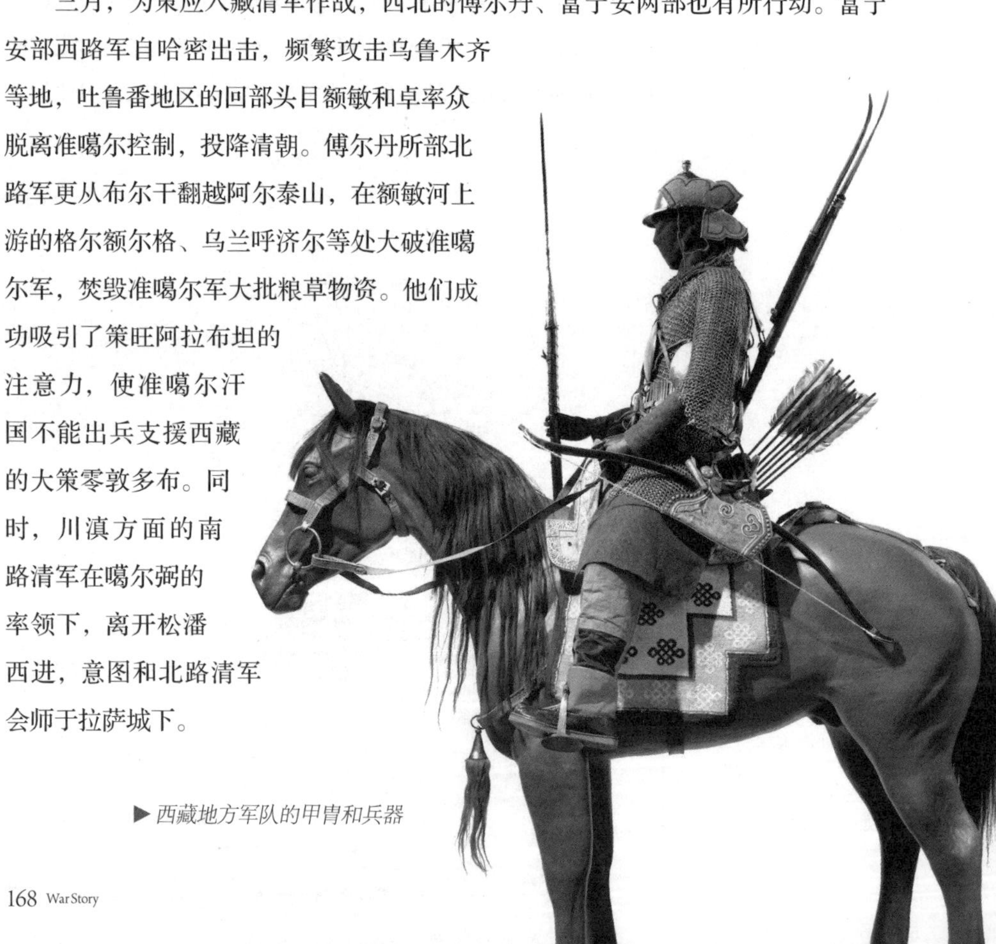

▶ *西藏地方军队的甲胄和兵器*

四月二十二日，胤祯率领北路清军大本营从西宁出发，六月二十日抵达木鲁乌苏河。这期间，清朝册封格桑嘉措的效果开始体现出来。六月初六日，胤祯在行军途中遇到前来投奔的西藏贵族阿尔布巴和从昌都、洛隆宗等藏区前来投诚的四名藏族头人。这几位藏人头目不仅提供了关于藏区的准确情报，还自告奋勇充当清军南下的向导。尽管如此，1720年六月十三日，清军翻越巴颜喀拉山时，还是因为高原反应、大雪降温等因素损失了一千多名士兵和数千头牲畜。七月初九日，延信率领护送达赖喇嘛的青海蒙古兵赶到木鲁乌苏河与胤祯会合。七月二十四日，全军所需的军需物资送至木鲁乌苏河后，胤祯没有再随军前进，而是自率护卫部队返回西宁，继续为大军组织后勤供应；北路入藏清军的后续行军和作战事宜，由平逆将军延信全权负责。八月初，进入西藏境内的延信和大策零敦多布亲自率领的准噶尔军接上了火。

▲反映清军入藏作战的绘画作品（二）

延信出身并不简单，他是清太宗皇太极的曾孙、肃亲王豪格的孙子。汉文史料里关于他的记载极为稀少，但从他后来指挥清军部队入藏途中的表现来看，似可判断他也是久历军伍的老手。为防止大策零敦多布施展诡计劫走达赖喇嘛，肩负护送达赖喇嘛入藏重任的延信，行军作战极其谨慎，根本不理会准噶尔军的死缠烂打，每日扎营都精心选择易守难攻之处，分营护卫作为指挥中枢的中军大帐和达赖喇嘛的穹庐，表现十分机警。“每日驻扎。将军之营居中，次则达赖刺嘛。满汉各营，从外圈围。四角安置炮四尊，周围安子母炮一百八十尊。四面卡子之兵皆挖小坑，点粪火预备（按：此取烽警之意）。瞭哨之兵，日则远去，至黄昏撤回，于围护兵之外二三里近，两两相接，坐听风声。又将通共兵丁分作三分。每夜两分在营外围护，每十名作一队，皆手牵战马，营外支更。其余一分，营内支更，各备一马。其余马匹昼则放牧于围护之外，夜则牧放于围护之内。”［李彩《藏纪概》（中央民族学院图书馆 1978 年油印本）］惯于用袭扰战术消耗清军再乘机施以围困的大策零敦多布，遇到了真正的对手。八月十五日至二十二日，清军从博克河行进到绰玛拉途中，准噶尔军三次对清军发动袭击，企图将达赖喇嘛抢到手，但清军只是固守营盘，击退敌军，并不恋战。如此步步为营，令大策零敦多布屡遭挫折不能得手。

北路清军顺利推进的同时，川滇方面的南路清军也是一路凯歌。噶尔弼在副将岳钟琪的倡议下，以政治诱降为主、军事打击为辅的方针，对付西藏东部的藏族武装，顺利地打开了进入西藏的大门。大策零敦多布在西藏三年的残酷统治，使他不可能得到藏人的忠诚。1718 年大策零敦多布进攻那曲营地的清军时，被裹挟的藏族士兵在和清军作战时常常朝天放空枪。清军战败后，相当部分被俘虏的士兵都受到过藏人暗地里或公开的照料。所以一旦清军入藏，本不愿与清军为敌的藏族武装临阵倒戈是很自然的事情。

1720 年八月初七，噶尔弼军进入拉萨城东北的墨竹工卡，招降了藏人贵族达尔扎所部三千人。北路清军进抵当雄草原以北时，噶尔弼已分兵进至拉萨城郊。八月二十三日，噶尔弼在没有遇到抵抗的情况下即顺利进驻拉萨，这是中央政权的军队第二次进入这座日光城。九月十四日，达赖喇嘛在北路军六千精锐的护送下回到拉萨，举行了盛大的坐床仪式。

大势已去的大策零敦多布明白自己已经没有力量和清军决战，只好遣散了手下的藏族士兵，率剩余的本部人马沿来道撤离西藏。他一路上不断遭到藏族民众的攻击，等他于 1721 年回到准噶尔时，几年前出发时的六千精锐部队，只剩下两千多名残兵。

清军第二次入藏作战终于取得圆满的胜利，清军各部吸取了第一次入藏时偏师孤军深入的教训，即使在兵力占据优势的情况下也没有急于求胜，而是采取稳扎稳打的方针。作为前线指挥的延信、噶尔弼、岳钟琪等一干将佐自然功不可没，但坐镇后方的抚远大将军王胤禵、四川提督年羹尧等，能放手让部下将领全权指挥并不复杂的行军作战，自己在后方全力组织后勤保障工作，也是这次入藏作战取得胜利不可忽视的一个重要因素。清军在留下策旺诺尔布的 3000 兵马分驻拉萨、日喀则各处后，班师回朝。这次远征西藏成为康熙皇帝生平最后一件开疆拓土的武功。

1722 年十一月十三日，在位 61 年的康熙皇帝病逝，享年 69 岁，他的继任者雍正皇帝将继续和准噶尔人在中国西北展开新一轮的角逐。

厉兵秣马：西北烽烟再起的前夜

在民间的野史传说中，雍正皇帝一直扮演着极不光彩的反派角色，至今仍有文学影视作品津津乐道于他如何得位不正。当然，雍正皇帝在位早期为巩固皇权确实做了一系列打击异己、清算政敌的事情，和他同为一母所生的十四弟、远在西北的抚远大将军王胤祯也被召回京城，几乎沦为囚徒。但更值得我们注意的是，执政风格刚猛、任事勤勉的雍正皇帝，甫一继位就以雷霆手段革除父亲康熙皇帝晚年为政宽弛而留下的弊政。他一方面整顿吏治，追查渎职官吏的贪污赃款；一方面清查康熙皇帝晚年的财政亏空，改革赋役，完善财政管理制度，以图增加国库的税收。据《清代户部银库收支和库存统计》的记载，1719 年清朝户部存银达到康熙朝的巅峰值 4700 多万两，由于西北用兵等种种因素，到 1722 年康熙皇帝去世时，只剩 27155088 两；雍正皇帝继位第五年的 1727 年，户部存银达到 55252900 两，完全扭转了康熙末年财政亏空的状况。至于这笔钱的用处，自然还是打仗。

准噶尔汗国在西藏失利的消息传遍了中亚草原和西伯利亚，致使边境上的俄国人和哈萨克人又开始蠢蠢欲动。1720 年冬季，俄国军方组织的精干考察队四百五十多人深入斋桑湖企图建立要塞，策旺阿拉布坦只好暂时把精力放在处理西部边境的问题上。清朝方面也暂缓了对准噶尔的军事行动，新征服的青海、西藏还需要清朝花费几年的时间去慢慢消化。

青海和硕特贵族当中，实力最强的罗布藏丹津曾是唯一拥有亲王封号者。此前，1718 年九月，为了调动青海和硕特贵族参与入藏战事的积极性，康熙皇帝许诺：“取了土白忒国（西藏），将尔等（指青海和硕特部台吉）内中立汗。”罗布藏丹津想当然地以为，清朝会帮助和硕特复国，而汗王的最佳人选自然是他罗布藏丹津。清朝成功将准噶尔从西藏驱逐出去后，对青海和西藏实行分治之策，在西藏成立了一个临时政府，由参与入藏战事有功的清方将领策旺诺尔布，以及青海和硕特贵族罗布藏丹津、阿拉善和硕特旗亲王阿宝、西藏贵族阿尔布巴、隆布鼐等担任临时执政，这和罗布藏丹津总领青海、西藏的妄想背道而驰。

1721 年，清朝再次对西藏地方政府进行改组。除了依旧统兵镇守西藏的策旺诺尔布外，四位西藏地方政府的行政官员“噶伦”都是清一色的藏人贵族。和硕特人被完全排挤了出去。至于青海方面，清朝将多罗郡王察罕丹津晋爵为亲王，令他与罗布藏丹津分管青海和硕特左右翼牧地。连号令青海都无法实现的罗布藏丹津愤懑难平，等待时机和清朝决裂。

1722年十月，罗布藏丹津召集忠于自己的部分和硕特贵族秘密会盟，决定取消清朝所封的亲王、贝勒等爵位，恢复台吉等旧称，密谋恢复和硕特汗国。但这些阴谋被亲清派察罕丹津亲王告发，成了雍正皇帝出兵青海地区的借口。1723年十月，清朝启动出兵青海的计划，在入藏战事中崛起的两位新秀——“抚远大将军”年羹尧、“奋威将军”岳钟琪成为这次军事行动的指挥官。

罗布藏丹津见清朝已有所行动，干脆举起反旗，不少的喇嘛寺庙的僧侣也投入叛乱者的队伍，罗布藏丹津的叛众膨胀到10万人。1723年年底，罗布藏丹津率领部众围攻西宁，切断了内地进入西藏的道路。年羹尧率领所部清军凭借70门子母炮的火力优势，在西宁附近三次击溃罗布藏丹津的叛军。罗布藏丹津见不能战胜清军，就率众西走准备投靠准噶尔。

1724年二月初八，岳钟琪率领轻骑5000、马1万匹出西宁城急行军12天，于二月二十日在青海西部柴达木盆地发现罗布藏丹津的踪迹。二十一日黎明，岳钟琪率军发起偷袭，将罗布藏丹津打得措手不及。最后，罗布藏丹津仅率少部分随从逃到准噶尔汗国。雍正皇帝采纳年羹尧的建议，在青海编设29个札萨克旗，废除了青海周边的藏族对和硕特贵族的隶属关系，将青海的喇嘛寺庙直接收归清朝政府管理。1725年，清廷又设立西宁办事大臣，巩固了平定罗布藏丹津之乱所获得的军事成果。在入藏和平定青海的军事行动中累建功勋的年羹尧，不改其才气凌厉的本性，越发嚣张跋扈起来，屡屡开罪同僚，结党营私，贪污受贿，连本来想和年羹尧做个千古君臣知遇榜样的雍正皇帝，都无法容忍其骄纵行为。这位炙手可热的一时名臣最终被雍正皇帝冷落。1726年，雍正皇帝将年羹尧罢官后赐死。可清朝方面刚清算了处理边务颇为得力的能臣干将不久，西藏那边就发生了一起动乱。

前文提及的那位在清军第二次入藏的军事行动中充当向导的阿尔布巴，因功成为西藏地方政府的行政官员之一，但他一心想继续往上爬，因而联合自己的亲信隆布鼐，和清朝任命的西藏地方政府首席噶伦康济鼐争夺权位。武人出身的康济鼐指挥过千军万马，却不能领导属下的噶伦们，因此上表清廷表示自己要辞职。雍正皇帝正需要一位亲近朝廷且有带兵经验的官员坐镇西藏，以防止准噶尔卷土重来，是

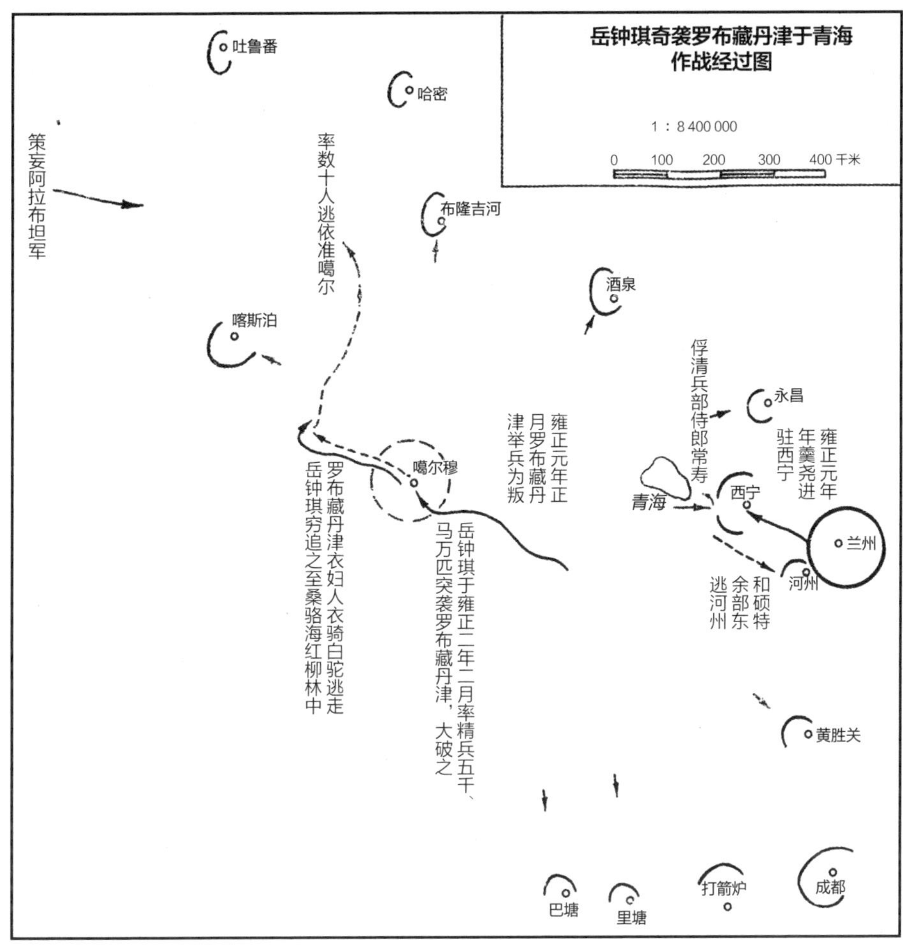

▲岳钟琪奇袭罗布藏丹津

以并没有同意康济鼐的辞职申请。他还特地颁下敕令，明确西藏事务由康济鼐总理，阿尔布巴协理，这引起了阿尔布巴的强烈不满。1727年六月十八日，阿尔布巴在大昭寺诱杀了康济鼐。之后，阿尔布巴为了斩草除根，又率军到康济鼐在日喀则地区的根据地，想要全歼康济鼐的私人武装。康济鼐的部将颇罗鼐一面积极抵抗，一面上书清朝说明情况，请求朝廷派出援军剿灭阿尔布巴。西藏再次陷入战火之中。

为了防止阿尔布巴勾结准噶尔入寇，1728年四月，雍正皇帝命都察院左都御史查郎阿、銮仪使周瑛等从川、陕、滇三省调集军队，兵分两路入藏。而颇罗鼐联合阿里地区的驻防部队，向阿尔布巴反击，最终以弱胜强。

1728年六月，颇罗鼐进军拉萨，擒斩阿尔布巴、隆布鼐及其他党羽17人。西藏经过近十个月的战乱又恢复稳定。雍正皇帝晋封颇罗鼐为贝子，令其协助清朝驻藏大臣衙门办理藏区军政及宗教事务，加强了清朝对西藏地区的控制。

▲怡亲王胤祥画像

在清朝专力于处理西藏问题时，因纵欲而罹患梅毒的准噶尔汗国君主策旺阿拉布坦于1727年去世，享年64岁。策旺阿拉布坦的长子噶尔丹策零继承珲台吉之位。这位新君甫一上台就忙着清理门户，铲除异己。整个准噶尔汗国陷入一场重新洗牌的政治斗争中。

1720年，清朝将准噶尔驱逐出西藏后，在康熙皇帝的授意下，当时负责入藏军事行动的清军最高统帅抚远大将军王胤祯不久就移师甘州，而驻屯巴里坤的清军西路军拿下了准噶尔汗国重镇乌鲁木齐城。不久后，康熙皇帝病重去世，攻灭准噶尔的军事行动不得不中止。但清廷为了日后用兵之便，并没有撤销北路军和西路军的建制。策旺阿拉布坦的撒手人寰，让雍正皇帝觉得找到了一举解决准噶尔问题的千载良机。再次和准噶尔开战的准备工作已经在有条不紊地落实当中，紧邻准噶尔的漠北草原和甘肃、哈密等处成为清朝备战工作重点开展的区域，至于备战工作的中心，自然还是后勤保障问题。

康熙末年，清朝出于巩固对漠北草原的控制的需要，已经在漠北地区大修官道，将地处要冲的驿站升级为兼具传递消息、囤积粮草、驻扎军队、战时充当军队指挥所的军台站，防御设施和功能比驿站更齐全。这些军台站每站可配备50到700名不等的守台军士，备马一百到上千匹。有的大型军台甚至可以容纳万人，与要塞无异，如1719年在乌里雅苏台南部修筑的察罕廋尔军台站；位于科布多附近，曾经是噶尔丹屯田备战要地的乌兰固木军台站，最多时竟驻扎过3万清军！将这些星罗棋布的军台站连接起来的道路，就是由山西旅蒙商人开辟出来的商道。在康熙三征

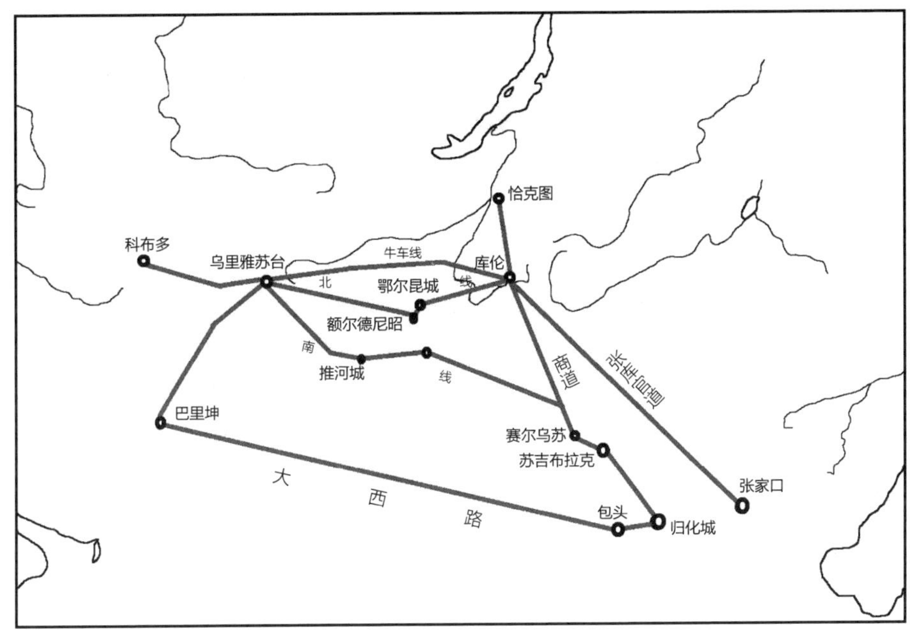

▲ *雍正年间西北前线的后勤保障运输道略图（参考自秋原《旅蒙商述略》）*

噶尔丹期间，出钱又出力支援清军后勤补给的晋商集团，成为清朝新一轮备战工作的重要助力。

1727 年，在怡亲王胤祥的建议下，雍正皇帝启用了著名的晋商范毓馪参与到驻扎漠北的清军北路军后勤补给线的建设中。曾经在 1721 年就为北路军输送过粮草的范毓馪，常年奔波在漠北经商，对当地的地理条件极为熟悉。为了扩大自己的商业利益，服务好雍正皇帝这个铁打的靠山是非常有必要的，所以范毓馪不仅“以家财运饷万石”，更是积极为改良清军传统的驮运方法和制定运输队行程路线出谋划策。在他的倡议下，清军的后勤运输部队因地制宜，针对漠北草原的地理气候状况，摒弃了传统的骡马驮运法，采用了骆驼队为主、牛车队为辅的全新运输方法。这些后勤运输队伍所要走的运输路线，以内地的张家口、漠南的归化城为起点，经漠北草原南端的苏吉布拉克驿站，再向西北到达塞尔乌苏军台站。之后，分作两条路线：一条沿旧商道向北到达库伦，然后从库伦向西经鄂尔昆城和额尔德尼昭到达乌里雅苏台，这条线路因在杭爱山北，所以被称为山后线；另一条折向西北，经翁金军台站，从杭爱山以南过推河城，到达乌里雅苏台，这条线路因在杭爱山南，所以被称为山前线。此外，在山后线更往北处，还有一条从库伦直达乌里雅苏台的运输线，这条线路所经地方水草较充足，所以清军在此全部采用牛车运输，因而这条最北端的线路又被称作牛车线。从乌里雅苏台西出后分作两道，北道直达科布多，南道穿过阿尔泰山后可通往清朝西路军驻扎地巴里坤。由张家口、归化城到科布多，全程六千六百多里路，顺利的话需要两个半月到三个月的时间，这在没有现代交通工具和高速公路的古代，已经是很高的运输效率了。从内地出发前往漠北的驼队，除了驮运枪炮军械等，主要还是运输米粮供应军士食用。至于作战所需的骡马和牛羊等肉畜，则可以从当地喀尔喀蒙古各札萨克旗采买征集。

西路军方面，川陕总督岳钟琪于1727年六月十九日上奏雍正皇帝，提出了七条备战建议，内容涵盖了用兵方略、出击时间、战术训练、粮饷及战备物资筹集等各个方面。除了第五条“火器宜修造”中，关于动用陕甘两省的结余公款为陕甘驻防清军添置鸟枪两万杆的建议，因超越了岳钟琪的事权而执行情况不明外，其余建议均在雍正帝的支持下得到落实。此外，朝廷还拨款在嘉峪关到哈密的沿途增设27座军台站；采取屯田和采购粮食相结合的方式补充军需主粮；在河西设立马场，牧养从鄂尔多斯、陕甘及内地采买征集的牛羊等肉畜和战时所需骡马。

有了完备的后勤，还需要有战斗力的部队。清军中的精锐，就满洲兵而言，首推京师八旗，其次是精于骑射的黑龙江索伦猎手。这两支部队被充实到了漠北的北路军当中，雍正皇帝拨款10余万两白银，为装备简陋的2000名索伦兵丁每人添置鸟枪一杆及其他装备。这2000多人每年的粮饷花销达到59000多两白银。至于汉人组成的绿营里，战力最强悍的就要数兵员额高达9万多人的西北陕甘绿营，西路军编制内的26500名官兵里，陕甘绿营兵就占了绝大多数。这些精挑细选出来的健儿，成了清朝在即将到来的战争中，与准噶尔军作战的主力。

清初，在对外战事中往往由爱新觉罗宗室王公甚至皇帝本人统军出征。康熙皇帝年轻时，为消灭噶尔丹这个强敌屡屡御驾亲征；晚年身体状况不如从前，依旧派遣自己的儿子和宗室子弟完成“驱准保藏”的伟业。但雍正皇帝却没有父亲康熙皇帝这样的条件。

首先，雍正皇帝继位时已经是45岁的中年人，常年忙碌于繁杂的政务，使这位身体本来就不硬朗的皇帝更加虚弱，自然无法御驾亲征。其次，由于某些众所周知的原因，和康熙皇帝相比，雍正皇帝的兄弟里并没有熟悉军务、能充分信任的亲王可供驱使。已经被改名为允禵的“驱准保藏”主帅胤祯被发落到埋葬康熙皇帝的景陵充当守墓人；雍正皇帝能信得过的怡亲王胤祥、果郡王允礼都身体不好，得协助雍正皇帝处理内政。雍正皇帝自己的 3 个儿子年少，不谙军旅；宗室子弟里，前平逆将军延信因为政治原因此时正被幽禁，不可能被启用，只有一位代善的后裔顺承郡王锡保可以应征。到头来，雍正皇帝能依靠的，主要还是岳钟琪、傅尔丹等久驻边地的将领们。

清朝方面已经磨刀霍霍，准噶尔汗国的新一代君主噶尔丹策零也不是善茬。这位 32 岁的准噶尔珲台吉掌控政权的能力并不输于雍正皇帝。他推出了一项新的改革：从汗国的 24 个鄂托克里挑选部分健壮者及其家属，增设 21 个“昂吉”，任用一批亲信贵族加以统领。“鄂拓克游牧之地环于伊犁，昂吉游牧之地又环鄂拓克之外。”（傅恒《钦定皇舆西域图志 · 卷二十九》）这 21 个昂吉分布于准噶尔汗国境内东起阿尔泰山山脉、西至塔拉斯河流域、横跨天山山脉南北广大区域的各军事要地周围，并在指定牧场内游牧，以便于准噶尔珲台吉加强对各地的控制。

关于准噶尔汗国军队的规模，历来众说纷纭。根据曾经在准噶尔汗国进行外交活动的俄国炮兵大尉温科夫斯基在《十八世纪俄国炮兵大尉新疆见闻录》中的记载，在策旺阿拉布坦时代，准噶尔汗国的武装力量达到六万余人，紧急状态下可动员近十万兵力。日本学者宫胁淳子在《最后的游牧帝国》一书中提到，到噶尔丹策零时代，准噶尔汗国拥有八万军队，这八万军队大部分被纳入二十一“昂吉”编制内。在这二十一个昂吉中，准噶尔本部昂吉六个，兵力三万余，兵额接近准噶尔汗国常备军的一半，战力也最为强悍。如大策零敦多布等宿将所领鄂托克，即被大部编入昂吉当中。此外，在准噶尔汗国境内游牧的其余卫拉特部落亦从鄂托克中抽调精锐编设昂吉，其中和硕特部昂吉一个，土尔扈特部昂吉两个，杜尔伯特部昂吉三个。卫拉特各部中历史最悠久的古老氏族辉特部。此时已经沦为杜尔伯特部的附庸，但挂着辉特氏族之名的昂吉数目却达到九个之多，甚至超过了准噶尔昂吉的数目。由于史料的缺失，此现象的缘由至今无解，极有可能是噶尔丹策零为了分化杜尔伯特部的势力，所以将原属杜尔伯特部的精锐武装划出，冠以辉特氏族之名。从这一点上看，噶尔丹策零推广昂吉制度的目的，除了强军，更是为了集权。当然，昂吉并不是完全脱产的职业军队，它的性质或许更类似于明朝的军户。根据清人记载：“准部一切供赋及重大差务则鄂托克承输。若零星供给，合二十四鄂拓克、二十一昂吉均输焉。”（傅恒《钦定皇舆西域图志 · 卷二十九》）即准噶尔汗国本部游牧区的贡赋徭役主要从二十四鄂托克中征收，二十一昂吉编户只需要向汗庭提供小部分的日常物资。除了税务徭役的优惠待遇，昂吉编户在战时还能获得来源于二十四鄂托克、天山南路和布哈拉等城邦提供的军需物资。

昂吉内部分工明确。昂吉中的成年男丁平时专注于军事训练，战时则应准噶尔珲台吉调遣投入战场，日常游牧生产活动则由其眷属、牧奴来完成。在游牧政权的社会里，长期存在兵民不分的状况，各社会单位中的成年男丁平时为牧民，战时则拿起武器变成军人。这也是为什么汉文史料里，某些人口不过百万的游牧部落依然能拥有“控弦之士数十万”的原因。噶尔丹策零所推行的昂吉制度，既有削弱汗国各个异己游牧封建主势力、巩固君权的考量，也是一次打破游牧政权兵民不分传统的有益尝试。昂吉制度的推行，一定程度上有利于准噶尔汗国军队战斗力的提升。这就意味着清朝军队此时要面对的准噶尔军团，恐怕会比策旺阿拉布坦时代的更难对付。然而，清廷上下却少有人意识到这一点。

▲岳钟琪像，清代叶衍兰绘

1728 年，雍正皇帝遣使准噶尔，重申此前一直向准噶尔方面提出的遣返罗布藏丹津等反清分子的要求，被噶尔丹策零拒绝。1729 年三月，雍正皇帝晋升岳钟琪为宁远大将军，统率西路军；晋升北路军统帅傅尔丹为靖边大将军，令二人分统所部出师作战。

1729 年四月，雍正皇帝在祭祀太庙时亲自撰写祭文，声称要对“为蒙古之巨害，中国之隐忧”的准噶尔汗国“迅行扑灭”。皇帝战意坚决，下属的文武大臣也对即将要开始的战争抱着极为乐观的态度。就连一向在官场上以低调、务实闻名的宁远大将军岳钟琪也在 1729 年六月上疏雍正皇帝，列举了未来的战争清朝必胜、准噶尔必败的十条理由，仿佛已经胜券在握：“臣叠蒙指授庙谟，至周极备。约举王师之十胜，决逆夷之必败：一曰主德；二曰天时；三曰地利；四曰人和；五曰糗粮之广备；六曰将士之精良；七曰车骑营阵之尽善；八曰火器兵械之锐利；九曰连环迭战攻守之咸宜；十曰士马远征，节制整暇，又加以期日之宽舒，机宜之详密。凡此全胜之宏略，咸出圣心。臣得效奔走之微劳，便成殊绩。臣知指日荡平，献俘奏凯，以报国恩。”（《清世宗实录》雍正七年六月）

朝野上下一片主战声浪中，唯有权臣鳌拜之孙、满洲正蓝旗前锋统领达福提出异议，他向雍正皇帝进言：“策零（此处应为昭梿笔误，实指策旺阿拉布坦）虽死，其老臣固在。噶逆亲贤使能，诸酋长感其先人之德，力为御。主少则易谏，臣强则制专。我以千里转饷之劳，臣未见其可。”（昭梿《啸亭杂录·卷三·记辛亥败兵事》）雍正皇帝正做着扫平准部、一统蒙古的黄粱美梦，对于达福的忠告置若罔闻。

1729 年年底，为便于处理西北军务，雍正皇帝特意设立了军机处，任命怡亲王胤祥、大学士张廷玉等主持军机处日常工作。在清朝君臣上下一片乐观的氛围中，清朝和准噶尔的第三次交手拉开了序幕。

埋骨胡尘：和通泊畔的遍地遗骸

北路军统帅傅尔丹接到雍正皇帝的谕令后，立即率北路军前出至乌里雅苏台南的察罕叟尔设立大营。为了迷惑准噶尔人，北路军的官兵们没有在科布多和乌兰固木这样的军屯重镇集结立营，而是伪装成每三年更换一次的边防哨卡戍守兵，在扎布汗、特斯等处建起哨卡，分散驻守。1730 年春，傅尔丹上奏雍正皇帝，呈报了北路军的作战计划，这份计划的中心内容是以 8000 人的兵力分兵四路，每路 2000 人，从布尔干、布鲁尔、库列图岭、奇兰河穿越阿尔泰山后，会合西路军直捣准噶尔汗国本土。（全文参见中国历史第一档案馆编译《雍正朝满文朱批奏折》靖边大将军傅尔丹奏报密查四路统领大臣之调遣折。）

如此大规模的军事调动，要想保证不被外人察觉出意图，无疑是非常困难的：先是 1729 年六月，3 名喀尔喀蒙古人越界跑到准噶尔地界，透露了清朝大军即将出兵的消息；接着，带领商队前往肃州进行贸易活动的准噶尔人特磊，亲眼看见清军西路军出兵的情状并立即向噶尔丹策零报告。这些突发情况迫使雍正皇帝在几番犹豫后，最终决定暂停原定的军事行动。1730 年秋，雍正皇帝召回西、北两路大军主帅岳钟琪、傅尔丹，重新制定作战计划。这将近一年的时间，给了准噶尔汗国调兵遣将的机会。

噶尔丹策零接到特磊的报告后，决定先发制人："我等不可迟缓，火速出兵。在（1730年）正月先劫取他们的马匹，在围困他们的人，料为容易。"（中国第一历史档案馆藏《军机处满文月折档》）1730年十月开始，准噶尔军就迫不及待地率先发起进攻。清军西路军在巴尔库尔、青海噶斯口岸各处都遭到了准噶尔军的袭击。十二月，更大的败报传来。准噶尔军再次祭出盗马战术的法宝，兴兵2万洗劫了清军西路军设在哈密和巴里坤之间的科舍图岭牧场。清军阵亡3243人，损失牲畜122557头。

之后，准噶尔军挟战胜之威，继续窜扰哈密城东的塔尔纳沁、青海的哈吉尔卡伦等处，一直深入到柴达木盆地以南的德布特尔。虽然清军在肃州镇总兵樊廷等将领的指挥下最终击溃准噶尔军，但准噶尔军的袭扰使清军西路军蒙受了极大的人员和物资损失，急报如雪片般送到北京。雍正皇帝针对准噶尔的盗马战术，采取了新的策略：步步为营，筑城进逼。十二月二十日，雍正皇帝颁布上谕：

"朕思：于西路巴尔库尔，北路卡伦之外各筑一城，驻扎大兵，不时派讨伐之兵袭击，惊扰其（准噶尔）众，贼必撤彼游牧，远退藏匿。我军再进数百里，更筑一城。照此一年后，复进数百里，再筑一城。进博尔塔拉后，两路兵彼此计议应援，各筑一城，以我大兵驻扎。其前所筑之城，再量拨官兵前往，递相移驻。各于筑城处垦种以充军粮；将全数驼马、牛羊，无事时择地放牧，若有事全数收拢入城。贼队既无所获，我兵一出，袭取其行装、牲畜。况贼怎敢越我兵驻扎之城而来？其力渐窘，其众必离……我兵进剿，直捣其巢。不出三四年，贼必不能逃过天纲矣。"（中国历史第一档案馆藏《军机处满文上谕档》雍正八年腊月二十二日谕）

具体说来，就是要岳钟琪、傅尔丹两路清军派出机动部队袭扰准噶尔游牧集团的同时，每路在各自的作战区域内分别修筑三座土筑砖包的大城，城防结构包括瓮城、角楼、城壕等，设施齐全。这三座大城附近的交通枢纽和战略要冲，还分布着几座卫星城和数十座炮台。如此依托这六座大城步步蚕食，西、北两路军可于三年内会师于准噶尔的腹地博尔塔拉，成为插入准噶尔汗国腹心的尖刀。这一套筑城进逼的策略倒是和俄国人在准噶尔北方牧场的扩张手法不谋而合。区别在于，清军的这一整套筑城计划具体实施起来所花费的成本相当高。根据傅尔丹于1731年春呈送给雍正皇帝的报告，筑城计划中仅在额尔齐斯河修筑的第二座大城及其卫星城堡和炮台群，就需要配备15000名后勤保障人员、26000名作战人员、鸟枪5000杆、子母炮300门、威远将军炮60门。（转引自张建《和通泊之役与大清国的边务危机》。）

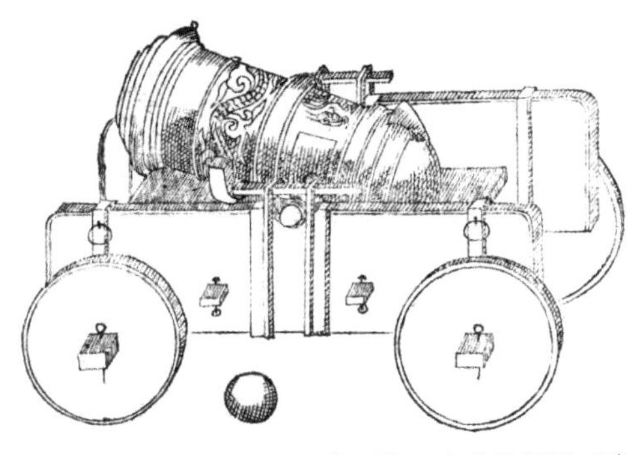

▲《皇朝礼器图式》威远将军炮，由戴梓根据“冲天炮”改进

准噶尔军擅长野战，但攻坚能力方面一直是短板。是以在和俄国的冲突中，准噶尔人长期只能坐视俄国人利用堡垒点、线、面结合，蚕食北方领地而徒唤奈何。噶尔丹策零为了改变这种状况，曾勒令在斋桑湖之战中俘虏的瑞典籍俄军炮兵准尉列纳特，带领亚梅什湖之战中被俘的俄国技师，采用欧洲人的铸炮技术，为准噶尔军铸造大炮，共制造了7门铜炮和3门臼炮。他还在准噶尔传统炮兵“包沁”之外又建立了一支欧式炮兵部队，但这支初建之师的装备还是以长于野战的轻型火炮为主，依旧缺乏可以担当攻坚使命的重炮。不难想象，倘若雍正皇帝能够坚定不移地将筑城进逼的计划进行到底，将会对准噶尔汗国造成多大的威胁。

1731年二月，雍正皇帝在给傅尔丹奏折的批复中表示，要继续增派京师八旗和地方驻防八旗兵充实北路军的军力。预计到1731年秋，北路军察罕廋尔大营的兵力将从两万余人增添至四万余人。1731年四月二十五日，傅尔丹在科布多河以西修筑了北路军西进计划中的第一座大城，西路军也已经前出至巴尔库尔筑城；到1732年，北路军可以推进到额尔齐斯河，西路军可以推进到乌鲁木齐，形成犄角之势让准噶尔人腹背受敌。但正当两路大军的筑城工作紧锣密鼓地进行时，雍正皇帝又改变既定方案。原因是噶尔丹策零几次袭扰清军作战区域都在西路军的防区，这就给雍正皇帝造成了一种错觉：哈密、巴里坤等处在接下来的作战中仍然会是准噶尔军重点进攻的目标，那么清朝是否可以趁准噶尔后方空虚的当口“分贼力于一方，指示进剿另一方”呢？

在这种主观臆断思维的主导下，雍正皇帝急不可耐地命令傅尔丹必须于1731年七月完成科布多的筑城工作，而后举精兵6000于同年八月奔袭额尔齐斯河的准噶尔牧地。可是实际上，噶尔丹策零已经准备掉转矛头对付清朝的北路军了。

1731年五月，从准噶尔逃脱至科布多的被俘清军西路军士兵蓝生芝报告称，准噶尔已在阿尔泰山集结兵力，欲攻北路。这时，准噶尔军还在大举进攻吐鲁番东部清军西路军驻守的鲁谷庆（今鲁克沁）。准军声势浩大，鲁谷庆的清军被围困了四十多天。西路军战区急如星火的奏报使雍正皇帝更加坚定地相信：准噶尔军未来的军事行动仍将主攻哈密、吐鲁番地区。是以清朝方面对蓝生芝的报告采取了冷处理。

六月初三，在距科布多筑城地不远的乌苏图舒鲁克卡伦驻防的清军抓获一名准噶尔人塔苏尔海丹巴，他供称："本年正月，我台吉噶尔丹策零传令准噶尔之众，出三万兵约于五月初，合兵于奇兰之地……小策零敦多布统率驻扎之兵，原号称三万，但未全至。现罗布藏策零（噶尔丹策零的妹夫）属下一千六百兵耽延未至外，又有千兵未到。现仅有兵二万余。"（《军机处满文月折档》靖边大将军傅尔丹等奏，雍正九年六月十八日）基本证实了此前士兵蓝生芝的报告。

机不可失，傅尔丹决定先发制人提前行动，趁准噶尔军尚未完成集结之际速迎掩杀，袭扰准噶尔军，挫败其战略意图，挽回科舍图之战落败后清朝一方的被动局面。在没有上报给雍正皇帝的情况下，六月初九，傅尔丹以都统衮泰、总兵胡杰、参赞大臣陈泰等率满汉官兵 9300 余人留守科布多；又令顺承郡王锡保等至特斯卡伦等处勘测地形；傅尔丹自己亲自率领包括京师八旗、山西右卫八旗、盛京八旗、黑龙江驻防八旗及索伦猎手等鸟枪骑兵在内的 1 万精兵，轻装出发。随军的将领巴赛、查弼纳、马尔齐、塔尔岱等均是久随傅尔丹征战的沙场宿将，阵容不可谓不强大。

六月十六日，傅尔丹率军行经扎克赛河时，抓获准噶尔牧人 12 名，其中一名叫巴尔喀的供认："今小策零敦多布身边之兵仅千，我兵并未立营驻扎，俱随水草分驻……号称备兵三万，尚未全至。今陆续而来，已到实数不知。大概估计，多半已至……"（《军机处满文月折档》靖边大将军傅尔丹等奏，雍正九年六月二十八日）

小策零敦多布是大策零敦多布的堂侄，号墨尔根代青，原本率领自己的昂吉驻牧于喀喇沙尔一带（今新疆焉耆），监控天山南路各回部城邦。战争爆发后，他即被噶尔丹策零调到汗国东线与清军作战。在准噶尔进攻哈密等处的多次军事行动中，小策零敦多布都当仁不让地充当急先锋。此次，准噶尔进攻清军北路军防区的战事，本是由大策零敦多布、多尔济丹巴父子和小策零敦多布共同领军，但年事已高的大策零敦多布于途中患上眼疾，由他统率的近万部队行军被耽搁，所以原定的三万部队并未按时集结完毕，只有小策零敦多布率领自己的私兵一千多人到达阿尔泰山麓的察罕哈达以东地区。对于傅尔丹而言，这真是绝佳的立功机会。小策零敦多布在准噶尔的名气仅次于大策零敦多布，如果能将他击斩或生俘，将会对准噶尔军的士气起到极大的打击作用，也是挫败准噶尔进军图谋的有效方式。于是，傅尔丹取消原定进攻游牧在图鲁图绰尔的准噶尔人牧群的行动，改为直接进攻察罕哈达的小策零敦多布本部。

六月十八日，清军急行军两日后到达博克托岭（今蒙古国科布多市以西 50 公里处的和塞尔赫山）下的图尔巴图湖。由参赞大臣苏图等率领的 1000 名京师八旗

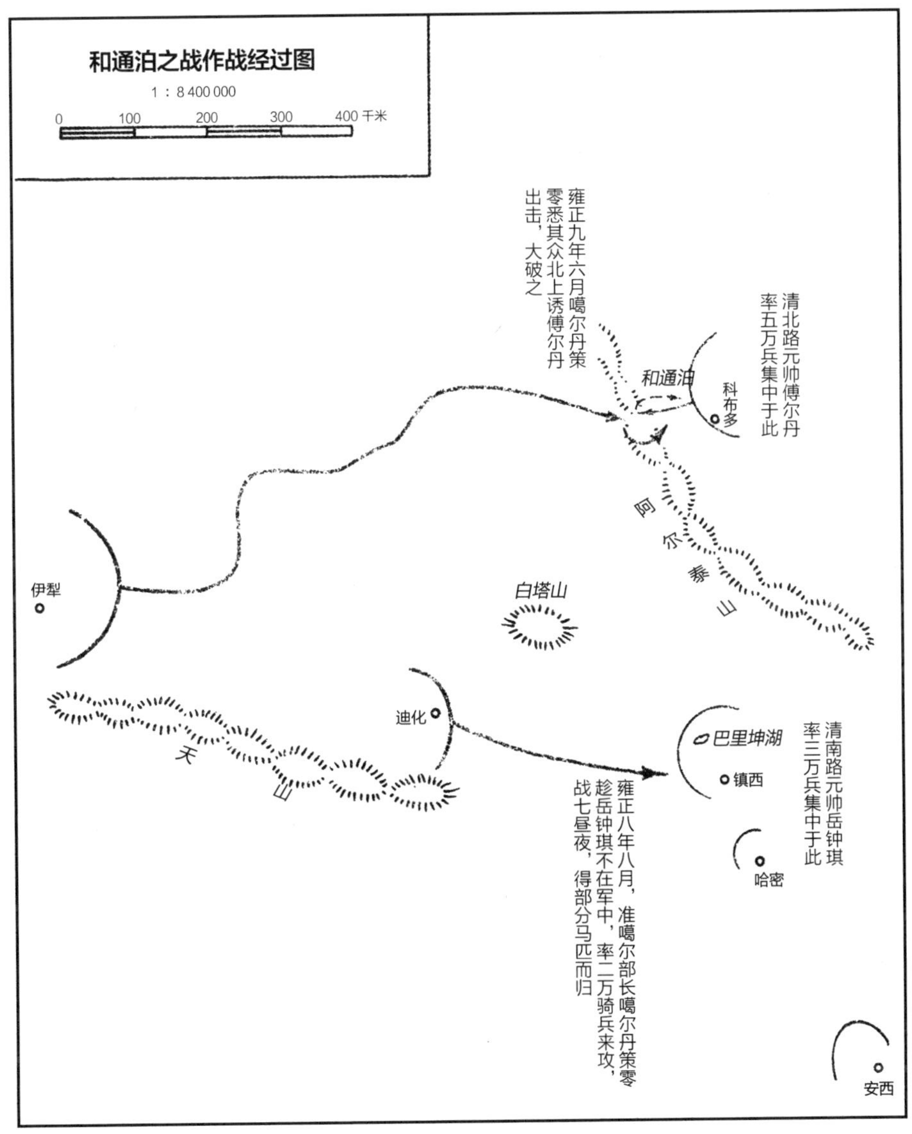

▲ *和通泊之战*

兵首先和正在此地放牧的准噶尔军发生遭遇战，这时的准噶尔军已经在此聚众近万人，不过由于分散驻牧，反而未能对清军形成兵力优势。之后，清军后续部队陆续赶到，准噶尔军面对来势汹汹的清军只能边打边走。此后连续两天的激战中，清军紧紧追在准噶尔军后面不断发起攻击，一直追到距离科布多大营西北一百多公里的和通泊。

六月二十一日，正当傅尔丹狂飙突进之时，大、小策零敦多布聚集的 3 万人马抵达和通泊战场外围。形势顿时逆转——准噶尔军对清军形成了 3 ：1 的兵力优势。

二十一日下午，傅尔丹和手下众将商议后决定率部后撤，清军以前锋统领定寿、副都统苏图、觉罗海兰等领 1000 兵在东，归化城副都统马尔齐、塔尔岱领 1000 兵在西——两路人马负责殿后，傅尔丹自率主力 8000 人在前。清军撤退当晚即于路上遭遇狂风暴雨，担负殿后任务的定寿部 1000 人行动迟缓，被准噶尔军追上包围。素有勇名的小策零敦多布一马当先，率领亲卫部队 200 骑突击定寿部，深受鼓舞的准噶尔军士兵也争先恐后地杀入战阵。定寿部清军骤然陷入血战，随身携带的少量弹药箭矢又很快用完。六月二十二日，殿后的两支清军分队遭到毁灭性打击，其中

和通泊之战清军官兵损失表

（选自张建《和通泊之役与大清国的边务危机》）

地区	数量
京旗	4583
奉天	579
吉林	462
黑龙江	84
右卫	1093
苏图随带	54
察哈尔	97
归化城土默特	199
喀喇沁土默特	51
喀喇沁	17
绿旗	7

西路定寿部全军覆没，定寿本人自尽、马尔齐等以下高级将官全部战死，仅有觉罗海兰突围而出。

歼灭定寿部后，准噶尔军开始进攻傅尔丹亲率的主力部队。列纳特所统领的欧式炮队也赶到战场。在准噶尔军准确而猛烈的炮火轰击下，清军伤亡惨重。由索伦猎手为主体构成的黑龙江兵丁虽然单兵作战素质极高，但整体纪律较差，首先溃营而去。六月二十三日，察哈尔八旗、土默特、喀喇沁等数千蒙古兵丁也在准噶尔军的猛烈冲击下溃散，归化城土默特副都统衮布竟投降了准噶尔军。最后，只剩傅尔丹亲率的京师八旗依旧在抵抗。战至二十五日，傅尔丹知败局已定，遂率领建制尚存的 4000 名八旗兵列成方阵，护卫随军的火炮等辎重物资突围。准噶尔军不顾可能遭遇清朝援军的危险，一路上死死咬住傅尔丹部，不断发起进攻，而清军边打边撤。此前一直反对雍正皇帝西北用兵的参赞大臣达福到了真正的战场后，倒是以命相搏，亲自断后，最终战死疆场。二十八日，清军撤至哈尔哈纳河，仍未摆脱紧追其后的准噶尔军。傅尔丹为了加快撤退的速度，命令部队扔下辎重物资，随后分作两路，一路由傅尔丹统率，一路由辅国公巴赛统率，继续向科布多方向回撤。七月初一，傅尔丹亲统的两千残余清军终于撤回科布多；巴赛一路却在准噶尔军的围追堵截下全军覆没。副都统塔尔岱在奋力保护主将傅尔丹突围的过程中，受重伤掉队，幸亏其坐骑得力，这匹忠心的战马一路驮着濒死的主人不离不弃，使塔尔岱终于在七月初七成功脱险，返回科布多。

和通泊一战，清军在作战中阵亡及被俘者有 6923 名，303 名官兵在溃败时被杀或遭俘虏，总共损失官兵达 7226 人，侥幸逃出生天的只有 2000 余人——战损率达到参战兵力的 70%！惨烈程度堪比 1652 定南大将军尼堪被击毙的衡州之战，被美国的中亚史学家斯塔尔认为是 19 世纪以前清军最大的一次败仗。

要提到的是，向来被主流史学界认为“衰弱不堪战”的满洲八旗兵，大部分官兵在和准噶尔军交战的过程中都表现出了极大的勇气，逼得小策零敦多布亲自披挂上阵。尤其是荣誉感和内部凝聚力极强的京师八旗，更是一直浴血奋战，用沉重的伤亡代价使清军避免了被全歼的厄运。参战的清军将佐 18 人中，除去投降的衮布以外，只有突围逃脱的傅尔丹、德禄、塔尔岱、承保等幸存，余者尽殁于沙场。值得注意的是，这些殉国者中有相当部分都是名臣之后，他们能在危难之际选择以决死的惨烈方式向国家效忠，没有辱没祖上的名声。

论及清军惨败，清代史家多将其归咎于傅尔丹勇而寡谋，轻信准噶尔降人的

和通泊之战清军阵殁大员表

（选自张建《和通泊之役与大清国的边务危机》）

名讳	位阶	备注
巴赛	副将军、辅国公	郑献亲王济尔哈朗之后
查弼纳	副将军、兵部尚书	
定寿	前锋统领	中鸟枪伤，自刎
马尔萨	参赞大臣、内大臣	开国五大臣费英东之后
苏图	参赞大臣、宁夏驻防左翼副都统	议政大臣、正红旗满洲副都统苏丹之子
觉罗海兰	参赞大臣、镶白旗护军统领	
达福	散秩大臣、超武公	鳌拜之孙
戴豪	正白旗满洲副都统	一等侍卫、副都统海青之子
舒楞额	吏部右侍郎、正红旗满洲副都统	失踪
马尔齐	归化城副都统	
西弥赖	副都统	各种文献均称其为“副都统衔”。自尽
常禄	镶白旗满洲副都统	
永国	盛京礼部侍郎兼内阁学士	

伪降而贸然出兵，导致大军中伏；至于那两位被清军俘虏的准噶尔牧民塔苏尔海丹巴和巴尔喀，则被视为准噶尔军的间谍。从前文所摘录的这两位投降者的供词来看，并没有什么隐瞒的地方；尤其是巴尔喀在供认小策零敦多布身边仅有千人的同时，也告知清军准噶尔的后续部队有可能已经集结完毕的情况，这实在不像是诈降者所为。

昭梿在《啸亭杂录·卷三》中曾编造了一段逸事。制定对准噶尔的作战计划时，雍正皇帝曾令西路军主帅岳钟琪和北路军主帅傅尔丹“会议进兵策”，岳钟琪亲赴傅尔丹军营，看见傅尔丹的中军大帐里挂满了锋利的刀剑长矛，岳钟琪不解。傅尔丹颇为自得地说：“此皆吾所素习者，悬以励众。”岳钟琪听后的反应是“笑而漫应之”，等离开傅尔丹的军营后他才对部下感叹说：“为大将者不恃谋而恃勇，亡无日矣！”作为独当一面的方面军主帅傅尔丹，在昭梿的笔下完全被矮化成了敢死队长式的莽夫。

客观地说，傅尔丹在战前趁准噶尔军立足未稳，对小策零敦多布发起斩首行动的想法并不能算错。只是他在实现这个作战目标的过程中，对所获取的情报缺乏理性分析，对敌我双方的形势又没有做出充分的估计。全军战败后，身为主帅的傅尔丹当断不断，依旧命令部队携带严重妨碍行军的辎重撤退，结果是行军速度缓慢的清军一路被准噶尔军围追堵截，付出了大量不必要的伤亡。诚然，作为独当一面的军事统帅，傅尔丹并不优秀，但也不能因此就将他归类成不识军务的莽撞之人。

此外，清军驻守科布多后方的部队未及时发兵救援，也是造成和通泊一战清军惨败的重要因素。从 1731 年六月二十二日开始就有溃逃的清军士兵回到科布多，留守科布多的都统衮泰急忙调遣各处军台站的驻守清军准备西进救援傅尔丹，但是响应者寥寥。扼守科布多河以东的参赞大臣陈泰，更是畏敌如虎，竟率领帐下 3000 名骑兵向东逃窜。失去了这支科布多附近最强悍的野战力量，衮泰的救援计划也就胎死腹中了。陈泰的父亲是康熙朝在昭莫多击溃噶尔丹的名将费扬古，俗话说虎父无犬子，但陈泰却没有继承乃父的优秀军事才能。后来，雍正皇帝追究战败责任时，陈泰被撤职囚禁。

前文已述及傅尔丹进军并非奉命行事，而是自行其是。直到 1731 年七月初五，雍正皇帝才在岳钟琪的奏折里大概得知了傅尔丹所部被准噶尔军围困在和通泊的消息。不过，这并不代表雍正皇帝对和通泊一战清军战败就没有责任。雍正皇帝在继位前后，并没有带兵作战的经验，在主持军事战略方面，只能盲目复制前人的经验。此前，1720 年清朝北路军在屡屡翻越阿尔泰山对准噶尔的作战中不断取胜，使雍正皇帝深信“尊圣祖父皇先年奇谋，派出攻击之兵”必能奏捷。是以雍正皇帝在历次军事计划调整中，唯一不变的一条宗旨就是倚重北路军。由于北路出击必胜的信念过分强烈，他根本不相信准噶尔人有胆量向北路军发起进攻。这种墨守成规、

▶《皇朝礼器图式》中的清军将官布面甲

过分自大的想法也存在于北路军统帅傅尔丹及其麾下的部分将领脑中。应该说，死抱着过时的军事信念而不思变通，才是和通泊之战清军战败的根本原因所在。

从1729年到1731年，在准噶尔军多次袭扰边境的军事冲突中，雍正皇帝想出了克制准噶尔军常用战术的方略，却始终没能准确地预判准噶尔军的战略意图。为此一而再、再而三地取消已经制定的战略预案。没有充分了解敌方战略意图，就对军事战略决策部署随意调整，实在没有任何意义。最高统治者朝令夕改的多变指示，必然会导致手下军队统帅的跟风盲动，最终结果就是酿成军事灾难。

作为雍正皇帝真正的对手，噶尔丹策零却有过自统一军、南征北战的长期历练，极具军事才能。和雍正皇帝对军事行动的目标不断更改形成强烈对比的是，自始至终，准噶尔军对清朝的作战目标从未变过，就是通过传统的盗马战术削弱化解清军进攻的能力，夺取战略上的主动权，而后集中优势兵力尽可能围歼或重创清军野战部队。科舍图牧场的作战使清朝西路军损失了大批的牲畜，和通泊一战又重创了清军北路军的野战兵团，接下来，准噶尔军将会把更猛烈的战争之火倾泻到清朝的国土上。

骁将折鞭：准噶尔兵败额尔德尼昭

由于道路闭塞，傅尔丹战败的消息并没有很快传到哈密。宁远大将军岳钟琪对傅尔丹一路军事行动的预判充满乐观，认为："傅尔丹及从征官兵奋力剿杀，自必破围取胜，惟是贼夷此番倾众来犯北路，必以西路军营上年遭其骚扰、驼马缺乏，难以进击，因有轻视西路之心。"（《清世宗实录》雍正九年七月）是以清军北路军在和通泊遭遇惨败时，岳钟琪正在筹划趁准噶尔军主力北上阿尔泰山之际，奇袭乌鲁木齐。得到雍正皇帝的批准后，岳钟琪与提督纪成斌等率军于1731年七月十二日离开巴里坤向乌鲁木齐进击。负责牵制清军西路军的准噶尔军将领库克辛玛木特、色布腾台吉两人手上只有数千兵力，无法和清军抗衡，因而被清军击败。

七月二十四日，清军进抵距离乌鲁木齐只有两天路程的纳林河，准噶尔军已经远遁。为防止准噶尔军包抄清军后路，岳钟琪见好就收，率军撤回巴里坤大营。这次长途奔袭虽然受到雍正皇帝的赞赏，但是这种局部战场上的战术性胜利对整个战局的影响微乎其微。在漠北战场，清军已经完全陷入了被动的局面。

和通泊之战的胜利使噶尔丹策零底气倍增，于是便准备效法其叔公博硕克图汗，深入漠北袭扰喀尔喀。傅尔丹从和通泊败回科布多后，加紧完善科布多城防。

八月十一日，大、小策零敦多布等率军袭击科布多。傅尔丹手中虽然重新集结了 15000 人的兵力，但雍正皇帝鉴于刚刚经历大败的清军士气低落，显然不可能再出城野战，遂严令不要因为急于雪耻而轻举妄动。傅尔丹只好坚守不出，坐视准噶尔军劫掠城外后扬长而去。这时的漠北草原已经陷入动荡之中，清军惨败于准噶尔军的消息已经如风一般传遍了喀尔喀各部，喀尔喀蒙古人大哗，"运米，运官物之喀尔喀众无照看而动摇，驻卡伦、驿站处之喀尔喀众推脱，各自丢弃差事，驱赶马匹逃逸者甚众，致卡伦、驿站曾经中断"（《军机处满文月折档》靖边大将军傅尔丹等奏，雍正九年七月二十二日）。北路军最大的运输中心察罕廋尔军台城屯粮二十多万石，却只有两千多兵士把守，一旦准噶尔军深入至此，后果可想而知。幸亏顺承郡王锡保果断处置，增调正在各处军台站准备开拔到科布多的官兵入城驻守，还行文各路喀尔喀蒙古札萨克，命令他们向靠近军台和要塞处游牧。这一番部署之后，清军总算暂时稳住了局面。

北路军和通泊大败，令雍正皇帝垂泪不已。这场败仗不仅让他期望通过短线突击改变清准双方战略态势的设想被打破，就连他此前苦心谋划的筑城进逼之策也失去了实施的条件。1731 年七月十三日，雍正皇帝任命大学士马尔赛为抚远大将军，前往土拉河一带防守。清廷准备在北起察罕廋尔，经扎音拜达里克军台站，南到内蒙归化城一线构筑一条纵深防御线。

在此战略调整的背景下，1731 年十月，清军后勤人员将科布多城储存的 88 万两白银和 23000 石军粮转运完毕后，傅尔丹奉雍正皇帝之命放弃科布多城撤往察罕廋尔。这就意味着在接下来的战争里，清军在北路战场将从战略进攻转入战略防御。其时，先前被安置在漠北推河城一带原属噶尔丹余部的准噶尔人，已经和东征的准噶尔军阴谋勾结，已故辅国公丹济拉的儿子、固山贝子多尔济色布腾更是伙同茂海（另一位康熙年间降清的噶尔丹侄子阿拉布坦的后裔）等公开和准噶尔军联合起来，劫掠清军的驿站和军台，察罕廋尔以南的清军军台站几乎失陷殆尽，维系着漠北清军生命线的交通要道面临断绝的危险。

当时的形势对准噶尔汗国极为有利，噶尔丹策零也企图借此机会全面控制漠北草原。他命令大策零敦多布将一些和通泊之战中生俘的喀尔喀蒙古人加以释放，委托这些俘虏把噶尔丹策零准备的礼物送给各自所属的喀尔喀蒙古王公。他试图把喀尔喀蒙古上层贵族们拉拢到准噶尔一方，从而将清朝排挤出漠北。令他感到意外的是，喀尔喀蒙古的王公们竟然用火与剑作为回答。

此前，1702 年十二月，康熙皇帝召见准噶尔降人头目丹津阿拉布坦时曾说：“喀尔喀人才庸劣，不及尔厄鲁特（指准噶尔）。”（《清圣祖实录》康熙四十一年十二月）在内部倾轧中好勇斗狠，面临外敌入侵几乎逢战必败的喀尔喀蒙古在康熙皇帝心目中留下了极其不好的印象。不过，出于统治漠北的需要，清朝还是像对待内蒙的王公那样，通过联姻等方式笼络喀尔喀蒙古的上层贵族。比如土谢图汗部的札萨克和硕智勇亲王丹津多尔济、和硕郡王策凌就都娶了爱新觉罗家族的女子，成了清朝的额驸，其中又以策凌的亲清立场最坚定。

策凌的曾祖父是成吉思汗的二十世孙图蒙肯台吉，其部众原本游牧于塔米尔河一带。噶尔丹东侵时，1692 年，策凌的祖父丹津率领部众投奔清朝，受到康熙皇帝的亲切召见，当时还是少年的策凌也在被召见的行列。康熙皇帝对少年策凌极为看重，不仅授予他三等阿达哈哈番（汉名：轻车都尉）的爵位，在北京城赐予居室，更将他接入内廷和皇子公主们一同接受教育。在康熙皇帝的直接关怀下，策凌成长为文武兼备的有为青年。

1706 年，康熙皇帝将自己的女儿、22 岁的和硕纯悫公主嫁给策凌，使其在喀尔喀王公中具有了举足轻重的地位。尽管和硕纯悫公主 1710 年就因病逝世，但感于清朝皇室对自己的荣宠，策凌一直极力维护清朝在喀尔喀蒙古的统治。

1715 年，策凌率其部众从军，开往北路防御准噶尔。1720 年乌兰呼济尔之战中，策凌被委以先锋重任，随即因战功被晋封为札萨克。他在作战中目睹喀尔喀蒙古兵纪律散漫、没有战术性等弱点，遂努力整顿军伍，使自己的部众成为清朝在漠北的一支劲旅。

▲策凌画像

不过，因为喀尔喀蒙古在噶尔丹东侵时的拙劣表现留给清朝统治者的印象实在是太深刻，所以清朝并不信任喀尔喀武装。雍正皇帝决策西北用兵时，已经升为和硕郡王的策凌和土谢图汗部的丹津多尔济、札萨克图汗的策旺扎布两位亲王都被任命为靖边副将军，并未参与核心军事决策。他们手下的兵丁更多承担的是修路、运米这些后勤保障工作。

到了和通泊之战后漠北陷入大动乱的关键时刻，已经代替被罢免的傅尔丹成为北路清军统帅的新任靖边大将军、顺承郡王锡保，正奉命镇守察罕廋尔。他决定启用喀尔喀武装对抗准噶尔军。策凌等喀尔喀王公及其麾下的兵丁们，终于有机会向雍正皇帝证明自己存在的价值。

1731 年九月，策凌和丹津多尔济等奉顺承郡王锡保之命，率喀尔喀武装在鄂尔海西拉乌苏、苏克阿尔达呼等地，击退入侵的数千准噶尔军。九月二十一日到二十五日，策凌又携手丹津多尔济，采用诱敌深入的计策，在鄂登楚勒击败大策零敦多布，大策零敦多布麾下勇将喀喇巴图鲁宰桑以下数百人阵亡。这迫使原本打算东进到克鲁伦河饮马的大策零敦多布不得不率部暂时撤回阿尔泰山过冬，漠北的危机终于得以缓解。

雍正皇帝对参与战事的喀尔喀王公们大力褒奖：赏给丹津多尔济白银 1 万两，就连坐镇后方协助锡保办理军务的策旺扎布也获得了 5000 两白银的奖赏，力主让喀尔喀武装参与正面对敌的锡保也被晋封为顺宁亲王。至于策凌，不仅被晋封为和硕超勇亲王，雍正皇帝还将包括塔米尔河在内的土谢图汗西部 19 个札萨克旗授予他别作一部，策凌的部众由此获得了和土谢图汗部、车臣汗部、札萨克图汗部完全平等的地位。策凌的曾祖父曾被授予“赛音诺颜”的称号，因此这个分布在喀尔喀中路的新部落又被称为“赛音诺颜部”。

雍正皇帝此举，固然有削弱势力冠绝漠北喀尔喀三部的土谢图汗部、大力扶持亲清势力这一层意图，但也表达了清廷对策凌在严峻局势下力挽狂澜的肯定。从此，策凌等喀尔喀王公得以获得仅次于靖边大将军的事权。清廷则借着喀尔喀武装击退准噶尔军、局势缓和的当口，不断增兵于察罕廋尔至归化城沿线军台，以迎接准噶尔军的反扑。

到了 1732 年三月，仅扎克拜达里克这个战前的中等军台站就成了驻军达一万八千多人的要塞。为了防止准噶尔人挟持喀尔喀蒙古的最高精神领袖哲布尊丹巴二世活佛，清朝还于 1732 年初将他从漠北迁到多伦诺尔避难。

赢得了军功和荣耀的策凌，也引起了准噶尔人的注意。1732 年六月，小策零敦多布率 3 万准噶尔军翻越阿尔泰山再次东侵，沿喀尔喀蒙古北部的清俄边界，一直深入到克鲁伦河的车臣汗部境内劫掠。策凌奉命率领包括赛音诺颜部兵丁在内的 2 万喀尔喀武装，驻扎于乌里雅苏台东南、察罕廋尔大营以北的本博图山防御准噶尔人。

小策零敦多布趁机率军袭击了策凌在塔米尔河一带的老营，不仅抢走了大批牧民和数万头牲畜，更将策凌的小妾和次子掳去。策凌激愤无比，拔刀自断发辫和所乘战马的尾巴，表示自己不报仇则誓不为人，随后更遣人急报驻守察罕廋尔的靖边大将军锡保，请求发兵助战。锡保派遣在和通泊之战中生还的参赞大臣塔尔岱，率领满洲八旗及黑龙江兵丁一万余人东进与策凌会合。清军蓄势待发的同时，劫掠了众多牲畜和牧民的准噶尔军的机动性却大大降低。

八月初，小策零敦多布自塔米尔河一带向东南前进途中，行经额尔德尼昭。他准备在此休整兵马，留下部分军队看守被俘赛音诺颜部人畜，之后再筹划下一步行动。

额尔德尼昭，汉名光显寺，其地位于鄂尔昆河上游地区、土谢图汗旗的西南。这座由阿巴岱汗于 1586 年利用拆毁自蒙古帝国旧都哈拉和林的建筑材料所兴建的喇嘛寺院，最初是土谢图汗家族的家庙，后来成为哲布尊丹巴活佛的居所。1732 年六月小策零敦多布入寇时，曾亲率一支小分队袭扰此地，企图生擒哲布尊丹巴二世活佛。但由于清廷早已将其迁入漠南，准噶尔人一无所获。而今，小策零敦多布旧地重游，在他的背后，是紧追不舍的清军。

根据史料记载，额尔德尼昭附近的地形“右阻山（杭爱山脉），左逼水（鄂尔昆河），道狭不容大众”（魏源《圣武记·卷三·雍正两征厄鲁特记》）。可见，额尔德尼昭一带其实并不利于大部队展开。从兵力对比上，清军 3 万对准噶尔军 3 万，双方可谓旗鼓相当。清军一旦将附近的杭爱山、险要道路控制在手中，即可掌握战场主动权。届时，清军仅凭借地利架设火炮，即可予准噶尔军重大打击。对长于野战的准噶尔军来讲，额尔德尼昭几乎与绝地无异。但是，小策零敦多布已经来不及开始他的下一步行动了。

1732 年八月初五凌晨，清军进抵额尔德尼昭外围后，当即分兵占据额尔德尼昭外围的山地和险要道路，架起火炮向准噶尔军猛烈轰击。清、准双方六万人马随即展开殊死搏杀。在突如其来的炮火惊慑下，准噶尔军俘虏的赛音诺颜部牧民和牲畜四散奔逃，扰乱了准噶尔军的部署。

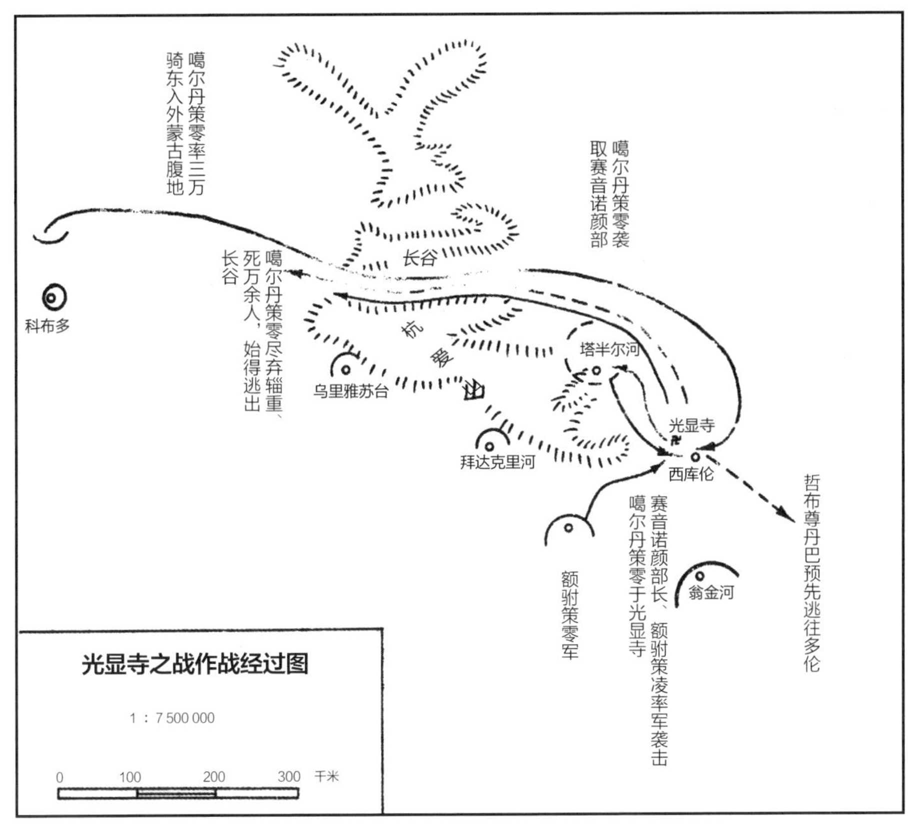

▲光显寺之战地图

策凌所统率的赛音诺颜部兵丁为夺回亲人与牲畜财产，自然是奋勇争先，但表现最抢眼的，还是此前曾经在和通泊之战中溃营的黑龙江官兵。在塔尔岱的亲自统率下，身穿濑皮衣帽的索伦猎手一雪和通泊战败的耻辱，从正面突击准噶尔军的防线，以鸟枪和弓矢交替向准噶尔军射击。额尔德尼昭这个漠北佛门圣殿，已然成为准噶尔人的伤心之地。

小策零敦多布军中编有由列纳特训练成军的一支“包沁”部队。战斗打响之初，这支炮队即遭到清军炮火压制，所部 10 名炮手中，3 人战死、2 人受伤，配属的火炮也损失了 4 门。战斗进行到初五日暮时分，准噶尔军伤亡重大，小策零敦多布被迫率残兵沿鄂尔昆河上游向西突围至推河城一带。

这就是被视为彻底扭转清朝在北路战场被动局面的额尔德尼昭大捷。《清世宗实录》里收录的丹津多尔济和策凌的奏报则宣称清军“杀贼万余，尸遍山谷，河流尽赤，负伤逃走者甚众，所获器械、驼马、牛羊无算”。意气风发的策凌亲王从容地坐在马上，弹琵琶高歌而还。

额尔德尼昭之战胜负分明的时刻，策凌遣人飞报靖边大将军锡保。锡保命令驻守推河城以西之扎克拜达里克的马尔赛率军堵截小策零敦多布残余部众，但马尔赛拘泥于雍正皇帝固守城池的命令，按兵不动，坐视准噶尔军逃脱。其属下部将傅鼐等人率清军一部自发出击，斩杀少量落单的准噶尔军，而小策零敦多布及其残部一万五千多人仍然成功逃出。战后，雍正皇帝追究马尔赛的过失，将他斩于军前。

1733 年，清朝在漠北实行军事管制，设立定边左副将军，因其驻节地位于赛音诺颜部境内的乌里雅苏台城，因而又被称为“乌里雅苏台将军”，首任将军就是屡立战功的策凌。富有军事谋略的策凌虽贵为王公，但在战时敢于冲锋在前，与士卒同甘共苦，堪为名将楷模。他的侍卫中有位叫绰克浑的，因为善于伪装术，每次作战前都被委以重要的侦察任务。额尔德尼昭战前，就是得益于他出色的侦察能力，清军才能准确掌握小策零敦多布的行踪。在击破小策零敦多布后的庆功宴上，绰克

▼ 光显寺风光，有谁能想到这片宁静祥和梵音轮转之地数百年前曾是清军和准噶尔军殊死搏斗的沙场

浑舞刀引吭，高歌一曲："朔风高，天马号，追兵夜至天骄逃。雪山旁，黑河道，狭途杀贼如杀草。安得北斗为长弓，射陨欃（chán）枪入酒盅。"心情畅快的策凌当即把自己的一名侍女和一匹良马赏给绰克浑。只是这位侦察能手实在无福消受赏赐，不久就急病身亡。

从1730年到1733年，清朝和准噶尔交锋已经历时数年，清朝前后投入兵员将近十万，耗费七千万两白银，前线各军主将换了一茬又一茬。战争进行到后期阶段，原属北路军统帅的傅尔丹在和通泊之战后虽然还留在军中戴罪立功，但1732年七月，其部队又在乌逊珠勒被入侵的准噶尔军击败，傅尔丹本人由此数罪并罚被逮捕入狱。西路军统帅岳钟琪也没能幸免，和北路的傅尔丹一样，这位颇具军事才能的名将在担任西路军主帅的几年时间里，每一次军事行动的实施都需要获得雍正皇帝的批准，这极大地限制了他的军事指挥能力。到最后，岳钟琪竟还要为整个征讨准噶尔军事行动的失利承担部分责任！在雍正皇帝的授意下，被派遣到陕甘督师的鄂尔泰等大臣翻出科舍图牧场大败的旧事，弹劾岳钟琪："智不能料敌于平时，勇不能歼敌于临事。"

于是乎，北路军和西路军的主帅都被判了斩监候，关在北京兵部的大牢里，从同僚变成了狱友。和傅尔丹所遭受的矮化不同，后世文人大多数都对岳钟琪的入狱感到不平。连身为清朝宗室的昭梿都在《啸亭杂录》中愤愤不平地说："使青蝇之谗为祸若尔，持国柄者可不省欤？"（《啸亭杂录·卷十·岳威信始末》）

到1734年，清朝和准噶尔的边界基本恢复到开战前的状态：清军收复科布多，但却丢掉了吐鲁番。此外，清朝方面还被迫令额敏和卓万余名吐鲁番回众东迁到甘肃境内的瓜州屯垦安置。几年的战争中，清朝投入大量人力物力，算是勉强和准噶尔人打了个平手。本意一举荡平准噶尔的雍正皇帝终于明白：至少在目前，这是不可能完成的任务。

准噶尔一方也付出了相当大的人员伤亡和牲畜损失，噶尔丹策零在和出使准噶尔的沙俄陆军少校乌格里莫夫的谈话中，曾毫不讳言额尔德尼昭之战中准噶尔军兵锋顿折的事实："中国人打垮并俘虏了我方三千人。"（俄国对外政策档案馆藏《准噶尔卷宗》，1731—1733年，第三卷）额尔德尼昭之战结束后，准噶尔损失了将近四分之一的常备军。准噶尔汗国西部的哈萨克小玉兹的阿布海尔汗则趁机发难。1731年准噶尔军大举东侵清朝时，阿布海尔汗便已组织数万部众对游牧在吹河、塔拉斯河流域的准噶尔汗国昂吉发起攻击，掠夺了一千户的准噶尔人畜。为反击哈萨克人，

1732 年，噶尔丹策零与大策零敦多布之子曼济率军西征。这就使得准噶尔汗国陷入两线作战的局面。值此态势，即使是大、小策零敦多布等善战的军事统帅都认为，和清朝的拉锯战已经没有打下去的必要，噶尔丹策零即开始寻求与清朝通好的可行性。既然清朝、准噶尔汗国的最高领导人都对战争的前景并不看好，那么双方停战议和也就是水到渠成的事情了。

斜阳欲落：格登山上星夜突袭

从 1734 年正月开始，雍正皇帝就听到了噶尔丹策零有意求和的信号。七月，雍正皇帝在召见来访的准噶尔使者时表示："今果引罪请和，须派亲信之人，如台吉寨桑等，将应行事理，详议前来，方为奏达。"（《清世宗实录》雍正十二年正月）

这公开表明清朝方面接受议和的态度，但是要求准噶尔把议和的具体内容列出条文,派出有身份的代表前来北京。但过了一段时间后,急躁的雍正皇帝就坐不住了。1734 年七月，驻守巴尔库尔和科布多地区的清军都收到了雍正帝关于停止对准噶尔军事行动的谕旨，以表明清方的和谈诚意，"释贼人疑惧之心"。（中国历史第一档案馆《雍正朝汉文朱批奏折汇编》）1734 年八月，清朝侍郎傅鼐、内阁学士阿克敦等人奉旨出使准噶尔。清准双方就贸易和准噶尔人入藏礼佛熬茶的相关问题达成了共识，但在划分两国边界方面却始终谈不拢：清朝方面要求以 1730 年以前清、准两国的边界，也就是以阿尔泰山山脉为重新划界基础；但噶尔丹策零却坚持索要杭爱山以西的喀尔喀地区，这意味着包括整个科布多、札萨克图汗部和大半个赛音诺颜部都将成为准噶尔的领土。雍正皇帝自然不会答应如此丧权辱国的领土要求。在谈判期间，清、准两国没有再次发生大的军事冲突，但因为边界划分的问题，双方的议和没有取得成功。

1735 年八月二十三日，操劳过度的雍正皇帝暴死，享年 58 岁。乾隆皇帝即位之初，清朝在西南少数民族地区推进的"改土归流"政策遭到当地土酋的抵制。乾隆皇帝忙于平息苗民的暴乱，并无意对准噶尔继续用兵，所以清朝方面继续致力于推动清、准双边划界谈判的进程。准噶尔方面大部分贵族依旧坚持以杭爱山脉为边界线的方案。准噶尔方面甚至私信清朝驻防漠北的定边左副将军、超勇亲王策凌，以放回额尔德尼昭之战前夕被俘的策凌幼子为条件，诱使策凌为准噶尔方面说话，结果却遭到策凌的拒绝。

眼看着两国划界的问题一直拖下去，对清准双方实力有较清醒认识的准噶尔勇将小策零敦多布，出于为准噶尔汗国休整国力争取稳定外部环境的需要，亲自出面力劝噶尔丹策零接受清朝方面提出的划界方案，使得清朝和准噶尔终于就边境划界达成共识。1739 年十二月，清朝和准噶尔正式签署和约，双方约定以阿尔泰山为界，互不侵犯。噶尔丹策零遂转而向西重点打击哈萨克人，扩展准噶尔汗国的疆土，不再与清朝争锋。

1745 年九月，准噶尔汗国暴发大面积天花流行病，50 岁的噶尔丹策零也不幸染上天花，后医治无效而病逝。噶尔丹策零的次子策旺那木札勒继承珲台吉的大位。策旺那木札勒在位五年期间不谙政事，无所作为，对部属臣民极尽暴虐之能事，辅佐他治理国政的姐姐乌兰巴雅尔和姐夫赛因博勒克都被囚禁起来。这个多疑的暴君激起了臣下的强烈不满，1750 年初，宰桑衮布、厄尔锥音等人意图生擒策旺那木札勒，拥立噶尔丹策零的庶出长子喇嘛达尔扎。小策零敦多布的儿子达什达瓦将宰桑们的密谋报告给了策旺那木札勒，怒不可遏的策旺那木札勒首先发难，将厄尔锥音拘捕，却不料衮布等人率兵夺回厄尔锥音，还将策旺那木札勒和达什达瓦生擒。之后，衮布等人拥立喇嘛达尔扎为珲台吉。

喇嘛达尔扎继位之初，本来有志恢复其父噶尔丹策零时代准噶尔的鼎盛局面，但很快，他就把清除政敌当成自己政治活动的主要目标。他杀死了已经沦为阶下囚的策旺那木札勒和达什达瓦，将达什达瓦的部众分给自己的支持者们。

1750 年九月，达什达瓦的旧部宰桑萨喇尔不甘沦为刀俎鱼肉，遂率领四百多人东投清朝。与此同时，大策零敦多布的儿子达瓦齐、和硕特台吉班珠尔、杜尔伯特台吉车凌、辉特台吉阿睦尔撒纳等人，密谋拥立噶尔丹策零的幼子策旺达什，结果事情败露，策旺达什被喇嘛达尔扎杀死。达瓦齐和阿睦尔撒纳等兵败逃亡哈萨克中玉兹处，寻求政治避难。但阿布赉汗迫于喇嘛达尔扎的兵威，不敢收留这两条丧家之犬，决定把他们抓了献给喇嘛达尔扎。达瓦齐和阿睦尔撒纳在一番商量后决定铤而走险，率残部偷偷潜回塔尔巴哈台候机东山再起。1752 年十一月中旬，达瓦齐采纳阿睦尔撒纳的建议，率领 1500 名精骑直扑伊犁；十一月二十七日，达瓦齐攻克伊犁，杀死喇嘛达尔扎。在阿睦尔撒纳等人的拥立下，达瓦齐登上准噶尔珲台吉的宝座。

在这之后，达瓦齐和阿睦尔撒纳的政治同盟关系也开始出现裂痕。1753 年十月，阿睦尔撒纳意图占据伊犁以北到阿尔泰山地区的广阔牧场，公然提出要和达瓦齐平

乾隆皇帝戎装像

分准噶尔汗国，遭到达瓦齐的拒绝。不久之后，阿睦尔撒纳的岳父达什因触怒达瓦齐被杀，这一事件最终成为阿睦尔撒纳和达瓦齐走向决裂的标志。

1753 年十一月，达瓦齐和阿睦尔撒纳兵戎相见，刚稳定没多久的准噶尔汗国又陷入战乱。杜尔伯特车凌、车凌乌巴什和车凌蒙克等不堪兵祸，遂率五千户部众投附清朝。1754 年六月，达瓦齐以三万多人的兵力夺取塔尔巴哈台，击败阿睦尔撒纳。走投无路的阿睦尔撒纳与和硕特台吉班珠尔等人，也带着四千户、两万多部众迁往清朝乌里雅苏台将军辖境寻求庇护。

在噶尔丹策零死后不到十年，准噶尔汗国就走马观花一样三换珲台吉。策旺阿拉布坦以来励精图治造就的中亚强权，被这些专注于内耗的不肖子孙们搞得分崩离析。西部的哈萨克三玉兹不再尊奉准噶尔珲台吉的号令，南方的天山南路回部城邦逐渐被伊斯兰教派势力的和卓家族所控制。

和准噶尔汗国内讧不止形成对比的是，东方的清朝国势依然在不断上升。乾隆皇帝没有他祖父康熙皇帝的才略，也没有他父亲雍正皇帝的勤勉，但凭借父祖打下来的坚实基础，具有一定政治领导能力的乾隆皇帝还是可以带领他的帝国走向极盛。

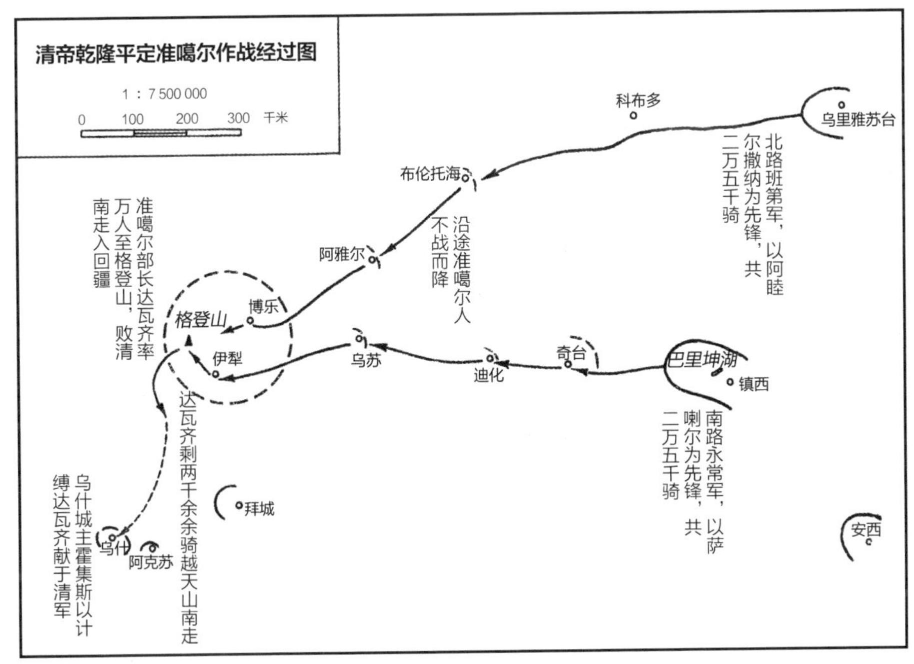

▲ *1755年乾隆一攻准噶尔*

噶尔丹策零死后的第二年，1746年年底，清朝四川省大、小金川地区的藏族土司莎罗奔叛乱。清军在历时两年的作战中数易主帅，却依旧屡屡被金川军挫败。无奈的乾隆皇帝重新启用早在1737年就被释放并贬为庶人的傅尔丹和岳钟琪，两位赋闲多年的老将重回战场领兵平叛。

1749年，金川军终于不堪长期作战的消耗，莎罗奔主动求和息战。清朝虽然赢得了面子上的胜利，但是却消耗了大量人力物力。故此，对准噶尔汗国内乱看在眼里的乾隆皇帝，始终没有精力去研究出兵攻击准噶尔的可行性。清朝方面基本遵守了1739年订下的清准和议，只是对前来投奔的准噶尔汗国难民予以抚慰赈济，收买人心。投诚的准噶尔人，为首者如车凌、车凌乌巴什等均被清朝封予王爵，授官职，仍然统领故旧部属。直到达瓦齐和阿睦尔撒纳撕破了脸，打得不可开交之时，犹豫已久的乾隆皇帝才下定决心：采取武力措施彻底摧毁准噶尔汗国。

1754年五月，乾隆皇帝对军机处颁下谕旨："……朕意机不可失，明岁拟欲两路进兵，直抵伊犁，即将车凌等分驻游牧，众建以分其势，此从前数十年未了之局，朕再四思维，有不得不办之势……"（《清高宗实录》乾隆十九年五月）

阿睦尔撒纳归降后，也几次上书乾隆皇帝建议清朝出兵，还拍着胸脯表示自己愿意充当前锋。

1754年十二月，乾隆皇帝最终决定于1755年春季即对准噶尔用兵，参与军事行动的清军作战序列包括京师及其余各地驻防八旗13200人，黑龙江索伦八旗8000人，宣府、大同、陕甘绿营11000人，内、外蒙古兵17800人，共计动用兵力5万人。此外，屯驻瓜州20年之久的吐鲁番回部头目额敏和卓，因熟悉天山南路回部的情况，也奉命率领300名吐鲁番回众加入远征军队伍中。

1755年二月，清军沿袭以往对准噶尔用兵的惯例，将5万野战兵团分作西、北两路军，每路2.5万人，分别从巴里坤和乌里雅苏台出发，向准噶尔汗国推进。西路军以定西将军永常为帅，北路军以定北将军班第为帅。阿睦尔撒纳和萨喇尔分别被委任为定边左副将军和定边右副将军，随同大军行动，其中阿睦尔撒纳负责协助班第指挥北路军。厌恶战乱的准噶尔官民不愿意给达瓦齐卖命，争相率众归附清军。

四月，清军西、北两路大军挺进到博尔塔拉会师。五月，清军兵不血刃占领伊犁，在准噶尔躲藏30年的罗布藏丹津也被清军俘获。众叛亲离的达瓦齐在伊犁以西90公里处的格登山（今新疆昭苏县境内），好不容易拼凑起近万士卒，凭险顽抗。五月十四日，清军进抵格登山将达瓦齐所部团团围住。

▲阿玉锡荡寇图，可以看到他背上背的火绳枪

清军中有一位名叫阿玉锡的四品翼长，原是准噶尔汗国的低级官员，后来因为犯罪而被判断臂的刑罚。不甘坐以待毙的阿玉锡越狱逃跑，于1733年跑到乌里雅苏台向清朝投诚。乾隆皇帝从萨喇尔口中听说阿玉锡有唐朝尉迟恭的风范，可以空手夺人枪矛，当即亲自召见阿玉锡，擢升他为侍卫，出兵准噶尔时，阿玉锡被派遣到阿睦尔撒纳帐下听用。1755年五月十四日夜，阿睦尔撒纳命令阿玉锡，率领同在清军中效力的准噶尔军官巴图济尔噶勒、察哈什登率领22名兵丁，潜入达瓦齐在格登山的营寨刺探军情。但阿玉锡却并不打算完全遵照阿睦尔撒纳的指示行事，作为一名归顺清朝数十年依旧默默无闻的准噶尔军官，阿玉锡非常希望能立下不世的战功证明自己的价值；他与属下的二十余名官兵身穿缴获的准噶尔军衣甲，借夜色掩护向格登山前进。值得注意的是，这些伪装者携带的武器，除了弓箭刀矛等冷兵器，每人还背着一杆尺寸较短的火绳枪。

尽管屡次和准噶尔军作战，清军往往可以凭借火炮威力大、数量多，在火力上占据优势，但准噶尔军性能相对优异的单兵火器也不可能不引起清朝方面的关注。昭莫多之战结束后，清军缴获大批准噶尔人的军火，包括步兵用的“厄鲁特鸟枪”和骑兵用的“沙图纳尔”火绳枪，康熙皇帝特别指示：“此鸟枪乃俘虏厄鲁特者，铁甚好，试放亦好。枪鞘甚劣，已弃之。寄信问皇太子安。火药甚差。尔等造枪鞘，施放看看。”（《宫中档康熙朝奏折》第8辑，康熙三十五年十月）首次提出要对缴获的准噶尔火绳枪进行改良仿制。1717—1720年清朝与准噶尔争夺西藏期间，准噶尔人将“赞巴拉克”轻型火炮缩小口径改良成“杂不喇大鸟枪”（别称“赞巴拉特鸟

▲ *郎世宁绘，格登鄂拉斫营图，表现了阿玉锡等三名巴图鲁率领22名精骑冲破格登山准噶尔大营的场面*

枪”），并用于战场。这种有效射程大于清军鸟枪的火器很快引起清军将帅的关注，抚远大将军王胤祯特意仿造了300杆“杂不喇大鸟枪”留贮甘州武库备用。1731年，清军在和通泊之战惨败后，雍正皇帝为了让清军在战备上取得对准噶尔军的全面优势，下旨在北京和西安两地大规模仿制准噶尔军的火绳枪。根据陕甘总督刘于义奏报，到1733年，仅西安一地就批量仿制了4800杆“杂不喇大鸟枪”。（详见《雍正朝汉文朱批奏折汇编》23册，署陕西总督刘于义等奏，雍正十一年正月二十六日。）使用“杂不喇大鸟枪”的士兵与子母炮炮手混编，作为火力补充。

与全长近两米的西安造“杂不喇大鸟枪”相比，北京造的“杂不喇鸟枪”尺寸明显短小得多。北京故宫博物院馆藏的两杆“杂不喇鸟枪”，一杆全长1米，口径9毫米；另一杆全长88厘米，口径15毫米。其形制已经和“沙图纳尔”骑兵用火绳枪无异。1732年九月初十，由内务府造办处仿制的1000杆“杂不喇鸟枪”被送往清军北路军察罕廋尔大营。此后，这种便于骑兵使用的准噶尔火绳枪继续被清朝方面大量仿制。1748年，乾隆皇帝谕令内务府造办处：“赞巴拉特鸟枪、箭俱是有用之物，理当多造些备用。著各交该处，速造赞巴拉特鸟枪三千杆、箭五万枝。”（《清宫内务府造办处档案总汇》第16册，乾隆十三年十一月初七日谕）阿玉锡和他的部下们背上的火绳枪，就是内务府仿制的“杂不喇鸟枪”。

阿玉锡等三位带队军官，充分利用自己是准噶尔人的优势，骗过了达瓦齐设在外围的岗哨。等到接近达瓦齐大营时，阿玉锡一声令下，这 25 名清军随即在达瓦齐的军营中左冲右突，搅得天翻地覆，格登山下的清军闻知山上的异动，亦强攻上山。至 1755 年五月十五日黎明时分，4000 名准噶尔人向清军投诚，一场原计划中的侦察行动演变为以寡击众、乱中取胜的大捷！达瓦齐仅率 2000 余败兵向天山南路出逃。六月八日，达瓦齐在逃到天山南路乌什城时，被该城城主霍集斯俘获，随即献给清军。

准噶尔珲台吉被执，天山南路的回部各城邦也纷纷宣布效忠清朝。这样，从清军出兵到达瓦齐被俘，不过经历了 4 个月的时间，曾经让清朝康熙、雍正两代皇帝头疼不已的准噶尔汗国，现在竟如此不堪一击。

捷报频频传到北京，奇袭格登山的头号功臣阿玉锡获得了乾隆皇帝为他御作打油诗的殊荣，著名外籍画家郎世宁也把这位准噶尔人出身的清军军官横槊荡寇的身影永远留在了油画里。欢喜不已的乾隆皇帝以为自己真的建立了父祖也无法企及的一统西域之武功，却没想到麻烦事还在后头。

降而复叛：“双亲王”的最后结局

借助清廷的力量成功报复达瓦齐的阿睦尔撒纳，一直是个颇具争议的历史人物。同情者认为他是准噶尔的“哈姆雷特”，批判者则将他比作明末清初的吴三桂。无论后世如何评说，如果一定要给阿睦尔撒纳一个客观评价，我们会发现，他终其一生都是一个老谋深算、反复无常的政治野心家。

清军进入伊犁后，乾隆认为大势已定，为了节省经费开支，1755 年六月乾隆皇帝下诏撤回大军，只命定北将军班第等 500 名官兵留守伊犁负责善后。对于新征服的天山北路，乾隆皇帝仿效对外喀尔喀三部的做法，将准噶尔疆域一分为四，封车凌为杜尔伯特汗、阿睦尔撒纳为辉特汗、班珠尔为和硕特汗、噶勒藏多尔济为绰罗斯汗，“赏功策勋，用奖劳绩”。同时着手准备在新征服的地区推行盟旗制度，改游牧为驻牧。这一结果和阿睦尔撒纳最初的图谋背道而驰。阿睦尔撒纳卖身投靠清朝，引清军进攻自己祖国并不是为了双亲王的爵位和双倍的俸禄，而是要借清军的手除掉政敌达瓦齐，实现自己一统准噶尔的政治野心。为了达到这一目的，阿睦尔撒纳在率军进军伊犁之前就做了大量的工作，拉拢和硕特贵族纳噶察等人大造舆论：“（除掉达瓦齐）事成之后，乾隆皇帝就会封阿睦尔撒纳为汗，带领哈萨克阿布赉汗等瞻仰，令与阿睦尔撒纳连界居住，从此当愈加和好。”（《清高宗实录》乾隆二十年正月）进军伊犁途中，阿睦尔撒纳从不穿戴清朝的甲胄官服，也不使用乾隆颁给他的定边左副将军印信，造成一种自己并没有投降清廷的假象，以收买人心。清朝大军撤走后，阿睦尔撒纳更加明目张胆，派纳噶察率军到天山南路的叶尔羌等处散布谣言，声称：“若不立阿睦尔撒纳为汗，边不得安。”（魏源《圣武记·卷四·乾隆荡平准部记》）对于乾隆皇帝安插在自己身边的耳目——额驸科尔沁亲王色布腾巴尔珠尔，阿睦尔撒纳极尽拉拢，将色布腾巴尔珠尔哄得服服帖帖，并成功挑拨了色布腾巴尔珠尔和班第的关系。除此之外，阿睦尔撒纳还阴谋娶达什达瓦的遗孀为妻，以便趁机兼并达什达瓦的部众。一直对阿睦尔撒纳颇为警惕的班第闻讯，当即干预此事。达什达瓦的遗孀出于长远政治利益考量，拒绝了这桩充满阴谋的婚约，阿睦尔撒纳的如意算盘就此落空了。

1755 年六月，定北将军班第上书密奏乾隆，称：“阿睦尔撒纳初尚知感恩，勉力从事，速冀成功。自入塔本集赛游牧以来，所至迎降，伊渐志足意满，惟知寻获被抢人口，攫取牲只，又妄自夸张，谓来归之众，俱系向伊投诚。及入伊犁，益

▼蒙古国科布多境内的阿睦尔撒纳像

无忌惮，纵属下人肆行劫夺，不行禁止。及得达瓦齐游牧，所收牲只财物，多方隐匿，驼马各千余，羊至二万余。又素性贪忍，凡有謦隙者，任意杀害……”（《清高宗实录》乾隆二十年六月，下同）乾隆皇帝粗略地看完密折后，只认为阿睦尔撒纳的作风是“希图徼幸，贪得牲只什物耳，并无图占准噶尔确据”。后来，他多次翻看班第的这封密奏，发现内有陈述阿睦尔撒纳启用准噶尔珲台吉的菊型篆印发布命令文书，以防守哈萨克、布鲁特边境为名私自调动部队 9000 人扼守要地等情状，才察觉出阿睦尔撒纳的叛迹。

1755 年六月底至七月初，乾隆皇帝先是下诏阿睦尔撒纳随同哈萨克的贡使入觐承德，令喀尔喀土谢图汗部的亲王额林沁多尔济沿途护送，使其脱离部众。他后又密谕班第，如果阿睦尔撒纳接诏后并未立即启程入觐，就安排人手将其密行擒拿，就地处决。但班第碍于手下兵少而不敢动手。七月初十，阿睦尔撒纳在圣旨的再三催促下奉诏朝觐，乾隆皇帝又密谕定边右副将军萨喇尔和鄂容安等“率师至塔尔巴哈台相机捕治”（赵汝巽《清史稿·列传九十九》）。没想到，这些机密事宜居然被和阿睦尔撒纳私交甚好的额林沁多尔济泄露了出去。经过一番犹豫之后，预感到前路凶险的阿睦尔撒纳开始故意迁延行程，伺机派出亲信去纠集自己的人马准备造反。

1755 年八月十九日，阿睦尔撒纳一行到达离扎布汗河不远的乌隆古河。当夜，阿睦尔撒纳设宴请额林沁多尔济。酒过三巡后，阿睦尔撒纳忽然对他说：“阿某非不臣，但中国寡信，今入其境，如驱牛羊入市，大丈夫当自立事业，安肯延颈待戮？”（昭梿《啸亭杂录·卷三·西域用兵始末》）醉眼惺忪的额林沁多尔济，眼睁睁看着阿睦尔撒纳将定边左副将军印扔到地上后，率领亲信扬长而去。

很快，阿睦尔撒纳在塔尔巴哈台纠集起两千人马；卫拉特四部中对清廷推行盟旗制度甚为不满的和硕特汗班珠尔等纷纷趁势作乱，劫掠清军在天山北路各处的军台站，哄抢物资。

九月，伊犁的清军留守部队因势单力孤，被阿睦尔撒纳围困，只能突围东返，班第和鄂容安在转战中兵败先后自尽，萨喇尔被俘。当时，清朝定西将军永常与六千军士驻扎于木垒，面对突如其来的变乱却惊慌失措，不仅没有率部西进解救班第等被陷友军，反而率军向东撤退到巴里坤湖驻扎，将巴里坤以西的控制权拱手让了出去。不过，阿睦尔撒纳也未能号令卫拉特四部，天山北路又重新陷入战火之中。

天山北路的剧变令乾隆皇帝颜面扫地，“荡平准噶尔”这个令他引以为豪的武

▲*兆惠画像*

功不出一年就这样化为乌有。恼怒的乾隆皇帝迅速采取行动。

九月，乾隆下旨重新分封卫拉特四部汗王，以噶勒藏多尔济为绰罗斯汗、车凌为杜尔伯特汗、沙克都尔曼济为和硕特汗、巴雅尔为辉特汗。其余没有随同阿睦尔撒纳反叛的卫拉特贵族分别受封札萨克台吉、内大臣等官爵。十一月，不堪战乱的达什达瓦部众在达什达瓦遗孀的率领下举部东迁，乾隆皇帝又对该部妥善安置，大事封赏达什达瓦部的贵族。这些举措在一定程度上起到了孤立阿睦尔撒纳的作用，卫拉特四部的贵族们为了各自的利益，都依附到清朝一边。在这种有利条件下，1755 年年底，乾隆皇帝筹划第二次远征伊犁，撤换胆怯的永常，而以策楞为定西将军、达尔党阿为定边左副将军、扎拉丰阿为定边右副将军，组建远征军。

1756 年二月，清军经数月准备，兵分两路开始进击伊犁，西路军由策楞、玉保统率，北路军由哈达哈等人统率。面对清军大军压境，阿睦尔撒纳没有能力组织部众抵抗，就再次耍起了花招，让属下台吉诺尔布遣使向清军谎称已经抓住了阿睦尔撒纳。其时清军西路军正高歌猛进，并于三月再次攻占伊犁，倘若继续穷追猛打，未尝不能全歼阿睦尔撒纳余党。可惜紧要关头西路军主帅策楞和玉保竟然中了阿睦尔撒纳的缓兵之计，命令部队停止追杀，坐等诺尔布献俘，阿睦尔撒纳得以窜逃到哈萨克中玉兹阿布赉汗处，苟延残喘。乾隆皇帝大怒，立即将策楞和玉保撤职，令其戴罪立功。他还改命达尔党阿为定西将军统辖西路军，并且升北路军主帅哈达哈为定边左副将军，原协理北路军军务的满洲正黄旗副都统兆惠为定边右副将军，继续征讨阿睦尔撒纳余部。

1756 年五月至六月，清军主力攻入哈萨克草原，阿睦尔撒纳走投无路，率部众 200 余人寻求哈萨克中玉兹阿布赉汗的庇护，阿布赉汗起初也动了利用阿睦尔撒纳的心思，中玉兹的哈萨克武装甚至与阿睦尔撒纳叛军联合行动，一度与奉命搜寻阿睦尔撒纳的清军小部队发生交火。为了改变被动挨打的局面，阿睦尔撒纳还派遣使者前往喀尔喀蒙古，联络自己的故交——喀尔喀札萨克图汗部和托辉特郡王青衮杂卜，希望他能在漠北进行破坏活动，以影响清军的军事行动。

恰逢 1756 年四月乾隆皇帝将“疏纵阿逆”的额林沁多尔济赐死，而后又以此事晓谕喀尔喀各部，让他们好自为之。不料此举令喀尔喀蒙古各部大哗。清朝与喀尔喀各部的君臣关系，是建立在对付准噶尔这个大敌的基础之上的。雍正后期开始，清朝北路对准噶尔用兵就不得不倚重喀尔喀各部武装，策凌等一批喀尔喀军功贵族在对准战争中纷纷崛起。喀尔喀各部王公们的继续坐大是否将对清朝统治漠北构成威胁，这一直是乾隆皇帝颇为担心的事情。敏感的皇帝甚至产生了喀尔喀会与准噶尔勾连作乱的主观臆想，所以他一直在找机会向喀尔喀蒙古人敲警钟。额林沁多尔济因疏忽大意让阿睦尔撒纳走脱，让乾隆皇帝认为自己所推测的“准喀勾连”确凿无疑，于是迅速采取了行动。

但他没有像父亲雍正皇帝那样，通过拆分喀尔喀原本社会组织的方式来达到削弱

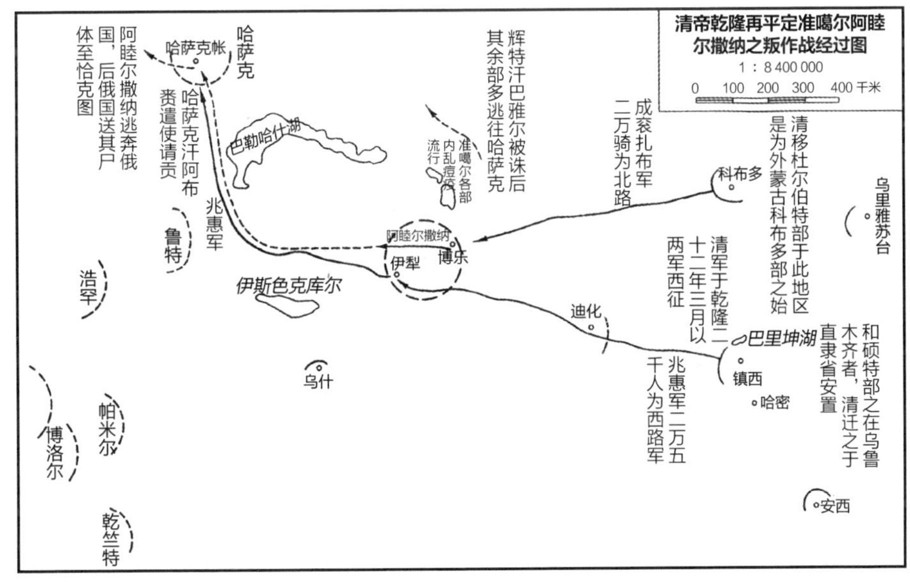

▲乾隆再平准噶尔

各部的目的，仅仅是武断地将犯事的额林沁多尔济处死了事。他以为用这种直截了当的方式可以震慑住漠北那群王公贵族，结果却适得其反。在喀尔喀蒙古人看来，现在准噶尔汗国已经灭亡，余孽未平之际，清朝就敢对有黄金家族高贵血统的喀尔喀王公痛下杀手，显然是个危险的信号。喀尔喀各部贵族们认为：清朝随意处死额林沁多尔济这样尊贵的亲王完全是在羞辱成吉思汗的后裔们。加之清朝通过在漠北驻军、设军台站的方式一直在逐步加强对喀尔喀各部的控制，一定程度上使喀尔喀贵族们的利益受到了损害，种种因素的催化作用令许多喀尔喀贵族开始对清朝心生不满。

青衮杂卜抓住了这一机会。1756年五月，青衮杂卜以官方名义书写撤兵檄文，命令辖境内为清朝戍守驿站军台的蒙古兵士离职罢工，随后又积极派人游说喀尔喀各部王公反清。就连隔岸观火的俄国人也想借这个机会吞并喀尔喀蒙古。1757年七月，已经秘密和沙俄西伯利亚总督接触的喀尔喀车臣汗部在克鲁伦河举行秘密会盟，商讨归附俄国的相关计划，土谢图汗部和札萨克图汗部也参与进来，一场严重的边境危机即将爆发。幸亏超勇亲王策凌一脉的赛音诺颜部、和硕智勇亲王丹津多尔济一脉的土谢图汗部右旗始终坚定地站在清朝一边。因罪被免职的策凌之子、前乌里雅苏台将军成衮扎布向清廷进言献策，认为平息眼前危机的办法就是除掉青衮杂卜这个祸根。清朝恢复了成衮扎布的乌里雅苏台将军一职，命他率军八千到乌梁海追剿青衮杂卜。而后，清廷又派遣章嘉三世活佛和内蒙古各旗王公组成僧俗代表团前往漠北抚慰喀尔喀各部。

在多方努力下，这次边境危机终于平息了下去。青衮杂卜被俘后，即被押往北京处斩。他所煽动起来的这场风波，使清朝中央和正在哈萨克作战的清军部队失去联系达数个月。等到漠北安定、交通要道恢复时，西部对阿睦尔撒纳的战事已经起了变化。

清军屡次大张旗鼓讨伐阿睦尔撒纳均不成功，使准噶尔各部落对清朝产生了轻视之心。1756年十二月，受乾隆皇帝册封的绰罗斯汗噶勒藏多尔济、辉特汗巴雅尔等人，因在清朝推行盟旗制度的过程中利益受损而举兵反叛，攻陷重镇乌鲁木齐。驻扎伊犁的定边右副将军兆惠为了避免被全歼，遂率少量清兵东撤，结果在库尔喀喇乌苏的鄂垒扎拉图被叛军达什策凌所部围困，兆惠夜间率军突围，苦战后退至乌鲁木齐郊外。他得知乌鲁木齐已经失陷后，又继续向东撤退，途中遇到了内大臣雅尔哈善派出的800人援军。

1757年二月，兆惠所部退回巴里坤。阿睦尔撒纳趁机率部众回到准噶尔，与噶勒藏多尔济、巴雅尔等人举行会盟，大有一举恢复准噶尔汗国的声势。

但是好景不长，1757 年三月，乾隆皇帝命成衮扎布和兆惠起兵 4.5 万人，兵分两路西进讨伐阿睦尔撒纳。此时正逢阿睦尔撒纳与其昔日恩主阿布赉汗因牧地纠纷而相争，阿布赉汗遣使北京表示归顺清朝，和清军相约协同作战对付阿睦尔撒纳。受到清朝和哈萨克联军攻击的阿睦尔撒纳不能支撑。七月，阿睦尔撒纳所部再次被清军彻底击溃，其同伴噶勒藏多尔济被杀，巴雅尔被清军骁骑营马甲海兰察抓获。兵败的阿睦尔撒纳率领残部 20 人慌不择路地逃入哈萨克中玉兹牧地，后又北逃到俄国，躲在托博尔斯克城堡。这时他身边只剩下妻子贝姬和儿子邦杜克等 8 人。

18 世纪 40 年代后期开始，准噶尔内乱迭起，前后有 4000 名准噶尔牧民越界逃亡俄国境内。俄国边境的官员对此来者不拒，此次阿睦尔撒纳前来寻求庇护更是让俄国人觉得找到了一颗极有利用价值的棋子。但是俄国人高兴得太早了，1757 年八月，阿睦尔撒纳因为天花病死于托博尔斯克，享年 35 岁，结束了他充满争议的一生。

自从阿睦尔撒纳逃到俄国，清廷就没有停止过促使俄国引渡阿睦尔撒纳的努力。1757 年九月，清朝理藩院去信沙俄的外事委员会，要求引渡包括阿睦尔撒纳在内的准噶尔逃犯。1758 年年初，俄方回复称阿睦尔撒纳已死，清方可以派遣官员到俄国验看阿睦尔撒纳的尸首，但拒绝将阿睦尔撒纳的遗体交给清朝。直到 1764 年，俄方仍然收到清朝理藩院要求交还阿睦尔撒纳的遗体的信件……

遥想当年，带领卫拉特人开始走上历史舞台的忽都合别乞出身辉特氏；如今，让卫拉特最强部族准噶尔政权彻底灭亡的阿睦尔撒纳，也是辉特氏族中人，只能说，历史总是会给我们上演一出又一出耐人寻味的大戏。

终章

阿睦尔撒纳撒手人寰于异国他乡，以他为代表的部分准噶尔汗国上层人物的复国迷梦就此化为泡影。末代准噶尔珲台吉达瓦齐，下场则比阿睦尔撒纳好得多。他被押送到北京后，受到乾隆皇

▲ *已被清朝敕封为和硕亲王的达瓦齐*

帝的特赦，不仅被封为亲王，还娶了康熙皇帝第三子允祉的孙女，在北京城里做起了寓公，过着“日惟向大池驱鹅鸭浴其中，以为乐”的悠闲生活。（《啸亭杂录·卷三·西域用兵始末》）

1758年正月，乾隆通过兆惠的奏报确认了阿睦尔撒纳的死讯后，宣谕中外：“准噶尔全部平定。”（《清高宗实录》乾隆二十三年）东亚内陆两大强权为时近七十年的争斗终于尘埃落定。准噶尔汗国昔日的疆域被瓜分，额尔齐斯河上游亚梅什湖一带早已被俄国实际占领；曾经几度成为准噶尔汗国附庸的哈萨克各部已恢复独立；以伊犁河流域为中心的天山北路准噶尔汗国本部故土、天山南路各回部城邦及唐努乌梁海、科布多等地均为清朝所有，其中，唐努乌梁海和科布多都被并入乌里雅苏台将军辖区。至于天山南路，清朝要彻底征服这一地区还需要再过几年的时间。

1757年，波罗尼都、霍集占兄弟在天山南路的喀什噶尔等处发动叛乱，反清自立，史称“大小和卓之乱”。这场声势浩大的动乱历时两年才最终被清朝平定下去。1762年，清朝为有效统治东到哈密、巴里坤，西到葱岭、楚河、塔拉斯河流域，北到巴尔喀什湖、额尔齐斯河中上游，南到昆仑山的广大地区，设立总统伊犁等处将军，简称“伊犁将军”。先后参加过平定准部和回部战事的正白旗汉军都统明瑞被任命为第一任伊犁将军。将军府驻地在伊犁河北岸的惠远城，将军之下设都统、参赞大臣、办事大臣、领队大臣等职，分驻于塔尔巴哈台、喀什噶尔等处，管理本地军政事务。至此，自唐朝安西都护府陷于吐蕃近千年之后，天山南北的广大地区以“新疆”这个崭新的地理名词，重新回到了中国政权的行政区划当中。从某种意义上来讲，这也是取得清准战争最终胜利的清朝所获得的最重要的战利品。

至于准噶尔汗国败亡之后那几十万部众的最后归宿，一直是今人关注的焦点。许多史家都认为清朝对被解除武装的准噶尔人进行了种族灭绝式的大屠杀。

比如，昭梿在《啸亭杂录·卷三·西域用兵始末》中记载：“其他诸贼，既降复叛，自取诛灭，草薙禽猕无唯类，固无论已。此固厄鲁特一大劫，凡病死者十之三，逃入俄罗斯、哈萨克者十之三，为我兵杀者十之五，数千里内遂无一人。苍天欲尽除之，空其地为我朝耕牧之所，故生一阿逆以为祸首，辗转以至澌灭也。”清人赵翼亦在《皇朝武功纪盛》中写道：“时厄鲁特慑我兵威，虽一部有数十百户，莫敢抗者，呼其壮丁出，以次斩戮，寂无一声，骈首就死。妇孺悉驱入内地赏军，多死于途，于是厄鲁特种类尽矣。”俄国历史学家兹拉特金在《准噶尔汗国史》一书里，从俄国人的角度，以极为夸张的语言记述了这段历史：“所有史料一致指出，大批卫拉特居民被屠杀，这是清军司令部有计划进行的。……切列潘诺夫编年史肯定：在准噶尔‘人、畜全部被杀绝无遗，连俘虏也不放过，只有那些能够逃入俄罗斯边境的人才得了救。’”极力渲染清军嗜血残暴的屠夫形象，以衬托出俄国人的“宽仁”……

以上学者出于各自不同的目的，把准噶尔人在战后所遭受的灭顶之灾全部归咎于清军滥杀，甚至夸大其词地宣称准噶尔人“已经遭遇种族灭绝的厄运”。实际上，准噶尔人的大量人口死亡，并不是全部由清军的杀戮造成的，被清军剿灭的仅限于参与叛乱的一部分部落，比如噶勒藏多尔济、巴雅尔、阿巴噶斯、哈丹、沙喇斯等部落，以及被称为“玛哈沁”的小股强盗山贼。

魏源的《圣武记》记载：“王师初入，兵不血刃，矢不再发，而天不许也。王师再入，师则屡次，垒则再因，而天又不许也。几大幸，又几大不幸，一激再激，以致我朝之赫怒，帝怒于上，将帅怒于下，合围掩群，顿天网而大狝之，穷奇浑沌梼杌饕餮之群，天无所诉，地无所容，自作自受，必使无遗育逸种于故地而后已。计数十万户中，先痘死者十之四，继窜入俄罗斯、哈萨克者十之二，卒歼于大兵者十之三，除妇孺充赏外，至今惟来降受屯之厄鲁特若干户，编设佐领昂吉，此外数千里间无瓦剌一毡帐。”

因为阿睦尔撒纳的反叛，清朝才痛下决心“必使无遗育逸种于故地而后已”。不过，在清军挥起屠刀之前，准噶尔地区因为天花等传染病肆虐而死亡的人已经占到其总人口的四成左右。

当然，不容否认的是，清军在平定阿睦尔撒纳的进军中确实有滥杀无辜的行为。坚决拥护清朝的和硕特汗沙克都尔曼济，没有跟随阿睦尔撒纳作乱，率众移牧到巴里坤附近寻求清朝保护，却被内大臣雅尔哈善怀疑是想借机袭击清军营地，派遣部将闫相师率精骑发起夜袭。可怜沙克都尔曼济的数千和硕特部众，就因为雅尔哈善的主观臆断而成了刀下之鬼。这桩冤案也成为后世某些史家所捏造的“清军准噶尔人实施种族灭绝”的重要史事原型。

不过，即使遭遇了兵祸、天灾、瘟疫和清军的屠杀，仍然有相当部分的准噶尔遗民活了下来，只是他们原有的社会结构和单位已经不复存在。乾隆皇帝出兵攻打准噶尔之前，就已经有部分准噶尔贵族率领部众投诚清廷。在此以前更早的康熙、雍正年间，更有相当多的准噶尔人在战争中被俘而被带回清朝，这些部众均得到了很好的安置，前文已有述及。再者，准噶尔政权境内的部民并不仅仅只有准噶尔人，还包括部分的杜尔伯特人、辉特人等。

其中，杜尔伯特部在1753年脱离准噶尔，越过阿尔泰山投附清朝，该部首领车凌乌巴什还被晋封为和硕亲王。战争结束后，其部归置于科布多参赞大臣辖下杜尔伯特十四旗。辉特部部众分置青海、蒙古，归入科布多参赞大臣和札萨克图汗辖下的辉特旗。

不管怎么说，“准噶尔”作为一个游牧部落政权的称谓至此结束，只剩下“准噶尔盆地”的地理名称。

当我们回望中华大地数千年的历史，就会发现清朝和准噶尔之间的战争，并不仅仅是清王朝和准噶尔两个政权之间的角逐，更是农耕文明与游牧文明此前无数次对决的再次重演。自西周伐犬戎、秦汉征匈奴起，定居民族和游牧民族之间展开的较量，一直是中国古代战争史中的一幕重头戏。如同其他历史时期的游牧政权一样，准噶尔以其强悍的军事力量，一度横行于中亚和东亚北部的草原地带，对周边的定居文明产生了极大的威胁。即使是同样以强悍军力起家的清，也用了数十年的时间，耗费无数人力物力，在付出了巨大的代价后，才趁着准噶尔内乱之机将其攻灭，赢得最后的胜利。

从巴图尔珲台吉开始，历代的准噶尔统治者都对政权建设颇为上心，试图改变准噶尔游牧汗国的面貌，但是他们的尝试并不成功。长期的游牧生活对准噶尔上层贵族的影响是不可忽视的，这些影响在准噶尔每次权力交接中表现得最为明显。细心的读者或许能发现，从噶尔丹以后的几位准噶尔统治者，几乎都不是正常接班，或者接班后很短的时间内要把精力放在清洗前朝贵族的内部斗争中。这样的内部斗争在达瓦齐上位之后，最终成为准噶尔汗国从分裂走向灭亡的催命符。对于中亚哈萨克等地区，准噶尔的统治者们没有建立起一套严密的行政管理制度，只满足于在这些被征服的地区收取贡赋而已。松散的控制力，使得每次准噶尔汗庭权力交接之际，中亚的部族都会趁机作乱谋求独立。几乎每位新上任的准噶尔领导人都要对中亚地区进行讨伐。频繁内斗和屡次在附属部族身上建立显赫武功的背后，折射出的是传统游牧汗国内部的不稳定性和管理体制的巨大缺陷。

反观清朝，则没有这方面的问题。作为中国历史上最后的封建王朝，中央集权和君主专制在清朝达到了巅峰，成熟的政体使得清朝即使相对有作为的皇帝驾崩后，只要继任者并不十分昏暴，整个国家依然可以正常运转，社会依旧可以保持稳定。众多的人口和雄厚的经济实力也是清朝得以最终征服准噶尔的有利凭借。清朝与准噶尔的交战记录中，有和通泊这样的大败惨败，更有额伦特全军覆没的巨大污点，折损的官兵每每成千上万，但清朝经受得起这样的损失，准噶尔却不能。即便是在准噶尔汗国国力达到巅峰的噶尔丹策零时代，准军在漠北、哈密两个方向都取得了对清军作战的重大胜利，但额尔德尼昭一战损失万把人就把准噶尔打回原形，十余年都未能完全恢复元气。可以说，准噶尔败给清朝，是两者综合国力各方面的巨大差距所导致的结果，而非战之罪也。

此外，在噶尔丹和策旺阿拉布坦时代，清朝和准噶尔的角逐中西藏的喇嘛教廷一直扮演着重要的角色。但由于篇幅所限，笔者不再赘述。

最后，用乾隆亲笔写（也可能是御用文人代笔）的《平定准噶尔勒铭格登山之碑》作为本文的结尾吧。

格登之崔嵬，贼固其垒。我师堂堂，其固自摧。
格登之巀嶭，贼营其穴。我师洸洸，其营若缀。
师行如流，度伊犁川。粤有前导，为我具船。
渡河八日，遂抵格登。面淖背崖，藉一昏冥。
曰捣厥虚，曰歼厥旅。岂不易易，将韬我武！
将韬我武，讵曰养寇？曰有后谋，大功近就。
彼众我臣，已有成辞。火炙昆冈，惧乖皇慈。
三巴图鲁，二十二卒，夜斫贼营，万众股栗。
人各一心，孰为汝守？汝顽不灵，尚窜以走。
汝窜以走，谁其纳之？缚献军门，追悔其迟！
于恒有言，曰杀宁育。受俘赦之，光我扩度。
汉置都护，唐拜将军，费赂劳众，弗服弗臣。
既臣斯恩，既服斯义，勒铭格登，永诏亿世。

参考文献

[1] 何秋涛．朔方备乘 [M/OL]. http://www.guoxuedashi.com/guji/1070k/
[2] 温达．亲征平定朔漠方略 [M/OL]. http://www.guoxuedashi.com/guji/5567c/.html
[3] 傅恒．平定准噶尔方略 [M/OL]. http://skqs.guoxuedashi.com/wen_573k/.html
[4] 魏源．圣武记 [M/OL]. http://www.guoxuedashi.com/guji/590s/.html
[5] 蒋良骐．东华录 [M/OL]. http://www.guoxuedashi.com/guji/1583z/.html
[6] 徐珂．清稗类钞 [M/OL]. http://www.guoxuedashi.com/guji/1583z/.html
[7] 萨囊彻辰．蒙古源流 [M/OL]. http://skqs.guoxuedashi.com/wen_622q/.html

[8] 昭梿 . 啸亭杂录 [M/OL]. http://www.guoxuedashi.com/guji/4182e/.html
[9] 赵尔巽 . 清史稿 [M/OL]. http://www.guoxuedashi.com/a/27p/.html
[10] 祁韵士 . 皇朝藩部要略 [M]. 台北 : 文海出版社 ,1965.
[11] 王之春 . 国朝柔远记 [M]. 台北 : 台湾学生书局 ,1985.
[12] 新疆社科院民族研究所 .《清实录》准噶尔史料摘编 [M]. 乌鲁木齐 : 新疆人民出版社 ,1986.
[13] 梁份 . 秦边纪略 [M]. 西宁 : 青海人民出版社 ,1987.
[14] 柏杨 . 中国人史纲 [M]. 太原 : 山西人民出版社 ,2008.
[15] 台湾三军大学 . 中国历代战争史（第 16 册）[M]. 北京 : 军事译文出版社 ,1983.
[16] 巴特 , 洪坚毅 . 蒙古族古代战例史 [M]. 北京 : 金城出版社 ,2002.
[17] 马大正 , 成崇德 . 卫拉特蒙古史纲 [M]. 北京 : 人民出版社 ,2012.
[18]《准噶尔史略》编写组 . 准噶尔史略 [M]. 桂林 : 广西师范大学出版社 ,2007.
[19] 秋原 . 清代旅蒙商述略 [M]. 北京 : 新星出版社 ,2015.
[20] 宝音德力根 . 清朝内阁蒙古堂档 [M]. 呼和浩特 : 内蒙古人民出版社 ,2005.
[21]（前苏联）伊·亚·茨拉特金 . 准噶尔汗国史 [M]. 马曼丽 , 译 . 北京 : 商务印书馆 ,1980.
[22] 孛儿只斤 · 苏和 , 班布日 . 卫拉特三大汗国及其后人 [M]. 呼和浩特 : 内蒙古人民出版社 ,2014.
[23]（前苏联）戈利曼 , 斯列萨尔丘克 . 俄蒙关系历史档案文献集（上下册）[M]. 马曼丽 , 译 . 兰州 : 兰州大学出版社 ,2014.
[24]（俄）齐米特道尔吉耶夫 . 蒙古诸部与俄罗斯（17—18 世纪）[M]. 呼和浩特 : 内蒙古人民出版社 ,2009.
[25]（俄）伊 · 温科夫斯基 . 十八世纪俄国炮兵大尉新疆见闻录 [M]. 宋嗣喜 , 译 . 哈尔滨 : 黑龙江教育出版社 ,1999.
[26]（日）宫脇淳子 . 最后的游牧帝国：准噶尔部的兴亡 [M]. 晓克 , 译 . 呼和浩特 : 内蒙古人民出版社 ,2005.
[27]（法）伯希和 . 卡尔梅克史评注 [M]. 耿升 , 译 . 北京 : 中华书局 ,1994.
[28] 张建 . 再造强权——准噶尔珲台吉策妄阿喇布坦崛起史新探 [J]. “中央”研究院历史语言研究所集刊 ,2015,86.
[29] 黑龙 . 康熙帝首次亲征噶尔丹与昭莫多之战 [J]. 满语研究 ,2009(2):129-136.
[30] 黑龙 . 阿喇尼出使准噶尔汗国与喀尔喀问题的交涉 [J]. 北方论丛 ,2011(6):90-93.
[31] 张建 . 火器与清朝内陆亚洲边疆之形成 [D]. 天津：南开大学 ,2012.
[32] 郭丹 . 岳钟琪与雍正时期西北边疆的经营 [D]. 长春 : 东北师范大学 ,2007.
[33] 包青松 . 策妄阿喇布坦统治时期的准噶尔汗国史研究（1689—1727）[D]. 呼和浩特 : 内蒙古大学 ,2011.

唐刀的真容
从复刻绘制窦皦墓出土唐代环首刀说起

作者 / 冯洲

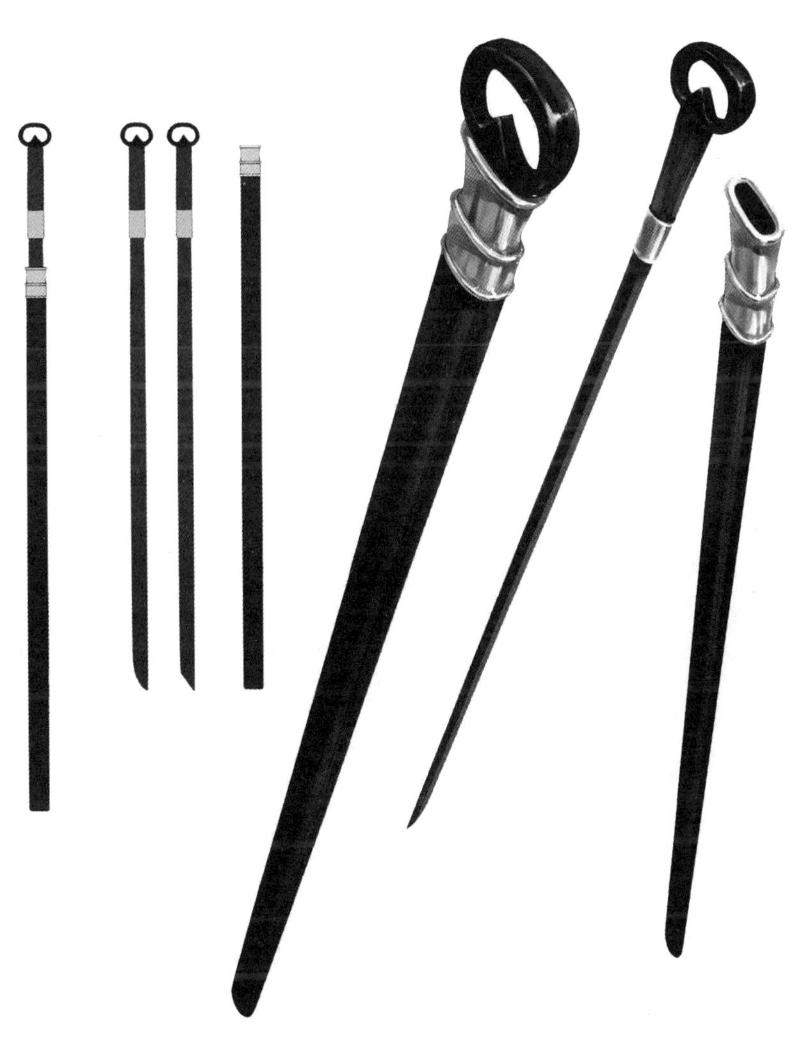

近年来，“唐刀”一直是古代军事爱好者在网络上经常讨论的一种武器。在一些爱好者的心目中，“唐刀”与“山文甲”可以说是中华古典武备的代表。甚至有这样的说法：“唐刀不光是日本刀的祖先，而且是一种唐朝特有的优秀武器，并随着唐朝的衰落而消失了！”不过，本文并不想陷入“唐刀是否是日本刀的祖先，而且是不是随着唐朝的衰落而消失”这个极具争议性的话题；本文的主旨是想理清一个问题：到底什么是唐刀？

到底什么是唐刀

很明显，如果按网友的习惯来讲，唐刀应该特指某一种刀，但其实，在我国古代文献的记载中，并没有所谓“唐刀”这个名词以及其特指的某种刀。从字面意义讲，唐刀应该是指唐代（618—907 年）所使用的刀，即《唐六典·武库令》中记载的唐代军队使用的四种刀——仪刀、障刀、横刀和陌刀。甚至从广义上讲，唐刀的概念可以包含隋代（581—618 年）、唐代以及五代（907—960 年）早期所有带有唐代特征的刀具，可能还包含一些北朝周代（557—581 年）的刀具。

具体到刀的形制，先看看文献描述。

《唐六典·卷十六》记载：“刀之制有四：一曰仪刀，二曰鄣刀，三曰横刀，四曰陌刀。（《释名》曰：‘刀末曰“锋，其本曰“环”。’今仪刀盖古班剑之类，晋、宋已来谓之御刀，后魏曰长刀，皆施龙凤环；至隋，谓之仪刀，装以金银，羽仪所执。鄣刀盖用鄣身以御敌。横刀，佩刀也，兵士所佩，名亦起于隋。陌刀，长刀也，步兵所持，盖古之断马剑。）”

▲陕西三原淮安靖王李神通墓石障浮雕

这段叙述在一定程度上能解释四种刀的用途，但由于《唐六典》是唐朝官方编写的行政法典，具体的关于刀具的使用规定以及制作规定很可能都会分发到相应部门去实施，遗憾的是这些资料基本未能流传至今。因此，研究人员也无法对唐代四种刀的形制做出准确的定义。目前大多数关于唐代刀具的理论和文献，都带有一定程度的猜想成分。从壁画上看，唐代使用的刀包括两类，一类为普通环首直刀，另一类为刀首无环的直刀。既然如此，那么仪刀、障刀、横刀和陌刀这四种刀，其形制也不会超出这两大类的范围。

仪刀是仪卫使用的刀，刀装华丽，环首上铸有龙凤的形状。唐代的壁画和画像砖上有大量手持环首刀的仪卫形象。有人认为这些仪卫手中的刀便是仪刀。如果这种猜测属实，那么仪刀便是普通的环首刀，顶多是装饰多一些罢了。

再看障刀。武库令中说“鄣身以御敌”，有人认为“鄣身”是防身的意思，因此认为障刀应该是防身使用的短刀。但也有人认为，障刀的“鄣身以御敌”包含两种含义，鄣通障，意为遮挡，这说明障刀的长度足够挡住身体，御敌则含有搏斗杀敌之意，因此障刀应该是士兵在战场上用来格斗的刀，刀刃不会太短。

横刀是士兵日常佩带的刀，也称佩刀。《新唐书·卷一百一十六·列传第四十一》中就记载了一段有关于横刀的事情：王及善是洺州邯郸人，其父王君愕为人深沉有谋略。唐高祖李渊入关，王君愕与王君廓一起归附唐朝，高祖任命王君愕为大将军，封为新兴县公，此后他又多次升迁，官至左武卫将军。王君愕跟随唐太宗征讨辽国，统领左屯营的士兵，与高丽军队在驻跸山作战，战死在阵前，朝廷追赠王君愕为左卫大将军、幽州都督、邢国公，陪葬少陵。王及善因为父亲死于国事，被授任朝散大夫，继承邢国公的爵位。皇太子李弘被立，他提拔王及善为左奉裕率。太子在宫中设宴，命令大臣翻跟头，王及善推辞说：“殿下本有艺人，臣如果奉命，不符合辅佐的美行。”太子向他道歉。高宗听说后，赐给王及善绢百匹。王及善被任命为右千牛卫将军，高宗说：“因为你忠诚恭谨，所以提拔你任三品要职，众臣如不带卫队搜索和清道，不能到达朕所在之处，你身佩大横刀站在朕的身旁，知道此官的尊贵了吗？”有人据此认为，横刀体型较大，因此高宗才有“大横刀”之说。也有人认为，横刀体型较小，王及善由于受到高宗信任，才能佩带较大型的横刀，因此高宗才会专门指出他所佩的刀是“大横刀”。

至于陌刀的形制，则说法不一。有人认为是长柄大刀，有人认为应该是双手中短柄长刃刀。

除了陌刀之外的其余三种刀虽然没有准确的证据来揭示它们的形制，但起码有个别实物或疑似实物存世。所以，网络上“唐刀”的概念，其实就是指仪刀、障刀、横刀的统称，而且这些刀应该都属于短柄单手刀范畴。

复刻绘制过程

目前出土的唐刀文物，笔者认为极有可能都是仪刀一类的。壁画或文物上的一些刀具形象，笔者认为不好判断，而且有的也存在争议。壁画上画的刀具，有可能是仪刀，也有可能是横刀，或许还有可能是别的，所以很难去判断是属于四种样式的哪一种。最终，笔者选择于 1992 年在陕西长安县窦皦墓出土的唐代水晶坠金柄环首刀作为复刻绘制的原型。关于这把刀，有人认为它就是一把仪刀，但也有人认为它是一把横刀。

由于能搜集到的文字资料和图片很少，所以刀具很多地方的尺寸都是靠搜集到的图来估算的。为了估算方便，笔者将全长 84 厘米换成了 85 厘米。进而估测出刀柄全长 17.5 厘米，刀刃长度为 67.5 厘米，环首长直径 6 厘米、短直径 4 厘米，刃长 63.5 厘米。通过对实物刀柄与环首部分的观察，笔者发现环首下面的金属下半部分应该比上半部分短与宽。于是笔者先画出了刀柄的草图。

刀身方面，笔者偶然找到了一张离刀尖较近的实物图，通过观察，笔者认为单面刃的可能性极高。至于刀尖部分的形状，由于图片太少，不好判断。不过笔者看了陆锡兴的《论汉代环首刀》这篇文章，里面列举了不少出土的汉代环首刀，笔者摘录了其中几个图用来做说明。里面画的图，有的刀尖是斜直，而有的看起来很像弧形，这就导致对刀尖部分的形状不好做出判断：到底是斜直的，还是弧形的，抑或是原为斜直后被锈蚀而变成弧形的？所以笔者又查阅了时昀的《汉代环首刀的作用及工艺探究》，在“环首刀特点分析”这个段落中有这么一段话：“杨泓所著的《中国古兵器从论》一书中对环首刀的形容：‘形制简约，直身，一侧开锋利刃口，另一侧为厚重的刀背，刀尖斜直，刀身与刀柄无明显界限，柄端连铸一铁环，固有环首刀之称。’”

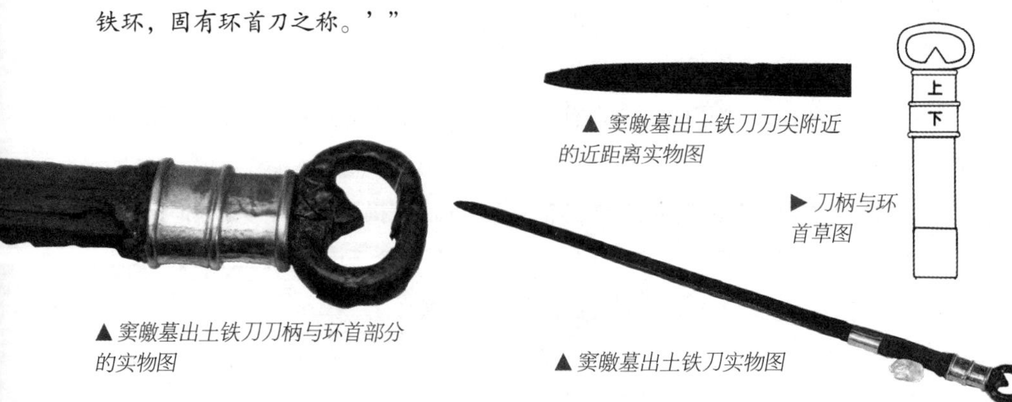

▲ 窦皦墓出土铁刀刀尖附近的近距离实物图

▶ 刀柄与环首草图

▲ 窦皦墓出土铁刀刀柄与环首部分的实物图

▲ 窦皦墓出土铁刀实物图

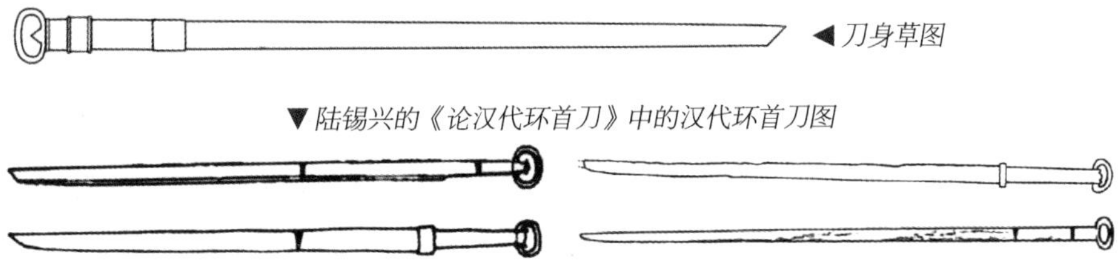

▼陆锡兴的《论汉代环首刀》中的汉代环首刀图

不过笔者还想起曾看到的一篇名为《汉代环首刀的国内首次研磨研究报告》的文章，里面有这么一段话："刀刃边缘与刀尖边缘形成一个大约 135 度的钝角"；笔者又看了《论汉代环首刀》中的一些图，感觉刀尖角度也很像是 135 度，于是笔者就按照 135 度的角度画了刀尖，得出了刀身的草图。

在思考如何绘制刀鞘部分的时候，笔者想起了 1983 年在宁夏固原发掘的北周李贤夫妇墓，此墓出土了一把铁刀，与窦皦墓的那把十分相似。于是笔者查阅了韩兆民的《宁夏固原北周李贤夫妇墓发掘简报》，在文章的第 12 页与第 14 页中，有描述此刀的内容与图片，最为重要的是，配合这段文字描述所用的图片是带有比例尺的。

关于研磨的这把环首刀，《汉代环首刀的国内首次研磨研究报告》是这么描述的：

"此环首刀，为广西水坑器物。初看锈蚀不深，除刀身表面有锈蚀砂土外，器型状态基本完好无损。环首刀全长 1210 毫米，刃长 1010 毫米，茎长 200 毫米；上部厚 6 毫米，下部厚 9 毫米；上部宽 20.2 毫米，下部宽 28 毫米；内弧弯度 4 毫米；重 1000 克。此刀重心位于环首向前 530 毫米处，单手持握有前倾的感觉，使用起来并不是想象的那么自如，此刀的持有者应是一位身强体壮的武士。

此环首刀经山西省古代刀剑文化艺术保护协会专家理事们的多方考证、查阅资料、对比相关器型，初步判定此器物为东汉中期环首刀。经过商讨，此刀可做技术性研磨处理，通过研磨来探究其当年的锻造工艺，恢复她初始的钢铁容貌，向世人展示她的千年风采，并在此过程中留取研磨资料，弥补国内古刀剑研究空白。"

原文如下：

“铁刀 1 件。环首，刀把包银，单面刃，已锈蚀不能拔出刀鞘。刀鞘木质，外表涂褐色漆，下部包银。银质双附耳，铜质刀珌，通长 86 厘米。”

根据文中给出的通长与图上的比例尺，笔者进行了估算：下部包银长度为 14 厘米，高 3.33 厘米；耳长 10.67 厘米，高 6.67 厘米。

笔者用所能收集到的图片进行对比，发现窦皦墓出土的环首刀与李贤夫妇墓出土的铁刀在环首下面的那个金属部分十分相似，于是笔者猜测两个出土文物的鞘，极有可能在外形上相似，于是笔者便绘制了刀鞘的草图。

最后，笔者在对比实物图的时候，发现绘制刀鞘草图的过程中似乎出现了偏差。于是笔者仔细观察窦皦墓出土铁刀刀柄与环首部分的实物图，发现刀环下面的金属所包裹的木质若是向刀尖处延长，则会比刀柄要高。这一点通过观察窦皦墓出土铁刀刀柄与环首部分的侧面图能有更直观的感受。

笔者有一本 1993 年第 6 期的《考古与文物》杂志，在该期杂志上有一篇由负安志所写的名为《陕西长安县南里王村与咸阳飞机场出土大量隋唐珍贵文物》的文章。这篇文章在描述窦皦墓出土铁刀时提到：

“铁剑 1 把。窦皦墓出土。直刃、平背、宽茎、环首。剑把处有两条带纹包金，原有刀鞘，系皮革制成，出土时尚清晰可见。剑有剑坠，坠为水晶雕刻成的小猪形，

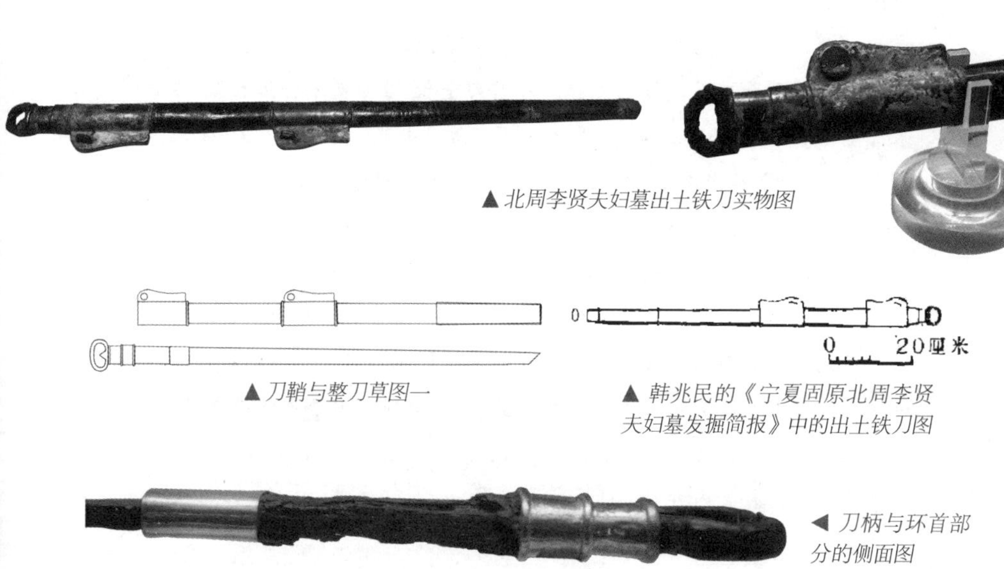

▲北周李贤夫妇墓出土铁刀实物图

▲刀鞘与整刀草图一

▲韩兆民的《宁夏固原北周李贤夫妇墓发掘简报》中的出土铁刀图

◀刀柄与环首部分的侧面图

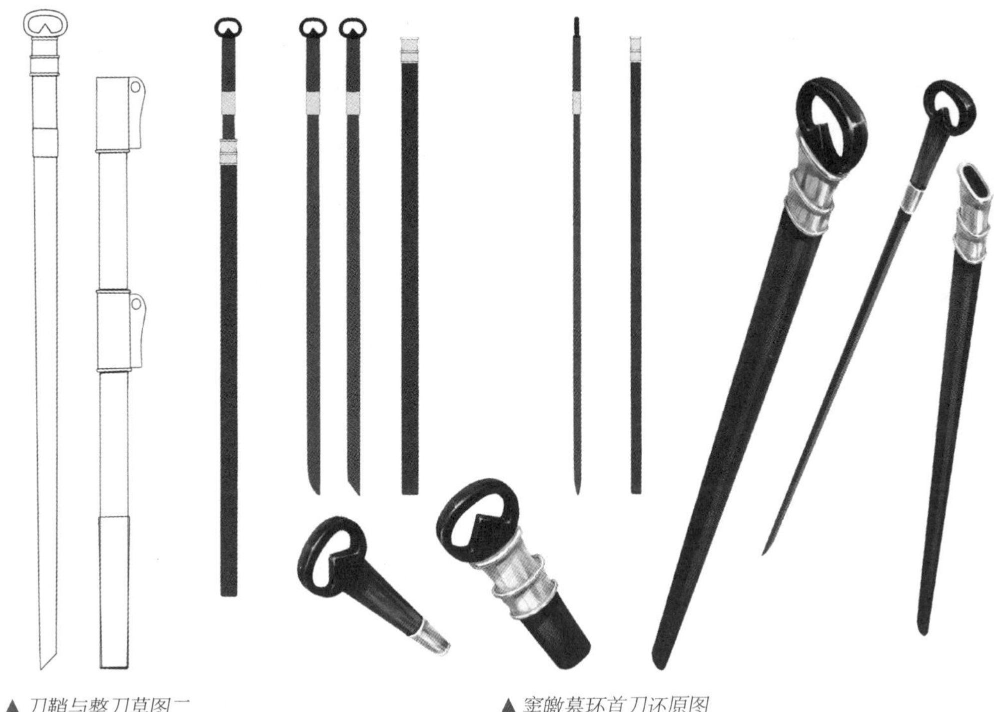

▲ 刀鞘与整刀草图二

▲ 窦皦墓环首刀还原图

大眼突嘴，双耳后伏，卧姿，腰部有一小圆孔，便于系结。刀长 84 厘米。”

顺带一提，按照文中描述的“平背”以及搜集到的图片来看，笔者认为称其为刀是比较合适的，所以笔者在整篇文章中将窦皦墓出土的铁质兵器称为刀。

以上通过参考原文以及对实物图的分析，笔者认为环首下面的金属包裹极有可能是刀鞘的一部分。即刀收入刀鞘的时候，整把刀只露出刀环于刀鞘之外，刀的其余部分，包括刀柄在内，均收于刀鞘之中。

于是笔者对草图进行了修改，在全长 85 厘米不变的情况下，对一些尺寸进行了调整。为了方便绘图，笔者对其中一些尺寸数据进行了一定程度的简化与小幅修改。绘制的 CAD 图可能存在数据不准确的情况，所以此图作为抛砖引玉之用。

至此，对窦皦墓出土的唐代铁刀的复原图的绘制算是基本结束了。

本文仅作抛砖引玉之用，存在不准确的地方还请各位多多指正。

附录一：关于唐刀的一些想法

日本正仓院所藏的金銀鈿荘唐大刀是不是唐刀

现在市面上能见到的唐刀产品原型，应该是日本正仓院所藏的“金銀鈿荘唐大刀”。按照日本正仓院官网“正倉院—宮内庁”的说法，此刀“全長99.9、把長（鍔含）18.5、鞘長81.5、身長78.2、茎長13.6（厘米）”；刀把为鲨鱼皮缠卷；白色皮制刀挂；刀鞘为木制贴皮，上黑漆，末金缕[①]；镂空金属装饰为银底镀金；饰珠为彩色玻璃与水晶；紫皮带执[②]。按照其官方描述，唐大刀是指唐朝风格的大刀，外装豪华，主要用于各种仪式典礼。按日本《国家珍宝账》的记载，曾经有100口大刀，现存的则只剩下本品和2口杖刀了。

对于这把刀究竟是不是唐朝舶来品，也是有各种说法。

《正仓院刀剑》《图说日本刀大全》等正式出版物中的记录，明确地指出这把刀是唐朝舶来品；小笠原信夫在《刀剑》一书中也写道，国家珍宝账里所写的“唐大刀”是指舶来品，而“唐样大刀”指仿照唐刀风格制造的日本刀。

另外，日本国宝级的漆艺家室濑和美曾经参与过这把刀的刀鞘修复工作。他认为，刀鞘使用的末金缕工艺是日本奈良时期独有的漆工技法，此种技法目前只在日本有明确的文物证据。以此为依据，日本网络上有相当一部分人认为这把刀是当时的日本匠人仿制的唐风刀。所以，正仓院的官方说明中，使用了“唐风的大刀”这

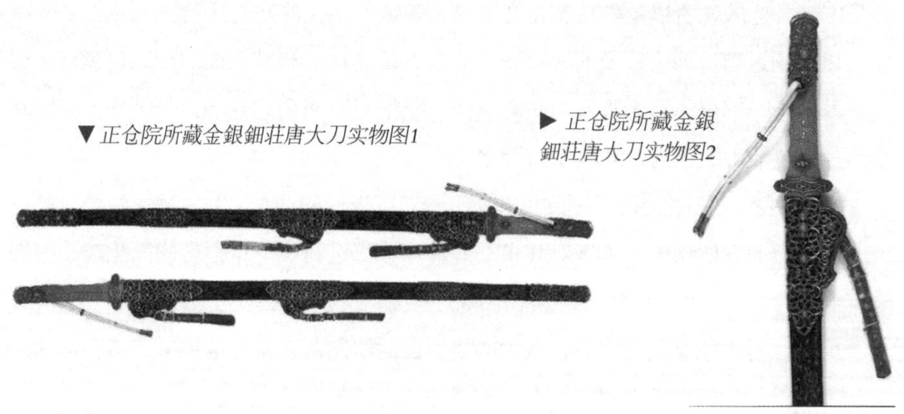

▼正仓院所藏金銀鈿荘唐大刀实物图1

▶正仓院所藏金銀鈿荘唐大刀实物图2

① 奈良时代一种漆工艺技法，在以漆绘制好的图案上洒上金银粉末，再次上漆并晾干抛光。

② 把刀挂在腰上的皮绳。

一词语，非常暧昧。不过，也有人认为，以奈良时代的刀工技法是不可能做出这种刀的，而且刀鞘是可以后配的。

所以按照主流说法，这把金銀鈿荘唐大刀就是难得一见的“唐刀”遗存，属于仪刀范畴。

环首刀最早出现于什么时期

追溯环首刀最早出现的时期，秦延景在2012年2月的《轻兵器》杂志上发表了名为《汉魂唐魄：细说环首刀（上）》的文章，他在“追溯——环首刀的起源”一段中说到：“环首刀起源于战国时期，以史为证。1965年河北易县燕下都44号战国墓中除了出土大量剑、戟、铁甲、铁盔等文物之外，还出土了一件残缺的环首刀。该刀残长30.3厘米，柄长12厘米，刀厚1厘米。整刀由铁材制成，刀身、刀柄及刀环为一体锻造，刀柄较刀身窄，刀身断面呈等腰三角形，刀柄断面呈长方形。1982年湖北出土了一件战国晚期的环首刀，该刀全长77厘米，刃长62厘米，刀身、刀柄及刀环也是一体锻造，刀身略向刀刃方向弯曲。该刀刀身断面呈等腰三角形，刀柄及刀环断面均呈长方形。”

笔者还查到了河北省文物管理处刘世枢的一篇名为《河北易县燕下都44号墓发掘报告》的文章，在第229页与第234页里面确实提到了河北易县燕下都44号墓出土了一把环首刀：“刀 1件。6号窄身、环首，刃部锈蚀已钝，残长30.3、首和柄长12、背厚1厘米。”

由此可以看出，秦延景说的1965年河北易县燕下都44号战国墓所出土的环首刀与《河北易县燕下都44号墓发掘报告》中所描述的出土环首刀是同一把刀。

而青铜环首刀的出现就早得多了。据抚顺市博物馆发表的名为《辽宁抚顺市发现殷代青铜环首刀》的文章来看，环首刀在中国最早出现的时期极有可能是殷代：

“一九七五年九月，抚顺拖拉机配件厂在修建工程中，于距地表1.4米黄土中，挖出青铜环首刀一件，仅刃部残。基本完好。这是抚顺地区首次发现殷代青铜器。出土地点位于抚顺市西部，介于抚顺、沈阳间，北距浑河二公里。

青铜环首刀，双范合铸，长24.1、最宽处3.2厘米。刀身作弧形（弧背曲刃），环首。环近似椭圆形。环上有三钮，环首上半圆铸羽状纹。柄扁平，柄身铸两趟羽状纹，两花纹间有两槽，槽长8.4厘米，柄下端有小圆环，似备穿绳用。刀尖微上翘，刃残。柄背两侧铸羽状纹。”

笔者认为，一定程度上来说，环首几乎可以看作是汉族武器的流传最广的样式之一。

唐代的刀是否都有环首饰

从唐代懿德太子墓中的壁画来看，唐代的刀有不带刀环的。也就是说环首不是确定是否为唐代刀具的依据。

▲懿德太子墓壁画局部

不过，唐代也有大量关于环首与刀的诗歌存世。如，“笛奏梅花曲，刀开明月环”（李白《从军行》）；“岁岁金河复玉关，朝朝马策与刀环”（柳中庸《征人怨》）；“王程应未尽，且莫顾刀环”（高适《入昌松东界山行》）。

环首的作用

根据《汉代环首刀作用及工艺探究》中所描述的观点，可以理解为主要作用有两点，一是增加砍杀敌人时刀头的力度，二则是防止在战斗时刀具脱手。引用原文如下：

“当世界上尚未出现马镫……加上环首之后为的不仅仅是美观，也是力道的制衡。有了环首之后相较于实心刀把，重心更向前，那么在手下同一力道时，刀头的力越大，对敌军的伤害越大。

但是在刀剑劈砍……而环首就是针对这一问题出现的，环首上缠有短绳或绸缎布匹，在作战时缠于腕部，这样即使刀剑脱手，由于腕部的绳与刀相连，不会使士兵失去兵刃……”

附录二：关于窦皦墓

这把出土的刀，笔者在很早之前就知道，当时的资料说是唐代。笔者对唐代刀具很有兴趣，因为唐代出土的刀具很少，这是一个非常好的例子，可以一睹唐刀的样子。但是笔者在搜索资料的过程中，发现了各方描述墓主的名字存在不一致的现象，分为三种：窦皦、窦曒与窦皓。

笔者查阅了科学出版社出版的《中国出土玉器全集》，在第 14 卷陕西卷的第

182 页描述玉梁金筐真珠蹀躞带的文章中写的是“窦皦”，但是在第 201 页描述水晶猪形坠的文中写的却是“窦曒”，不过两篇短文中都写的是藏于陕西省考古研究所。为了确定《中国出土玉器全集》第 14 卷陕西卷中描述的水晶猪形坠和玉梁金筐真珠蹀躞这两个文物是不是就是 1993 年第 6 期《考古与文物》里负安志说的金花金带跟水晶剑坠，笔者把从两个地方所获得的信息进行对比，得出的结论是两个地方所描述的两个出土文物是相同的，只是命名不一样。而且《考古与文物》这个期刊还是陕西省考古研究所主办的。在负安志的文章中将玉梁金筐真珠蹀躞带称为金花金带；对于水晶猪形坠，文中只描述了材质和样式，并未命名，只称为剑坠。

有关此墓的最早的资料就是 1993 年第 6 期《考古与文物》中负安志所写的《陕西长安县南里王村与咸阳飞机场出土大量隋唐珍贵文物》，文章中将此墓墓主认定为窦皦。通过文章可知，此墓的发掘日期为 1992 年 2 月，地点是陕西长安县南里王村韦皇后家族墓之西南侧。这里就引用负安志所写的原文进行描述：

“窦皦，唐书无传。根据墓志记载，与史书查证，窦皦，字师明，扶风平陵人，其父窦抗，太穆皇后之从兄也。窦皦与其父窦抗于武德元年（公元 618 年）随同唐太宗李世民征讨薛举、薛仁杲等，授上柱国。武德二年（公元 619 年），被授秦王府右亲卫车骑将军。武德三年（公元 620 年）征讨刘武周。武德四年（公元 621 年）又征讨王世充。死于贞观二十年（公元 646 年）。可算得是李唐的皇亲国戚了。”

▲水晶猪形坠，出自《中国出土玉器全集》

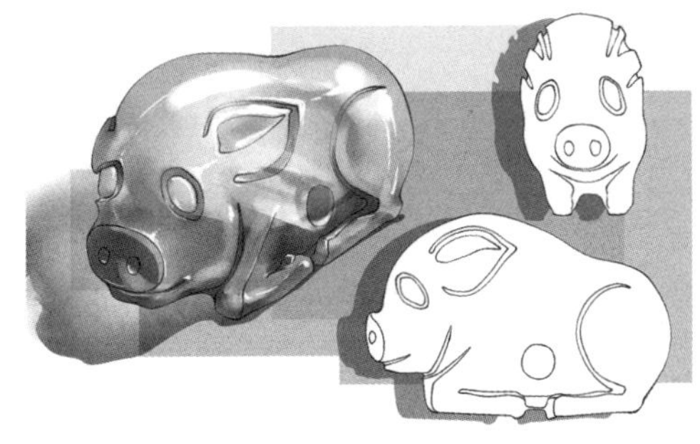

▲窦皦墓环首刀水晶猪吊坠还原图

参考文献

[1] 陆锡兴 . 论汉代的环首刀 [J]. 南方文物 ,2013(04):71,72-82.

[2] 时昀 . 汉代环首刀作用及工艺探究 [J]. 现代装饰 (理论),2016,(09):84.

[3] 韩兆民 . 宁夏固原北周李贤夫妇墓发掘简报 [J]. 文物 ,1985(11):1-20,97-100.

[4] 贠安志 . 山西长安县南里王村与咸阳飞机场出土大量隋唐珍贵文物 [J]. 考古与文物 ,1993,80(6):45-52.

[5] 古方 . 中国出土玉器全集 [M]. 北京 : 科学出版社 ,2005:201.

[6] 刘世枢 . 河北易县燕下都 44 号墓发掘报告 [J]. 考古 ,1975(04):228-240,243,261-263.

[7] 抚顺市博物馆 . 辽宁抚顺市发现殷代青铜环首刀 [J]. 考古 ,1981(02):190.

致谢

感谢网友滚滚、亚加德为写作提供的帮助。

创作团队简介

指文烽火工作室：由众多资深历史、战史作家组成，从事古今历史、中外战争的研究、写作与翻译工作，致力于通过严谨的考证、精美的图片、优美的文字、独到的视角为读者理清历史的脉络。目前已经出版军事历史类图书四十余本，其中包括《战争事典》《战场决胜者》《透过镜头看历史》《信史》四款 MOOK 系列丛书，以及《中国古代实战兵器图鉴》《倭寇战争全史》《明帝国边防史》《拿破仑战记》《秘密战三千年》《帝国强军：欧洲八大古战精锐》《帝国强军：中国八大古战精锐》等专题性图书。

原廓：现任指文烽火工作室和自媒体公众号“冷兵器研究所”主编，资深记者，电视纪录片策划及撰稿人，音速及北朝论坛古战版块资深版主，长期致力于军事历史研究及相关图书的策划、编审、出版工作，努力打造专业军事图书和自媒体平台，致力于专业的古代与近代军备评测，普及中外军事历史知识，讲述不为人所知的战争故事。

李楠：热爱历史、军事、文化，历史作者，书评人，特别对欧美历史感兴趣。已写作并出版《第三帝国：镜头中看世界》《鸦片战争》《火神咆哮：世界火器兵》、《林肯传》等 10 余本作品；书评《战争》《成吉思汗的崛起》《极简人类史》《为你，耶路撒冷》等；另外还有《西美昂大帝》《北京的井》《优美的战争》等科普文章散见于报纸杂志。最近正在与几个朋友一起做外国历史引进项目推进活动，已完成《德国史稿》《十字军史》等的推荐出版，现正推进兰克史学和牛津史学系列的出版活动。

ELYSIA：近现代东亚军事研究爱好者，关注于日本明治维新后的军事发展与太平洋战争历史探究。

何俊宏：90 后历史爱好者。闲暇之余除爱好射箭格斗外，专好阅读古代军事史、中国边疆史以及游牧民族史的相关书籍，主要学习研究方向为中国东北及西北边疆史地。遍观中外著作，颇有所得。

冯洲：中国历史爱好者。热衷于古代军备以及军事史的研究，有一定绘画基础，常会绘制一些古代军备的复原图。

“战争事典”系列书目参考

战争事典 001
征服罗马——1453 年君士坦丁堡围城战
焚身以火——妖童天草四郎与岛原之乱
名将的真相——揭开战神陈庆之的真面目
通向帝国毁灭之路——日本“二·二六”兵变
莽苍——西风漫卷篇

战争事典 002
枪尖上的骑士——勃艮第战争详解
三十八年终还乡——郑成功平台之役
海上霸权的末路悲歌——郑清澎湖海战始末
初伸的魔爪——1874 年日本征台之役
罗马苍穹下——忒拉蒙之战解析
大炮开兮轰他娘——张宗昌和他的白俄军
砥柱东南——记南宋最后的将星孟珙

战争事典 003
东国之关原——庆长出羽合战探本
“日不落帝国”的雏音——布伦海姆会战浅析
点爆世界的“火药桶”——“一战”前的巴尔干战火
“一战”在中国——记 1914 年日德青岛之战
太平军之末路杀劫（战争文学）

战争事典 004
维多利亚的秘密——英国王室一战秘史
进击海洋——沙皇俄国海上力量发展史
被遗忘的战争——记一战中的意大利战场
晚清将帅志
大唐西域之高昌绝唱（战争文学）

战争事典 005
英法百年战争
决胜江淮——唐末江淮藩镇战争
猛鹰长啸猎头鱼——金太祖完颜阿骨打

战争事典 006
海上马车夫与西欧海盗的较量——第一次英荷之战
李定国“两蹶名王”——南明桂川湘大反攻
岛津袭来——1609 年庆长琉球之役始末
从开始到未来——因弗戈登兵变前后的“胡德”号
齐柏林的天空
斩颜良诛文丑过五关斩六将之关羽

战争事典 007
辗转关东武开秦——细述秦赵争霸中的军事地理学
战神的竞技场——拜占庭统军帝王传
罗马的噩梦——汉尼拔

战争事典 008
巨蟹座的逆袭——亚历山大大帝
大象与古代战争
甲申遗恨——崇祯十七年元旦纪事
挑战宿命——后唐灭后梁之战复盘
胡马败古城——南北朝宋魏盱眙攻防战记
沉寂——殷民东渡记

战争事典 009
日不落帝国崛起的先声——1588—1667 年英国海军战术演进
天崩地裂扭乾坤——侯景之乱与南北朝格局之变
骏河侵攻——武田家谋攻的顶点
孙膑的奇谋决断——全新解析桂陵、马陵之战
由扎马至比提尼亚——汉尼拔与阿非利加那·西庇阿的后半生

战争事典 010
将军大旆扫狂童——唐武宗平定昭义刘稹之战
孤独的枪骑兵——拿破仑时代的波兰流亡英雄
大洋彼岸的白鹰——美国独立战争中的波兰将领小传
魁星云集护武川——见证宇文氏兴起与陨落的北周名臣良将
独冠三军武周公——南齐朝将军周盘龙小传
鏖战低地——法王腓力四世统治时期的佛兰德斯战争

战争事典 011
苦战瓦夫尔——格鲁希元帅视角下的滑铁卢战役
于盛世中见衰容——由露布浅述开元东北国防乱象
“三吏三别”之前的故事——灵宝惨败与潼关陷落
黑火药时代的最后狂想——19 世纪过渡时期的步枪简史
关东出阵——后北条氏和长尾氏的崛起与较量

战争事典 012
喋血伊比利亚——法国元帅古维翁·圣西尔的加泰罗尼亚战纪
两晋南北朝中原遗脉专题
仓皇北顾——刘宋第一次元嘉北伐回眸
男儿西北有神州——五胡十六国之前凉世家

战争事典 013
冰与火之歌——爱尔兰独立战争
马其顿王朝最后的荣光——拜占庭统军帝王传（终结篇）
中国古代战车、火器、车营简史
雾月政变——无血的权力之战
诺曼征服史

战争事典 014
君士坦丁堡的第一次陷落——西欧人对拜占庭帝国的反戈一击
餐桌论输赢——南北战争中的美军伙食
地中海三国演义——法兰西、奥斯曼与哈布斯堡
陆法和：不败的魔术师

战争事典 015
三征麓川——明帝国英宗朝的西南攻略
从约柜到哭墙——圣殿时代的“圣城”耶路撒冷史
苏丹之刃——土耳其新军简史
太阳神的崛起——古希腊罗德岛攻防战

战争事典 016
克复安南——明成祖朱棣的惩越战争
赵匡胤开国第一战——兵临泽潞平李筠
拿破仑的闪电战——1806 年耶拿—奥尔施塔特双重会战
以上帝之名的征伐——西班牙再征服运动简史

战争事典 017
华盛顿的将略——扭转美国独立战争危局的特伦顿之战
第二波斯帝国——萨珊王朝兴亡简史
自毁长城之乱——南朝刘宋景平宫变考略
秦王玄甲破阵乐——定鼎李唐江山的虎牢关之战
战场背后的口舌——战国时代的纵横家

战争事典 018
宋金太原血战——靖康之耻的前奏
马克沁机枪的第一次杀戮——马塔贝莱兰征服战争
五驾马车的崩溃——南朝宋孝武帝与前废帝更替之际的顾命大臣
太阳王的利剑与荣耀——路易十四时代的王权、军队与战争

战争事典 019
千年俄土恩怨——黑海与近东地区的地缘纷争
风帆战列线的血与火——第二次英荷海战简史
勃艮第公爵的野心——阿金库尔血战后的法国内乱
昙花一现的东方霸业——罗马皇帝图拉真的帕提亚战争
将星北斗照幽燕——历史上的杨六郎与杨家将

战争事典 020
崛起与繁荣——丝绸之路上的帝国兴衰
远帆与财富——南宋海上丝绸之路的崛起
大迁徙与大征服——日耳曼人与阿拉伯人的扩张及征服
战乱与流散——欧洲历次战后难民潮
炮火与霸权——近代军事改革后的瑞典帝国时代
专业与联合——美军特种部队改革启示录

战争事典 021
争夺蛮荒——欧洲列强在北美的殖民扩张与七年战争较量
刘备家的人——蜀汉群臣小传
艺术到技术——拿破仑、普奥、普法战争中的普鲁士总参谋部改革史
皇权与天下的对抗——南齐朝“检籍”与唐寓之起义

战争事典 022
从罗马的利剑到诺曼的铁蹄——不列颠被征服简史
铁铸公侯——威灵顿公爵的人生传奇
八千里路云和月——岳飞与岳家军抗金战史

战争事典 023
日不落的光辉岁月——大不列颠崛起和祸乱欧洲史
屡败屡战的不屈斗将——立花道雪战记
热兵器时代的先锋——中世纪晚期的欧洲火门枪
突袭红盐池——明帝国中期边防史与文官名将王越传略
燕山胡骑鸣啾啾——《木兰辞》背后的鲜卑汉化与柔然战争

战争事典 024
浴血的双头鹰——哈布斯堡王朝的近代兴衰与七年战争
黄金家族的血腥内斗——从蒙古帝国分裂到元帝国两都之战
倒幕第一强藩——岛津氏萨摩藩维新简史
铠如连锁，射不可入——中国传统山纹、锁子、连环铠辨析考

战争事典 025
辽东雪、铭军血——甲午陆战之缸瓦寨战斗
凡尔登英雄的双面人生——法国元帅亨利·菲利普·贝当沉浮记
眼中战国成争鹿——北齐高氏的开国之路
以铁十字之名——条顿骑士团兴衰简史

战争事典 026
龙与熊的较量——17 世纪黑龙江畔的中俄战争
五败十字军骑士的车堡——胡斯战争与 15 世纪捷克宗教改革简史
白高初兴傲宋辽——党项人的西夏立国记

战争事典 027
高飞长剑下楼兰——清末阿古柏之乱和左宗棠收复新疆之役
东进的巨熊——沙皇俄国远东征服简史
一只鸡导致的王朝覆灭？——明末吴桥兵变与孔有德之乱始末
吞金巨兽的竞赛——希腊化时代的巨型桨帆战舰兴衰史
“血流漂杵”的真相——探秘周人克殷与牧野之战

战争事典 028
星条旗的“江河密探”——美国长江巡逻队的装备和历史
“狮心王”与萨拉丁的争锋——第三次十字军东征记
大明帝国的黄昏——从清军第四次入寇到明末中原大战
怒海截杀——1797，“不倦”号 VS“人权”号
争霸北陆——上杉谦信的战争史考证

战争事典 029
17 世纪东亚海上霸权之争——明荷战争与台湾郑氏家族的崛起
向神圣进发的“巴巴罗萨”——神圣罗马帝国皇帝腓特烈一世传记
唐帝国的“坎尼会战”——大非川之战与唐蕃博弈
拯救欧洲的惨败——1444 年东欧诸国抵御奥斯曼的瓦尔纳战役
西楚霸王的兵锋——楚汉战争彭城之战再解析

战争事典 030
双雄的第一次碰撞——唐帝国与阿拉伯帝国的怛罗斯之战
塞人的最后荣光—印度——斯基泰和印度—帕提亚王国兴衰史
大将扬威捕鱼儿海——明帝国与北元之战及名将蓝玉的沉浮人生
七入地中海的巨熊——俄国海军对南方出海口的千年情结
复盘宋魏清口战役——从实证角度尝试复原中国古代战役
埃德萨的征服者——枭雄赞吉

战争事典 031
贵阳围城始末——明末奢安之乱中最惨烈的一役
1612 动乱年代——沙俄内乱与罗曼诺夫王朝的崛起
“八王之乱”，何止八王！——西晋淮南王司马允集团的野心与盲动

攻者利器，皆莫如砲——中国杠杆式抛石机的发展历程

战争事典 032
最后的拜占庭帝国——1461 年奥斯曼征服特拉布宗始末
争夺辽东的铁蹄——秋山好古与日俄战争中的日本骑兵部队
龙与狼的最后较量——17 到 18 世纪的清朝准噶尔战争简史
唐刀的真容——从复刻绘制窦皦墓出土唐代环首刀说起

战争事典 033
打开潘多拉魔盒——一战早期毒气战的装备和战术（1914—1916）
钳制巨熊的英日联盟——沙皇尼古拉二世的远东惨败
荡然无存的“天朝”颜面——第二次鸦片战争始末
大厦将倾，独臂难支——明末军事危局与卢象升传略

战争事典 034
后亚历山大时代的希腊争霸——克里奥门尼斯战争
廓清漠北——朱棣五次远征蒙古之役
尼德兰上空的橙色旗——荷兰立国记和八十年战争简史

战争事典 035
东欧的第一位沙皇与霸主——保加利亚帝国西美昂一世征战史
大清“裱糊匠”的崛起——李鸿章筹练淮军与“天京之役”
名将不等于名帅——趣说姜维在《三国志》与《三国演义》里的不同形象

战争事典 036
匈奴的崛起与汉帝国的征服者时代
托勒密王朝首任女法老阿西诺二世传奇
详解中法战争之镇南关大捷
关原合战前东西军的明争暗斗
谈谈古代战场军人防护要素
说说大明帝国嘉靖朝的悍勇武人

战争事典 037
清军已南下，明廷仍党争——南明弘光政权覆亡之悲剧
哥萨克的火与剑——乌克兰赫梅利尼茨基大起义始末
秦帝国的崩溃——从沙丘之变到刘邦入主关中
契丹灭亡之祸首——辽末奸臣萧奉先传

战争事典 038
阿尔巴尼亚的亚历山大大帝——与奥斯曼帝国鏖战 25 次的斯坎德培
万历三大征之荡平播州——七百年杨氏土司覆灭记
对马海峡上的国运豪赌——东乡平八郎与日俄大海战

战争事典 039
腰斩盛唐的安史之乱——唐皇权柄衰弱与藩镇割据之始
被血洗的秘鲁——印加帝国覆灭记
普鲁士海军军官佩剑史 1657—1870（上）

战争事典 040
八年征战平河东——伊阙大捷后的秦国东进之路
1798 年尼罗河口战役——纳尔逊时代的英国海军和风帆海战
英国海军刀剑——从实战兵器到身份象征
普鲁士海军军官佩剑史 1657—1870（下）

战争事典 041
结束美国内战的最后一役——从彼得斯堡到阿波马托克斯
明末西南边界冲突——东吁王朝崛起与万历明缅战争
英国武装入侵印度之始——卡纳提克战争
挣脱“鞑靼桎梏”——库利科沃之战

战争事典 042
奥丁与基督之战——维京人的英格兰征服史
雪域猛虎的怒吼——唐代吐蕃王朝简史
太建北伐预演——南陈平定江州豪强叛乱
南亚次大陆的命运转折点——莫卧儿皇位继承战争

战争事典 043
一代强藩的崩塌——唐宪宗平定淄青李师道之役始末
大视野下的意大利战争——查理五世和他的地中海时代
血色金秋——1862 年马里兰会战
三腿的美杜莎——迦太基和罗马的西西里争夺战
外强中干，华而不实——清朝旧式战船、水师与海防

战争事典 044
杀人魔术——一战后期毒气战的装备和战术（1917—1918）
平叛战争——理论与实践（上）
命运奏鸣曲——关原合战
武田信玄西上作战的疑点

战争事典 045
碧蹄馆大战——明朝骑兵和日本战国武士的较量
清初三藩之乱
平叛战争——理论与实践（下）

战争事典 046
瑞典帝国的衰落——斯堪尼亚战争
法国强权的开端——阿尔比十字军战争
北宋军事制度变迁
三国归晋的序幕——淮南三叛
本都与罗马之战——第一次米特拉达梯战争（上）

战争事典 047
第二次意大利独立战争：催生红十字会的 1859 年苏法利诺战役
吞武里王朝战史——泰国华裔国王郑信之武功
少林，少林！——少林功夫的历史传承与明代僧兵江南抗倭记
本都与罗马之战——第一次米特拉达梯战争（下）

战争事典 048
睡梦中的胜利——1813 年春季战役之吕岑会战
虚弱的战国日本——实力不对称的万历朝鲜战争
夹杂着惨败的尴尬平局—清朝对缅战争始末

战争事典 049
明代建州女真与朝鲜的纷争
征服阿兹特克
美国早期荒野探险装备

战争事典 050
大唐西域战事
　经略龟兹——从西汉设西域都护到唐两征龟兹
　西域与唐代骑兵——铠甲、战马与战术、战例分析
　独横长剑向河源——河陇之争与归义军的兴亡
奠基者的传奇——马其顿的腓力二世

战争事典 051
1866 年普奥战争
　1866 年的 7 个星期——普奥战争全记录
　1860—1867 年的普鲁士军队——武器、战略以及战术
尼罗河畔的战争——19 世纪末英帝国征服埃及与苏丹

战争事典 052
布尔战争
　跌落神坛的不列颠尼亚——布尔战争简史
棋局上的僵持——卡莱战后罗马共和国与帕提亚的西亚激斗
横扫千军——“波斯拿破仑” 的征战简史

战争事典 053
秦国将相铁三角
　秦昭王麾下的一相二将——魏冉、司马错、白起
　兵神初现诸侯惊——打破战国列强均势的伊阙之战
　将相铁三角的巅峰之作——秦楚五年战争
希腊化时代的开端——继业者战争
格兰特 VS 李——1864 年陆路战役

战争事典 054
古代远东战船
　艨艟巨舰的传说——古代远东战船发展史
北欧共主——玛格丽特与卡尔马联盟的建立
加特林机枪——从诞生到衰落
广州湾租借地法国武装力量史（1900—1945 年）
古斯塔夫·曼纳海姆传

战争事典 055
欧洲经典要塞
　罗得岛战记
　喋血马耳他
　幽灵战士：狙击手传奇

战争事典 056
通往权力之路
　英荷争霸之四日海战
　俄国射击军的最后时代
　宋初统一战争

战争事典 057
中国甲胄史图鉴

战争事典 058
莱特湾海战：史上最大规模海战，最后的巨舰对决

战争事典 059
击沉一切：太平洋舰队潜艇部队司令对日作战回忆录

大卫 · 霍布斯
（David Hobbes）著

The British Pacific Fleet: The Royal Navy's Most Powerful Strike Force

英国太平洋舰队

- ○ 在英国皇家海军服役 33 年、舰队空军博物馆馆长笔下真实、细腻的英国太平洋舰队。
- ○ 作者大卫 · 霍布斯在英国皇家海军服役了 33 年，并担任舰队空军博物馆馆长，后来成为一名海军航空记者和作家。

1944 年 8 月，英国太平洋舰队尚不存在，而 6 个月后，它已强大到能对日本发动空袭。二战结束前，它已成为皇家海军历史上不容忽视的力量，并作为专业化的队伍与美国海军一同作战。一个在反法西斯战争后接近枯竭的国家，竟能够实现这般的壮举，其创造力、外交手腕和坚持精神都发挥了重要作用。本书描述了英国太平洋舰队的诞生、扩张以及对战后世界的影响。

布鲁斯 · 泰勒
（Bruce Taylor）著

The Battlecruiser HMS Hood: An Illustrated Biography, 1916–1941

英国皇家海军战列巡洋舰“胡德”号图传：1916—1941

- ○ 250 幅历史照片，20 幅 3D 结构绘图，另附巨幅双面海报。
- ○ 详实操作及结构资料，从外到内剖析“胡德”全貌。它是舰船历史的丰碑，但既有辉煌，亦有不堪。深度揭示舰上生活和舰员状况，还原真实历史。

这本大开本图册讲述了所有关于“胡德”号的故事——从搭建龙骨到被“俾斯麦”号摧毁，为读者提供进一步探索和欣赏她的机会，并以数据形式勾勒出船舶外部和内部的形象。推荐给海战爱好者、模型爱好者和历史学研究者。

H.P. 威尔莫特
（H.P.Willmott）著

The Battle of Leyte Gulf: The Last Fleet Action

莱特湾海战：史上最大规模海战，最后的巨舰对决

- ○ 原英国桑赫斯特军事学院主任讲师 H.P. 威尔莫特扛鼎之作。
- ○ 荣获美国军事历史学会 2006 年度“杰出图书”奖。
- ○ 复盘巨舰大炮的绝唱、航母对决的终曲、日本帝国海军的垂死一搏。

为了叙事方便，以往关于莱特湾海战的著作，通常将萨马岛海战和恩加诺角海战这两场发生在同一个白天的战斗，作为两个相对独立的事件分开叙述，这不利于总览莱特湾海战的全局。本书摒弃了这种“取巧”的叙事线索，以时间顺序来回顾发生在 1944 年 10 月 25 日的战斗，揭示了莱特湾海战各个分战场之间牵一发而动全身的紧密联系，提供了一种前所罕见的全局视角。

除了具有宏大的格局之外，本书还不遗余力地从个人视角出发挖掘对战争的新知。作者对美日双方主要参战将领的性格特点、行为动机和心理活动进行了细致的分析和刻画。刚愎自用、骄傲自大的哈尔西，言过其实、热衷炒作的麦克阿瑟，生无可恋、从容赴死的西村祥治，谨小慎微、畏首畏尾的栗田健男，一个个生动鲜活的形象跃然纸上、呼之欲出，为这段已经定格成档案资料的历史平添了不少烟火气。

约翰 · B. 伦德斯特罗姆
（John B.Lundstrom）著

Black Shoe Carrier Admiral:Frank Jack Fletcher At Coral Sea, Midway & Guadalcanal

航母舰队司令：弗兰克 · 杰克 · 弗莱彻、美国海军与太平洋战争

○ 战争史三十年潜心力作，争议人物弗莱彻的平反书。

○ 还原太平洋战场“珊瑚海”、“中途岛”、“瓜达尔卡纳尔岛”三次大规模海战全过程，梳理太平洋战争前期美国海军领导层的内幕。

○ 作者约翰 · B. 伦德斯特罗姆自 1967 年起在密尔沃基公共博物馆担任历史名誉馆长。

本书是美国太平洋战争史研究专家约翰 · B. 伦德斯特罗姆经三十年潜心研究后的力作，为读者细致而生动地展现出太平洋战争前期战场的腥风血雨，且以大量翔实的资料和精到的分析为弗莱彻这个在美国饱受争议的历史人物平了反。同时细致梳理了太平洋战争前期美国海军高层的内幕，三次大规模海战的全过程，一些知名将帅的功过得失，以及美国海军在二战中的航母运用。

马丁 · 米德尔布鲁克
（Martin Middlebrook）著

Argentine Fight for the Falklands

马岛战争：阿根廷为福克兰群岛而战

○ 从阿根廷军队的视角，生动记录了被誉为“现代各国海军发展启示录”的马岛战争全程。

○ 作者马丁 · 米德尔布鲁克是少数几位获准采访曾参与马岛行动的阿根廷人员的英国历史学家。

○ 对阿根廷军队的作战组织方式、指挥层所制订的作战规划和反击行动提出了全新的见解。

本书从阿根廷视角出发，介绍了阿根廷从作出占领马岛的决策到战败的一系列有趣又惊险的事件。其内容集中在福克兰地区的重要军事活动，比如“贝尔格拉诺将军”号巡洋舰被英国核潜艇“征服者”号击沉、阿根廷“超军旗”攻击机击沉英舰“谢菲尔德”号。一方是满怀热情希望“收复”马岛的阿根廷军，另一方是军事实力和作战经验处于碾压优势的英国军队，运气对双方都起了作用，但这场博弈毫无悬念地以阿根廷的惨败落下了帷幕。

尼克拉斯 · 泽特林
（Niklas Zetterling）著

Bismarck: The Final Days of Germany's Greatest Battleship

德国战列舰“俾斯麦”号覆灭记

○ 以新鲜的视角审视二战德国强大战列舰的诞生与毁灭……非常好的读物。——《战略学刊》

○ 战列舰“俾斯麦”号的沉没是二战中富有戏剧性的事件之一……这是一份详细的记述。——战争博物馆

本书从二战期间德国海军的巡洋作战入手，讲述了德国海军战略，“俾斯麦”号的建造、服役、训练、出征过程，并详细描述了“俾斯麦”号躲避英国海军搜索，在丹麦海峡击沉“胡德”号，多次遭受英国海军追击和袭击，在外海被击沉的经过。

保罗·S. 达尔
（Paul S. Dull）著

A Battle History of the Imperial Japanese Navy, 1941-1945

日本帝国海军战争史：1941—1945 年

○ 一部由真军人——美退役海军军官保罗·达尔写就的太平洋战争史。
○ 资料来源日本官修战史和微缩胶卷档案，更加客观准确地还原战争经过。

本书从 1941 年 12 月日本联合舰队偷袭珍珠港开始，以时间顺序详细记叙了太平洋战争中的历次重大海战，如珊瑚海海战、中途岛海战、瓜岛战役等。本书的写作基于美日双方的一手资料，如日本官修战史《战史丛书》，以及美国海军历史部收集的日本海军档案缩微胶卷，辅以各参战海军编制表图、海战示意图进行深入解读，既有完整的战事进程脉络和重大战役再现，也反映出各参战海军的胜败兴衰、战术变化，以及不同将领各自的战争思想和指挥艺术。

米凯莱·科森蒂诺
（Michele Cosentino）、
鲁杰洛·斯坦格里尼
（Ruggero Stanglini）著

British and German Battlecruisers: Their Development and Operations

英国和德国战列巡洋舰：技术发展与作战运用

○ 全景展示战列巡洋舰技术发展黄金时期的两面旗帜——英国战列巡洋舰和德国战列巡洋舰，在发展、设计、建造、维护、实战等方面的细节。
○ 对战列巡洋舰这种独特类型的舰种进行整体的分析、评估与描述。

本书是一本关于英国和德国战列巡洋舰的“全景式”著作，它囊括了历史、政治、战略、经济、工业生产以及技术与实战使用等多个角度和层面，并将之整合，对战列巡洋舰这种独特类型的舰种进行整体的分析、评估与描述，明晰其发展脉络、技术特点与作战使用情况，既面面俱到又详略有度。同时附以俄国、日本、美国、法国和奥匈帝国等国的战列巡洋舰的发展情况，展示了战列巡洋舰这一舰种的发展情况与其重要性。

除了翔实的文字内容以外，书中还有附有大量相关资料照片，以及英德两国海军所有级别战列巡洋舰的大比例侧视与俯视图与为数不少的海战示意图等。

诺曼·弗里德曼 著
（Norman Friedman）
A. D. 贝克三世 绘图
（A. D.BAKER III）

British Destroyers: From Earliest Days to the Second World War

英国驱逐舰：从起步到第二次世界大战

○ 海军战略家诺曼·弗里德曼与海军插画家 A.D. 贝克三世联合打造。
○ 解读早期驱逐舰的开山之作，追寻英国驱逐舰的壮丽航程。
○ 200 余张高清历史照片、近百幅舰艇线图，动人细节纤毫毕现。

诺曼·弗里德曼的《英国驱逐舰：从起步到第二次世界大战》把早期水面作战舰艇的发展讲得清晰透彻，尽管头绪繁多、事件纷繁复杂，作者还是能深入浅出、言简意赅，不仅深得专业人士的青睐，就是普通的爱好者也能比较轻松地领会。本书不仅可读性强，而且深具启发性，它有助于了解水面舰艇是如何演进成现在这个样子的，也让我们更深刻地理解了为战而生的舰艇应该如何设计。总之，这本书值得认真研读。

朱利安 · S. 科贝
（Julian S.Corbett）著

Maritime Operations in the Russo - Japanese War, 1904-1905

日俄海战 1904—1905（共两卷）

○ 战略学家科贝特参考多方提供的丰富资料，对参战舰队进行了全新的审视，并着重研究了海上作战涉及的联合作战问题。
○ 以时间为主轴，深刻分析了战争各环节的相互作用，内容翔实。
○ 译者根据本书参考的主要原始资料《极密 · 明治三十七八年海战史》以及现代的俄方资料，补齐了本书再版时未能纳入的地图和态势图。

朱利安 · S. 科贝特爵士，20 世纪初伟大的海军历史学家之一，他的作品被海军历史学界奉为经典。然而，在他的著作中，有一本却从来没有面世的机会，这就是《日俄海战 1904—1905》，因为其中包含了来自日本官方报告的机密信息。学习科贝特海权理论，不仅能让我们了解强大海权国家的战略思维，还能辨清海权理论的基本主题，使中国的海权理论研究有可借鉴的学术基础。虽然英国的海上霸权已经被美国取而代之，但美国海权从很多方面继承和发展了科贝特的海权思想。如果我们检视一下今天的美国海权和海军战略，就可以看到科贝特的理论依然具有生命力，仍是分析美国海权的有用工具和方法。

大卫 · K. 布朗
（David K.Brown）著

Warship Design and Development

英国皇家海军战舰设计发展史（共五卷）

○ 英国皇家海军建造兵团的副总建造师大卫 · K. 布朗所著，囊括了大量原始资料及矢量设计图。
○ 大卫 · K. 布朗是一位杰出的海军舰船建造师，发表了大量军舰设计方面的文章，为英国皇家海军舰艇的设计、发展倾注了毕生心血。

这套《英国皇家海军战舰设计发展史》有五卷，分别是《铁甲舰之前，战舰设计与演变，1815—1860 年》《从“勇士”级到“无畏”级，战舰设计与演变，1860—1905 年》《大舰队，战舰设计与演变，1906—1922 年》《从“纳尔逊”级到“前卫”级，战舰设计与演变，1923—1945 年》《重建皇家海军，战舰设计，1945 年后》。该系列从 1815 年的风帆战舰说起，囊括了皇家海军历史上有代表性的舰船设计，并附有大量数据图表和设计图纸，是研究舰船发展史不可错过的经典。

亚瑟 · 雅各布 · 马德尔
（Arthur J. Marder）、
巴里 · 高夫
（Barry Gough）著

From the Dreadnought to Scapa Flow

英国皇家海军：从无畏舰到斯卡帕湾（共五卷）

○ 现在已没有人如此优雅地书写历史，这非常令人遗憾，因为是马德尔在记录人类文明方面的天赋使他有能力完成如此宏大的主题。——巴里 · 高夫
○ 他书写的海军史具有独特的魅力。他具有把握资源的能力，又兼以简洁地运用文字的天赋……他已无需赞美，也无需苛求。——A. J. P. 泰勒

这套《英国皇家海军：从无畏舰到斯卡帕湾》有五卷，分别是《通往战争之路，1904—1914》《战争年代，战争爆发到日德兰海战，1914—1916》《日德兰及其之后，1916.5—12》《1917，危机的一年》《胜利与胜利之后：1918—1919》。它们从费希尔及其主导的海军改制入手，介绍了 1904 年至 1919 年费舍尔时代英国海军建设、改革、作战的历史，及其相关的政治、经济和国际背景。

大卫 · 霍布斯
（David Hobbes）著

The British Carrier Strike Fleet: After 1945

决不，决不，决不放弃：英国航母折腾史：1945 年以后

○ 英国舰队航空兵博物馆馆长代表作，入选华盛顿陆军 & 海军俱乐部月度书单。
○ 有设计细节、有技术数据、有作战经历，讲述战后英国航母“屡败屡战”的发展之路。
○ 揭开英国海军的“黑历史”，爆料人仰马翻的部门大乱斗和槽点满满的决策大犯浑。

英国海军中校大卫 · 霍布斯写了一本超过 600 页的大部头作品，其中包含了重要的技术细节、作战行动和参考资料，这是现代海军领域的杰作。霍布斯推翻了 1945 年以来很多关于航母的神话，他没给出所有问题的答案，一些内容还会引起巨大的争议，但本书提出了一系列的专业观点，并且论述得有理有据。此外，本书还是海军专业人员和国防采购人士的必修书。

查尔斯 · A. 洛克伍德
（Charles A. Lockwood）著

Sink 'em All: Submarine Warfare in the Pacific

击沉一切：太平洋舰队潜艇部队司令对日作战回忆录

○ 太平洋舰队潜艇部队司令亲笔书写太平洋潜艇战中这支“沉默的舰队”经历的种种惊心动魄。
○ 作为部队指挥官，他了解艇长和艇员，也掌握着丰富的原始资料，记叙充满了亲切感和真实感。
○ 他用生动的文字将我们带入了狭窄的起居室和控制室，并将艰苦冲突中的主要角色展现在读者面前。

本书完整且详尽地描述了太平洋战争和潜艇战的故事。从“独狼战术”到与水面舰队的大规模联合行动，这支“沉默的舰队”战绩斐然。作者洛克伍德在书中讲述了很多潜艇指挥官在执行运输补给、人员搜救、侦察敌占岛屿、秘密渗透等任务过程中的真人真事，这些故事来自海上巡逻期间，或是艇长们自己的起居室。大量生动的细节为书中的文字加上了真实的注脚，字里行间流露出的人性和善意也令人畅快、愉悦。除此之外，作者还详细描述了当时新一代潜艇的缺陷、在作战中遭受的挫折及鱼雷的改进过程。

约翰 · 基根
（John Keegan）著

Battle At Sea: From Man-Of-War To Submarine

海战论：影响战争方式的战略经典

○ 跟随史学巨匠令人眼花缭乱的驾驭技巧，直面战争核心。
○ 特拉法加、日德兰、中途岛、大西洋……海上战争如何层层进化。

当代军事史学家约翰 · 基根作品。从海盗劫掠到海陆空立体协同作战，约翰 · 基根除了将海战的由来娓娓道出外，还集中描写了四场关键的海上冲突：特拉法加、日德兰、中途岛和大西洋之战。他带我们进入这些战斗的核心，并且梳理了从木质战舰的海上对决到潜艇的水下角逐期间长达数个世纪的战争历史。不过，作者在文中没有谈及太过具体的战争细节，而是将更多的精力放在了讲述指挥官的抉择、战时的判断、战争思维，以及战术、部署和新武器带来的改变等问题上，强调了它们为战争演变带来的影响，呈现出一个层次丰富的海洋战争世界。